Rud. Roschman
Ferdinand Maschl
SONNBERGSTR.
Friedrich Hudribusch
KARL NIGL
(SCHNURBARTNIGL)
DOMINIK HOFSTÄTTER
Franz Sommerbauer
KARL UND HANS KARL
BRODL
FIEDLER
FERDINAND SENFTL
Hochstrasse 67
RAAB
BEATRIXGASSE 7
Aug. Ra
Elisabethstr.
FRANZ GOTTSC
Sommerbauer
NNBERGSTR. 16
Karl Sommerbauer
SALITERGASSE 18
JOSEF RA
Karl Spiegelho
Hochstrasse 8
KATZBERGER
Alexander Breitenecker's Witwe
FRANZ Vigl
Josef Schmitt
SONNBERGSTR.
WIENERGASSE 46
KARL NIGL
(SCHNURBARTNIGL)
HOCHBERGSTR. 26
PERCHTOLDSDORF
Kaiserin Elisabethstr. 10
JOSEF BAUCH
Gottfried Schellmann WTW
JOSEF GA
HOCHBERGST
Eugen Schm
Herzogbergstr.
JOHANN
v. MARIA
HOCHSTR
ANZ RUPP
Gsandtner

2,-

BARTEL F. SINHUBER

Der Wiener Heurige

BARTEL F. SINHUBER

Der Wiener Heurige

1200 Jahre Buschenschank
Geschichte und Geschichten

Mit Farbfotos von
Peter Kumpa

Amalthea

Bildnachweis

Österreichische Nationalbibliothek, Wien:
10, 12 (2), 15 (1), 16, 19, 20, 23 (2), 27, 32 (1), 51, 57 (1), 62 (2), 74 (3), 76 (2), 78 (1), 83 (1), 85 (2), 115 (2), 117 (1), 118, 123 (1), 126 (4), 155 (2), 156, 159, 161 (2), 162, 164, 165, 166, 167 (1), 171 (1), 172, 175 (2), 176 (2), 178 (2), 180, 181 (1).

Karl Winitzky, Wien: 46, 47, 48
Bezirksmuseum Döbling: 54, 57 (2), 58 (2), 61 (2), 76 (1), 78 (1), 123 (1)
Peter Kumpa, Wien: 83 (1), 85 (1)
Johann Klinger, Wien: 182 (1)
Kirchner-Paul, Wien: 52
Archiv: 10, 15 (1), 19, 23 (1), 29 (2), 30, 32 (1), 43, 44, 55, 58 (1), 87, 91, 108, 117 (2), 120 (2), 123 (1), 125 (2), 131 (2), 133 (2), 136 (2), 143, 155 (1), 163, 167 (1), 169, 171 (1), 181 (1), 182 (1), 186, 188, 193, 197, 198

Überarbeitete Neuausgabe 1996

Schutzumschlag: B. und Chr. Kaselow, München, unter Verwendung eines Motivs vom Archiv für Kunst und Geschichte, Berlin
Druck und Bindung: Interdruck, Leipzig
Printed in Germany
ISBN 3-85002-212-9

Inhalt

Der Heurige ist der Wiener unter
den Weinen, also ist der Wiener
beim Heurigen ein doppelter Wiener.

Franz Gräffer (1785–1852)

Wien und der Wein und der Heurige

Hofmannsthals Wort „Erst die Vergangenheit verklärt mir die Dinge und gibt ihnen Farbe und Duft" mag viel zum Verständnis Wiens und zum Selbstverständnis des Wieners beitragen. In allen Lebensäußerungen dieser Stadt schwingt ein Stück Vergangenheit, ein Hauch Vergänglichkeit mit. Das Leben in Wien ist nur der gegenwärtige Teil von Jahrhunderten, sein heiteres Glänzen, das Widerspiel dessen, was hinter ihm liegt. Aber was sich andernorts als stolzes Bewußtsein einer geschichtsträchtigen Vergangenheit in den Katalog nationaler Eigenschaften einordnen ließe, gibt dem Wiener ein die Vergänglichkeit reflektierendes Selbstbewußtsein. Auf diesem Boden wuchsen Revolutionäre, aber keine Revolutionen.

Das alles hat, auch wenn es manchmal so scheint, wenig mit Rückständigkeit zu tun. Oder mit Resignation. Die Wiener leben ihr Leben eben nicht in vollen Zügen, sondern – wie Albert Paris Gütersloh in seinen „Wörterbüchern" feststellt – „in kleinen Schlücken aus einem großen Glas, das gewiß wieder gefüllt worden wäre, wenn sie entschlossen – entschlossen auch zum Verdursten – es ausgetrunken hätten. So kommen die wildesten Verschwender über eine kleinliche Sparsamkeit nicht hinaus ..."

Dieses Genießen „in kleinen Schlücken", dieses sparsame Verschwendertum gehört zur Wiener Lebensart. Es betrifft ebenso das Verhältnis des Wieners zum Wein. Ich kann mir nicht denken, daß es eine Stadt auf der Welt gibt, in der mehr Wein getrunken wird als in Wien, und doch wird man hier nicht einen großen Trinker mehr finden als in vergleichbaren Großstädten. Vermutlich verteilt es sich hier besser (die Statistik des Pro-Kopf-Genusses an Wein weist Österreich im europäischen Mittelfeld auf), ganz sicher liegt es aber auch am selbstverständlichen traditionellen Verhältnis des Wieners zum Wein.

Begünstigt von Lage, Boden und Klima, war Wien über Jahrhunderte die einzige Weltstadt, die umgeben und bis ins sechzehnte Jahrhundert sogar durchwachsen war von Weingärten. Weinbau, Weinhandel und der Genuß des Weines haben die Stadt und ihre Bewohner seit Kaiser Probus' Zeiten mitgeprägt. Diese Vertrautheit mit dem Wein, die Nähe der Weingärten zum bewohnten Gebiet, haben bereits vor mehr als tausend Jahren eine eigene Form des Weinabsatzes begünstigt, die zwar gelegentlich auch anderswo anzutreffen ist, aber nirgends eine so traditionelle Ausprägung erfuhr, wie gerade hier: den Heurigen.

Das Wort „Heuriger" hat eine Doppelbedeutung: Es

meint sowohl den Wein der letzten Ernte, der an Martini (11. November) des folgenden Jahres zum „Alten“ wird, als auch den Ort, wo man ihn trinkt. Daß dieser Ort nach dem Wein benannt wurde, ist einleuchtend. Und doch scheint noch eine Erwartung mitzuschwingen, wenn man „zu einem Heurigen“ geht, die das Wort ausdrückt: das Heutige als gegenwärtiger Augenblick, die direkte Freude am Leben und am Genießen. Tradition und Zeitlosigkeit kulminieren hier im sinnlichen Erleben von Trinken, Essen und der Liebe zum Leben.

Das von Anbeginn Eigene des Heurigen als Lokalität unterscheidet ihn von jeder Art gastronomischen Betriebs. Es war und ist ausschließlich ein Privileg der Weinhauer, ihren eigenen Wein – aber nur diesen – ohne jede gewerbliche Konzession selbst auszuschenken. Das darüber hinausgehende Angebot an Eßwaren war ursprünglich auf wenige selbsterzeugte Naturalien und ist heute ausschließlich auf bestimmte kalte Speisen beschränkt. Das heute übliche üppige Heurigen-Buffet ist wohl das einzige zeitgemäße Zugeständnis an den touristisch automobileren Konsumenten. Die rohen, hell gebeizten Holzbänke, die einfachen, kreuzbeinigen Tische mit den grün gestrichenen Platten, die dickwandigen Henkel- oder die leicht bauchigen Krügelgläser, all dies hat sich dagegen nicht verändert. Auch das Buschenschankzeichen – in Wien zumeist ein an einer Stange befestigter Föhrenbuschen – wird von den Weinhauern während der Zeit des Ausschanks bereits seit dem Mittelalter vor das Tor gehängt. Seit Jahren ist es vom Gesetzgeber vor Mißbrauch geschützt und für den Buschenschenker obligatorisch.

Liegt also das Wesen und der Reiz des Heurigen in dessen völligem Verzicht auf die Annehmlichkeiten und Errungenschaften der Gastronomie? Sollte hier oder gar nur hier der Wein besonders naturrein sein? Jeder Wiener weiß (und die zahllosen Gäste dieser Stadt haben es immer wieder erfahren), wie angenehm und gemütlich man beim Heurigen sitzt, wie spritzig der Wein gerade bei diesem, wie resch er bei jenem und wie vollmundig er bei einem dritten Heurigen schmeckt. Nichts liegt dem Heurigenbesucher ferner, als der Vergleich mit einem Gasthaus oder einem Beisl. Der Wiener liebt seinen Heurigen nicht trotz, sondern eher wegen seiner Einfachheit. Ohne alle Umstände begegnet er sich hier selbst – beim Wein. Hier tritt sein Menschliches wie das seiner Nachbarn zutage, hier lebt er seine Philosophie der Vergänglichkeit. Denn beim Heurigen hat sich nichts verändert, weder durch die Abschaffung der Monarchie noch durch die Einführung der Demokratie, weder durch Kapitalisten noch durch Sozialisten. Der Heurige hat die Zeiten überdauert, wenn auch die Zeit hier nicht eigentlich stehengeblieben ist. Nicht die Zeitläufte haben auf dieser Pawlatschen des Lebens eine Rolle gespielt, sondern die wechselnden Menschen. Immer wieder haben im Lauf der Jahrhunderte die Politik, die gesellschaftlichen Moden, die sozialen Verhältnisse die Menschen verändert, und doch nahm der Heurige selbst daran keinen Schaden. Er blieb im besten Sinne des Wortes volkstümlich, blieb ein Stück Wien, das sich bis auf den heutigen Tag erhalten hat.

Es gehört zu den zahlreichen Widersprüchen, die sich in Wien so harmonisch vereinen, daß bei einem Viertel Heurigen – der ja ein „junger Wein“ ist – unter den Kastanien oder den selten gewordenen Nußbäumen Sieverings, Heiligenstadts oder Mauers in den stillen, dörflich romantischen Gärten und Höfen immer Vergangenheit mitschwingt. Läßt doch nichts so Zeit und Gegenwart vergessen, wie der Wein, dieses berauschende Labsal der Freiheit, das die Zunge löst und die Seele freizumachen scheint.

In Wien finden Revolutionen im Kaffeehaus statt, dem geistigen Umschlagplatz der Dichter und Denker. Zwar findet man unter dem angeblich lockeren Künstlervolk der Maler, Musiker und Schauspieler beim Heurigen hier und da auch einen Literaten, doch für die wird die Welt nur im Café bewegt – beim Heurigen spielt man mit ihr.

Und noch mal ist es kein Widerspruch, daß es auch und gerade unter den österreichischen Dichtern Spielernaturen gab und gibt, die diese geheimnisvolle Verwandtschaft von Spielen und Trinken erlebt, ja mitunter schmerzlich erlitten haben. Josef Weinheber gehört dazu, der als Poet „Wien wörtlich“ nahm, und der geniale Josef Roth, der seine letzte Erzählung „Die Legende vom heiligen Trinker“ mit dem Satz beschließt: „Gebe Gott uns allen, uns Trinkern, einen so leichten und schönen Tod!“

Die Behauptung, daß der Mensch mitunter zuviel trinken kann, aber nie genug, hat zweifellos ein Liebhaber des Wiener Weins aufgestellt, denn dieser ist ein heiterer: leicht, lebendig und spritzig. Er hat wenig Restsüße; durchgegoren liebt ihn der Wiener am meisten. Da macht er keinen schweren Kopf, und er schützt nicht vor Melancholie. Und grad' so passen sie gut zusammen: Wien und der heurige Wein.

Zwölfhundert Jahre Buschenschank Ein Heurigen-Bummel durch die Geschichte der Kaiserstadt Wien

Die Geschichte des Heurigen beginnt natürlich mit der Geschichte des Weines: mit der Geschichte des Weinbaues im Donauraum; denn die Weinrebe selbst ist älter als die Menschheit. Als Getränk gibt es ihn spätestens von der Zeit an, als man begann, Wein anzubauen und zu kultivieren. Die erste bekannte Darstellung einer Weintraube stammt aus einem ägyptischen Königsgrab und ist etwa 6000 Jahre alt. Auch in Assyrien hat es damals schon Weinbauern gegeben. Beiden galt der Wein als göttliches Getränk, er wurde nur bei religiösen Feiern genossen. Erst die Griechen, die den Wein durch phönizische Kaufleute kennenlernten, tranken ihn auch zu profanen Anlässen. Das war immerhin schon 2000 Jahre vor Christi Geburt.

Nach Mitteleuropa kam der Wein über Italien und Südfrankreich, lange bevor hier die Römer auftauchten. Ob im Donauraum, in dem damals die Illyrer siedelten, der Weinbau schon bekannt war, als (etwa 400 v. Chr.) sich die Kelten hier niederließen, ist nicht sicher. Von den Kelten weiß man, daß sie sehr süßen Wein bevorzugten und ihren Weingott Succellus, dargestellt mit Schlegel und Trinkbecher, verehrten.

Das römische Wort Vindobona leitet sich nicht aus dem Lateinischen ab (etwa von vinum bonum), es ist keltischen Ursprungs, bedeutet „weißer Fluß" und geht auf eine von den Kelten errichtete Stadtburg auf dem Leopoldsberg zurück. Auch das spätere – nachrömische – Wien verdankt den Kelten seinen Namen, denn Wenia (vom keltischen Flußnamen Vedunia, was etwa Wildbach bedeutet) hieß die Siedlung der Zivilisten außerhalb Vindobonas und lag im Bereich des heutigen dritten Wiener Gemeindebezirks. Aus Wenia wurde im Althochdeutschen Wianne und im Mittelhochdeutschen Wienne.

Anfangs konnten die Römer mit dem pannonischen Wein wenig anfangen: Erstens war er, wie der römische Geograph Dio Cassius (229) berichtet, von minderer Qualität, zum anderen wollten sie in den Provinzen des Imperiums vor allem ihren eigenen Rebensaft verkaufen. Mit der Expansion des römischen Reichs stellten sich zunehmend größere Transportschwierigkeiten ein. Da half auch das Weinanbau-Verbot für die Provinzen nicht viel, das Kaiser Domitian erließ, um den heimischen Export zu schützen. Wie aber sollte man andererseits die Legionäre an den entfernten Grenzen bei Laune halten, wenn wieder einmal die Weinfuhren aus Rom nicht oder mit tage-

Kultur und Bedeutung erhielt der Wiener Wein erstmals unter dem römischen Soldatenkaiser Probus (rechts). Als in späteren Jahrhunderten aus der Wein-Stadt die Weltstadt Wien geworden war, hatte jedoch der Wein nicht selten unter der politischen Geschichte zu leiden.

Großen Schaden fügten den ausgedehnten Weingärten rund um die Donau-Metropole vor allem die beiden Türken-Jahre 1529 und 1683 zu. Die riesigen Heere belagerten die Stadt von allen Seiten, wie das Rundbild von Wien des Niklas Meldemann aus dem Jahr 1529 (unten) zeigt, und zerstörten dabei nahezu sämtliche Kulturen.

langen Verspätungen ankamen? Schließlich hatten die Frontkämpfer wie alle römischen Soldaten Anspruch auf ihre tägliche Weinration.
Endlich fand sich jemand, der das unsinnige Weinanbau-Verbot offiziell wieder aufhob: Marcus Aurelius Probus, den die römischen Legionäre 276 mit 44 Jahren auf ihren Schild hoben und zum Kaiser ausriefen. Der siegreiche Feldherr und Soldatenkaiser bedankte sich bei ihnen, indem er das erwähnte Verbot aufhob und gleichzeitig für eine Verbesserung des Weinbaus in den Provinzen sorgte. Aus Italien ließ er entsprechende Reben kommen und von seinen Legionären neue Weinberge in Gallien, der Pfalz, dem heutigen Baden-Württemberg und in Pannonien anlegen. Doch die Soldaten, die lieber kämpfen wollten als sich in den Weinbergen plagen, erschlugen ihren Kaiser nach sechs Jahren.
Wenn auch von Weinkellern und Heurigen aus römischer Zeit nichts überliefert ist, gilt Probus doch als einer der ersten, der sich tatkräftig für den Weinbau im Donauraum eingesetzt und damit die Voraussetzungen für die Wiener Wein- und Heurigen-Kultur geschaffen hat. Die Wiener dankten es ihm später, indem sie ihn zum Helden einiger Wiener Lieder machten, und mit der Benennung einer Gasse in Heiligenstadt, in der Beethoven eine seiner zahlreichen Wohnungen nahm und 1802 das „Heiligenstädter Testament" schrieb.
Nachdem die Römer Pannonien aufgegeben hatten, verschwand Wien für ein halbes Jahrtausend im Dunkel der Völkerwanderungszeit und des frühen Mittelalters. 433 kamen die Hunnen in diesen Raum, gefolgt von den Goten, Rugiern, Herulern und Langobarden. Diese zogen nach Italien weiter und überließen das Land an der Donau wieder den Slawen, die Ende des siebenten Jahrhunderts unter die Awarenherrschaft gerieten. Mit den Awaren räumte erst hundert Jahre später Karl der Große endgültig auf. Der nachfolgende unsichere Friede dauerte nur bis 881, als ein Reitervolk aus dem Osten auftauchte: die plündernd und brandschatzend durchs Land ziehenden Magyaren. Erst nachdem Kaiser Otto I. die Magyaren in der Schlacht auf dem Lechfeld bei Augsburg vernichtend geschlagen hatte, brachte die Herrschaft der Babenberger wieder etwas Licht in das Dunkel der Geschichte Wiens.
Ausgerechnet in der Zeit nach der römischen Besetzung und vor den ersten Babenbergern schlug die Geburtsstunde des Heurigen. Wie, warum, wann und wo genau, ist uns nicht überliefert. Vermutlich brachten die Franken und Bayern, die unter Karl dem Großen und Otto I. den Donauraum neu besiedelten, die Sitte mit, daß auch die Weinhauer selbst ihren Wein an Fremde ausschenken durften. Vielleicht wurde sie sogar schon von den Awaren übernommen. Schließlich macht es keinen großen Unterschied, ob man den Wein, den man selbst herstellt, en gros oder en detail verkauft. Die Organisierung des Sozialwesens wurde ja gerade erst erfunden, und damit die Stände und Zünfte, die dann mehr oder weniger genau umrissene Rechte und Pflichten festlegten. Um eine Heurigen-Konzession mußte man im Jahre 800 ganz sicher nicht ansuchen, denn es gab weder einen österreichischen Beamtenstaat noch den damit verbundenen Papierkrieg. Genau genommen gab es sogar „Österreich" noch gar nicht, und daß Wien damals überhaupt besiedelt war, schließt man nur auf Grund neuerer archäologischer Untersuchungen.
Die Archäologen stellten fest, daß, nachdem die Römer Vindobona verlassen hatten, ein Teil der alten Befestigungsanlagen weiterhin besiedelt war. Im Bereich, der heute zwischen Hohem Markt, Judengasse, Sterngasse und Marc-Aurel-Straße liegt, entstand damals ein festungsähnlicher Gebäudekomplex, für den später der Name „Berghof" überliefert wurde. Berghof leitet sich – wie Bergrecht oder Bergmeister – von *Wein-Berg* ab, hatte somit in frühester Zeit direkt mit dem Weinbau zu tun.
Der Berghof war Sitz des Bergherrn, der seine Weingärten an Untertanen oder Freie nicht für einen bestimmten Zins verpachtete, sondern sich diesen in einem bestimmten Anteil der jährlichen Ernte zahlen ließ, etwa mit dem „Zehent". Die Rechte und Pflichten der Hauer waren im Bergrecht festgehalten und wurden vom Verwalter des Bergherren, dem Bergmeister, kontrolliert.
Der Wiener Berghof wird erstmals in Jans Enikels „Fürstenbuch" (um 1280) als bereits bestehend erwähnt:

Wienn was e ein heidenschaft
und het an luiten niht die kraft,
wan da niht wan ein Hof lac –
er was ein heiden der sin pflac.
der hof wart der Perchhof genant,
der ist noch manigem wol bekant.

„Bei den Weinbergen" starb 482 der Heilige Severin (oben), worauf sich vermutlich der Name „Heiligen-stadt" zurückführen läßt. — „Ausg'steckt" wird spätestens seit den Zeiten Karls des Großen (unten).

Spätestens mit der Niederwerfung und Christianisierung der Awaren (um das Jahr 800) muß aber auf dem Berghof ein Christ eingezogen und der „heide der sin pflac" vertrieben worden sein. Ja bereits im siebenten Jahrhundert soll von Wien aus ein christlicher Kaufmann namens Samo ein Slawenreich beherrscht haben.

Vom heiligen Severin († 482) wissen wir, daß er sich gegen Ende seines Lebens nach Heiligenstadt „bei den Weinbergen" (ad vineas) zurückgezogen hat. Und da auch die Awaren ein Handel treibendes Bauernvolk waren, werden sie gewiß – wie mehr oder weniger alle anderen germanischen und slawischen Einwanderer zu dieser Zeit – die Weingärten, die sie hier schon vorfanden, auch weiter gepflegt und geerntet haben.

Nur dürfte das Ergebnis ihrer Pflege sich inzwischen wieder weit von den durch Probus angehobenen Qualitätsansprüchen der römischen Siedler und Legionäre entfernt haben. Zur Zeit Karls des Großen unterschied man nach „fränkischen" (guten) und „heunischen" (hunnischen oder slawischen – schlechten) Reben.

Womit wir wieder bei Karl dem Großen sind, der offenbar selbst ein exzellenter Weinkenner gewesen sein muß. Um immer den rechten Tropfen bei der Hand zu haben, ließ er von seinen Weingütern in Burgund Reben kommen und am Rhein anpflanzen. Wohl kein mittelalterlicher Herrscher vor oder nach ihm erließ so viele Gesetze und Verordnungen, den Wein betreffend.

Insbesondere das *Capitulare de villis* (Kapitular für die Krongüter und Reichshöfe) enthält sehr detaillierte Angaben über Weinbau, Weinpflege und Weinrecht. Es stammt aus dem Jahre 795. Erstmals tauchen hier die sogenannten Reifwirtschaften auf, also Weinschenken der Weinbauern. Unter Punkt 22 erging an die Amtmänner, denen meist mehrere Güter unterstanden, die Aufforderung: „die, die Weinberge bewirtschaften, sollen mindestens drei bis vier Traubenkränze bereithalten."

Was unter Traubenkränzen zu verstehen ist, wurde bisher nicht ganz schlüssig geklärt. Überwiegend deutet man heute den Traubenkranz als Kennzeichen (Weinzeiger) für die Zeit des Ausschanks, die auf höchstens drei Monate beschränkt war. Diese an Erntekrone und Erntekranz gemahnende Form des Weinzeigers wurde später durch (Wein-)Laub- oder Stroh-Kränze ersetzt, wie sie noch heute im Rhein-Mosel-

Gebiet oder in Niederösterreich zu finden sind. In anderen Gegenden wurde der Kranz durch einen grünen Besen (Besenwirtschaften in Württemberg), Räder (Rädelswirtschaften in der Pfalz), grüne Hecken (Heckenwirtschaften in Baden), Sträuße (Straußenwirtschaften in verschiedenen Gegenden) oder Nadelholz-Buschen (Buschenschenken in Österreich) ersetzt.
Zugegebenermaßen steht die These mit den Traubenkränzen Karls des Großen auf etwas wackligen Füßen, aber, wie man sieht, hat sie sich wein-weit durchgesetzt, und eine andere Herkunftserklärung hat man bisher nicht gefunden. Unbekannt ist natürlich auch, ob die Einführung solcher Weinzeiger auf den Krongütern überhaupt ein Einfall des nachmaligen Kaisers Karl war, oder ob er hier nur einen bereits allgemein üblichen Brauch der Weinhauer auch für die eigenen Besitzungen einführte.
Die erste Abbildung einer Buschenschank finden wir auf dem Babenberger Stammbaum des Hans Part. Damals, als dieses Kunstwerk entstand (1489–1492), war die Herrschaft der Babenberger in Österreich allerdings seit fast 250 Jahren erloschen.

Mit der Eroberung des Donauraums durch die Franken nahm auch der Weinbau wieder Aufschwung, vor allem durch die Kolonisation der Bistümer Passau und Salzburg sowie verschiedener Neugründungen bayerischer Klöster in Ober- und Niederösterreich. Eine zweite, größere Kolonisationswelle folgte unter Otto I., als die Magyaren endgültig vertrieben waren. 976 wurde Leopold I. Markgraf der neuen bayerischen Ostmark, woraus später Österreich wurde und weshalb noch Jahrhunderte danach die Ostmark-Weine „Osterweine" hießen.
Nach der Jahrtausendwende gewann auch Wien wieder an Bedeutung. 1153 berichtete der arabische Geograph Edrisi als von der neben Krems bedeutendsten Stadt Österreichs, was der Babenberger Heinrich II. Jasomirgott nach außen hin dokumentierte, indem er 1156, als er Bayern abgegeben hatte, seine Residenz von Klosterneuburg nach Wien verlegte. Sein Enkel, Friedrich I., machte nun den Wiener Hof zu einem der bedeutendsten der damaligen Zeit. Walther von der Vogelweide lebte hier bis zu Friedrichs Tod (1198).
Nachdem die Babenberger mit Friedrich II., dem Streitbaren, 1246 in der männlichen Linie ausgestorben waren, brachte schließlich der spätere Böhmenkönig Przemysl Ottokar II. die österreichische Herrschaft an sich. Es kümmerte ihn wenig, als Rudolf von Habsburg zum deutschen König gewählt wurde, denn der Böhme erkannte die Wahl nicht an. Gegenüber Ottokar hatte der Habsburger wenig zu bieten, er brachte nicht einmal ein nennenswertes Heer auf die Beine, aber dafür innerhalb von drei Jahren sämtliche Verbündete des Böhmen auf seine Seite. 1276 zog er mit seiner kleinen Truppe gen Wien, wo er jedoch keine Chance hatte, die Stadt einzunehmen. Als er aber drohte, sämtliche Weingärten zu zerstören, fielen die Wiener von Ottokar ab, und dieser mußte am 26. November 1276 die Stadt dem Habsburger übergeben. Die nächste Weinernte war gerettet.
Von alters her hat Wien seine Blüte nicht nur dem Weinbau, sondern auch dem Handel zu verdanken. Das hatten die Kelten und die Römer einst ebenso erkannt wie die Franken. Nach dem ersten Feldzug gegen die Awaren soll als erstes Gotteshaus Wiens die Ruprechtskirche geweiht worden sein; denn Wien lag an der alten Salzstraße von Reichenhall donauabwärts nach Osten, und der heilige Salzburger Bischof Ruprecht galt als Salzpatron.
Von Norden nach Süden kreuzte seit alters her die sogenannte Bernsteinstraße das Wiener Becken. Als nach 1096 zahlreiche Kreuzritter auf ihrem Zug ins Heilige Land Wien zu einem ihrer Hauptrastplätze erkoren, förderte das nicht nur den Handel in dieser Stadt, sondern vor allem das Gastgewerbe. Zahlreiche Weinschenken entstanden. Auch im Berghof gab es eine. Im vierzehnten Jahrhundert soll der Berghof sogar ein stark besuchter Volksbelustigungsort gewesen sein.
Wien war zu einer Stadt beachtlicher Größe angewachsen. Rund 40 000 Einwohner lebten hier. Nicht wenige davon betrieben Weinbau in den umliegenden Gärten, oft auch innerhalb der Stadtmauern.
Nicht zuletzt wurden Weinbau und Gastgewerbe durch die Klöster gefördert. Sie schenkten ihre Weine in Kellern aus, deren ältester der 1327 in der Dorotheergasse (damals Verberstraße) eröffnete „Seitzerkeller" war. Friedrich der Schöne hatte der von ihm gegründeten Kartause Mauerbach (Niederösterreich) das ehemalige Haus der Witwe Haug „mit der Befreiung von allen Steuern und mit dem freien Weinausschank" überlassen. Nach Friedrichs Tod tauschte dessen Bruder, Albrecht II., dem Stift dieses unscheinbare Gebäude gegen das „Haus zu den Röhren zunächst dem langen Keller" ein, bald „Seitzerhof"

genannt, weil die ersten Brüder der Kartause Mauerbach aus dem steirischen Seitz gekommen waren. (Die Bezeichnung „zu den Röhren" ging auf die alte römische Wasserleitung zurück.)
Die Mönche vergrößerten nicht nur ihr Stift erheblich, sondern – in den ausgedehnten, 75 Klafter (ca. 140 Meter) langen Räumen – auch die Kellerschenke. 1833 mieteten Josef Daum und Leopold Grader die Lokalität, statteten sie neu aus und richteten u. a. einen Konzertsaal, Speisesäle sowie eine Tanzfläche ein; in diesem „Elysium" fanden berühmte Maskenbälle statt, die „Schwarzen Redouten". 10 000 Menschen fanden in den weitläufigen Gewölben Platz.
Die zahlreichen, zum Teil heute noch vorhandenen, oft mehrstöckigen Keller der Inneren Stadt waren überwiegend als Weinkeller angelegt. Die Lößschicht, auf der diese Häuser standen, ließ sich leicht bearbeiten, war tragfähig, rutschfest und eignete sich – weil sie die Räume trocken hielt – zur Vorratshaltung. Im dreizehnten Jahrhundert hatte man deshalb begonnen, Wien nachträglich unterirdisch aufzugraben und Keller anzulegen. Diese sollten sich später, während der Türkenbelagerungen, als Refugium sehr bewähren.
Nun hatten Bürger, die außerhalb der Stadt Weingärten besaßen, einen kühlen Tropfen zur Hand, wenn auch nicht immer im eigenen Haus: Denn durch die nachträgliche Anlage der Keller waren die Hausbesitzer nicht unbedingt auch Besitzer des darunterliegenden Kellers.
Bevor man in Kellern Wein ausschenkte, hatten die Bürger Trinkstuben eingerichtet, in denen sie ihren „Eigenbau" ausschenkten: Es waren dies die ersten Stadtheurigen, die schon deshalb Anspruch auf diese Bezeichnung haben, weil in ihnen außer „prat" (Brot), „zwival" (Zwiebel) und „aschleich" (Knoblauch) nichts zu essen angeboten werden durfte. Schließlich wollte der Stadtrat ja die florierende Gastronomie nicht schädigen. Die Bezeichnung „Stubenviertel" (Stubenbastei, Stubentor, Stubenring) könnte sich von diesen Trinkstuben herleiten, die häufig gleichzeitig als öffentliche „Badstuben" eingerichtet waren.
Reichere Bürger, Großgrundbesitzer und Klostergüter beschäftigten Weinmeister, die bald darauf den herrschaftlichen Wein auch in Kellerschenken verzapften. Einige dieser Keller sind noch heute in Betrieb, nur mehr wenige davon jedoch als echte Stadtheurige. Allein in der Inneren Stadt gab es im Jahre 1752 noch 44 solcher Weinkeller.
Im vierzehnten Jahrhundert gerieten viele dieser Keller in Verruf, weil man dort nicht nur dem Brett- und Würfelspiel huldigte, sondern weil sie zunehmend zum „Jagdgebiet" der „freien Töchter" (wie man damals die gewerbsmäßigen Prostituierten nannte) wurden. Diese lebten in Frauenhäusern, von denen sich die zwei ältesten am Faueneck, später Frauenfleck (Gegend des heutigen Theaters an der Wien), befanden. Damit jeder gleich wußte, welcher Profession die Damen nachgingen, trugen sie zu ihrem losen Gewand einen „gelben Fleck" auf der Achsel. Das sich mit ihnen ausbreitende lockere Leben im Untergrund der Stadt war den Stadtvätern bald so sehr ein Dorn im moralischen Auge, daß sie 1403 die Institution der Weinmeister aufhoben. Eine unpopuläre Maßnahme, die sich schließlich nicht durchsetzen sollte und die falschen traf. Denn die Prostitution selbst zu verbieten, hätte nur die Auflassung der Frauenhäuser bedeutet. Diese aber gehörten zum herzoglichen Dominium und wurden an verdiente Beamte vergeben, die keineswegs auf die sicherlich erklecklichen Nebeneinnahmen verzichten wollten. Und schon gar nicht wollte das die Stadt, die bald nach 1400 die Frauenhäuser durch Kauf erwarb. Erst Ferdinand I. schaffte Mitte des sechzehnten Jahrhunderts die freien Töchter ab, als diese auch in vielen Trinkstuben der Bürger ihr „Quartier" aufgeschlagen hatten. Viel mehr als das Verbot der Bezeichnung und Organisierung dieser Damen dürfte er allerdings nicht erreicht haben.
Die leichten Mädchen Wiens verschwanden keineswegs von der Bildfläche, sondern verbreiteten sich aus dem Untergrund heraus bis auf die Basteien. Dort standen die ebenerdigen „Batzenhäuschen" der Stadtguardia, der Wachsoldaten, die sich nun bei der Bürgerschaft so unbeliebt machten, daß auf Grund zahlreicher Beschwerden der Stadtrat die Rumorwache schuf, die für die Sicherheit auf den Straßen und Märkten zu sorgen hatte, was allerdings das Leben und Liebestreiben auf den Basteien auch nicht beeinträchtigte. Erst 1741 beschloß der Stadtrat die Auflösung der Stadtguardia und die Entfernung der unsittlichen Häuschen, von denen sich einige zu regelrechten Vergnügungsetablissements gemausert hatten.
Damit waren die „Damen" wieder auf ihr altes Revier beschränkt, und viele von ihnen verdingten sich als Kellnerinnen in den Weinschenken, wo sie nebenbei ihrem alten Beruf nachgingen. Ein Dekret des Magistrats vom 15. Jänner 1752, das die Beschäftigung von weiblichem Bedienungspersonal in Weinstu-

ben und Kellern verbot, brachte wieder „Ordnung und Sittlichkeit" in die Heurigen-Gastronomie der Stadt.

Heute ist der Heurige in der Innenstadt nahezu ausgestorben. Natürlich gibt es noch mehrere echte Keller, aber sie sind alle, wie jene Lokale, die sich Stadtheurige nennen, konzessionierte gastronomische Betriebe, einige sogar Nobelrestaurants mit großer Speisekarte und gepflegter Musik. Auch in den Vorstädten sind nur mehr wenige Heurigenlokale übriggeblieben; diese findet man heute vor allem in den Weinorten am Stadtrand. Hier, zu Füßen oder auch inmitten der Weingärten, hat sich parallel zur „Stadt" der Heurige ebenfalls von alters her entwickelt.

Bereits im zwölften Jahrhundert begann sich Wien auszubreiten: Die ersten Ansiedlungen außerhalb der Stadtmauer nannte man Lucken, ein Name, der auf die kleinen, schmalen Durchschlüpfe in der Befestigungsanlage zurückgeht. Die frühesten Lucken-Namen weisen auf den Beruf oder die Beschäftigung ihrer Bewohner hin. In der Kleberlucke lagen die Holz- und Klaubhöfe der Donauschiffer. Hier wurde das Holz, das sie die Donau heruntergebracht hatten, gekliebt (gespalten). Die Kumpflucke verdankt ihren Namen dem Kumpf, dem Walktrog der Tuchmacher und Wollweber, die unfern davon, in der Inneren Stadt, in der Gegend der heutigen Wollzeile, ihre Läden hatten. Die Revellucke (auch Refellucke – heute Rothgasse) leitet ihren Namen von „revelaere", „reveler" her; das waren die Schuhflicker, die auch mit alten Schuhen handelten. Doch wie diese Urzellen der Wiener Vorstädte verschwunden sind, sind auch die meisten ihrer Namen heute nicht mehr bekannt. Ob in den stadtnahen Weingärten Ansiedlungen entstanden, in denen ausgeschenkt wurde, ist nicht überliefert. Zu einem Teil reichten die Rieden ja bis in die Stadt.

1452 wird das Katzensteigtor am Ende der Seitenstettengasse, die früher Katzensteig hieß, als Tor „pei dem Weinperg" bezeichnet, und in der Nähe der Ruprechtskirche wird 1374 ein Preßhaus erwähnt. Noch bis zur zweiten Türkenbelagerung (1683) bestanden der heutige dritte und vierte Bezirk fast ausschließlich aus Weingärten.

Die entfernter gelegenen Weinorte entwickelten sich als eigenständige Siedlungen. Auch hier erwarben mit der Zeit, neben Klöstern und Adeligen, Wiener Bürger einige Rieden. Der erste namentlich bekannte österreichische Winzer war ein Wiener Bürger namens

Neben dem Wein haben auch Musik und Dichtung ihre weit zurückreichende Tradition: Walther von der Vogelweide, der bis 1198 am Wiener Hof lebte, lernte in Österreich „singen und sagen" (oben). Eine ganz andere Tradition pflegte über Jahrhunderte die Stadtguardia, die erst 1741 aufgelöst wurde: In ihren Batzenhäuschen auf den Basteien besserten die Wachsoldaten „nebenbei" ihren Sold durch Weinausschank und Zuhälterei auf (unten: Stadtguardia 1612).

Über den ungewöhnlich hohen Weinkonsum und Weinhandel in Wien wunderte sich Äneas Silvius Piccolomini, der Sekretär Friedrich III. und spätere Papst Pius II. Der Export des Wiener Volksgetränkes, von dem jeder erwachsene Einwohner mehr als einen Liter pro Tag genoß, lag gut zweimal höher als die heutige Ausfuhr aller österreichischen Weine.

Reingerus, der um 1170 als Besitzer dreier Weingärten erwähnt wird. Wenig später heißt es, daß eine Witwe Friderun dem Stift Klosterneuburg ein Haus mit Weingarten schenkte und daß Abt Walther vom Kloster Michelbeuern dem Wiener Goldschmied Bruno de Wine einen in Währing abkaufte.
Die Wiener Vororte und Weindörfer, die weitgehend im neunzehnten Jahrhundert eingemeindet wurden, aber auch jene Teile der Vorstadt, die sich nicht aus den Lucken entwickelt hatten, waren eigenständige Siedlungen, die sich im elften und zwölften Jahrhundert bereits nachweisen lassen. Ortsnamen, wie Döbling, Mödling oder Währing, deuten auf awarische oder slawische Gründungen hin, bei denen sich die Endsilbe -ing vom slawischen -iça herleitet, während andere Namen, wie Hietzing, Ottakring oder Sievering, aus dem Bayerischen kommen, also nach der Mitte des zehnten Jahrhunderts entstanden sein dürften. Auf die gleiche Zeit gehen auch die Ortsnamen zurück, die auf -dorf enden (Gumpendorf, Hütteldorf, Pötzleinsdorf) und auf eine fränkische Besiedlung schließen lassen. Und selbstverständlich wurde in vielen dieser Orte schon in früher Zeit Weinbau betrieben, gab es dort Berghöfe, etwa in Heiligenstadt (urkundlich erwähnt 1347) oder in Sievering (1399). Der Wein wurde nicht nur getrunken, und zwar in Unmengen (bei einem Essen rechnete man pro Person drei Liter), sondern man beschäftigte sich auch wissenschaftlich mit ihm und schrieb über ihn die ersten Bücher. 1513 erschien ein „Traktat über Wein, Bier und Essig“, und vier Jahre später das „Khelerbuch oder Weinmaisterey“, beide von Hieronymus Emser. 1582 folgte das berühmte österreichische Weinbuch „Von Baw, Pfleg und Brauch des Weines“ des Schottenschulmeisters Johannes Rasch. 1732 wurde eine Dissertation „De vino austriaco“ an der Wiener Universität eingereicht; Autor war F. A. Steindl von Plesseneth, nach dem der liebliche Wachauer „Steindl-Wein“ benannt wurde.

Wieviel Wein damals um Wien herum angebaut wurde, wissen wir nicht, aber es muß erheblich mehr gewesen sein als heute. In guten Jahren wurden die Fässer so teuer wie der Wein, der darin reifte, ja 1297 mußten erstmals hölzerne „Stuben“ gezimmert werden, um die überdurchschnittliche Erntemenge zu fassen. Hand in Hand mit der Ausbreitung des Weinbaues im dreizehnten und vierzehnten Jahrhundert prägt sich durch Verordnung und zunftmäßige Zu-

sammenschlüsse die soziale und gesetzmäßige Struktur dieses Wirtschaftszweiges stärker aus. Steigender Export, Zölle und Steuern machen den Wein, vor allem in Wien, Niederösterreich und dem Burgenland, zum bedeutendsten Wirtschaftsfaktor.
Diese Entwicklung beruht natürlich nicht allein auf der Qualität. Verbesserte Anbaumethoden, neue Rebsorten und immer sorgfältigere Pflege und Verarbeitung bringen auch differenzierte Qualitäten hervor. In einem Schreiben aus dem Jahr 1373 lobt Papst Gregor XI. ausdrücklich den Wein vom Altenberg bei Retz („vinum in antiquo monte apud Retzam"). Vor allem im Norden und Osten Niederösterreichs exportierte man damals Wein nach Böhmen und Mähren, ja bis nach Polen und Rußland. Darüber hinaus beförderte die Donau als Handelsweg den Export nach Westen. Um 1400 machte die Ausfuhr etwa 100 000 Hektoliter jährlich aus.
Zahlreiche Reisende verbreiteten den Ruhm Wiens und des Wiener Weins in aller Welt. In einer um 1280 entstandenen lateinischen Handschrift, sie wird heute in der Vatikanischen Bibliothek aufbewahrt, lobt ein unbekannter – ins Deutsche übertragener – Autor:

Oh du mein Wien in Österreich,
An Ruhm und Ehre überreich,
In reiner Luft
Am schönen Strom
Mit vielem Volk
Und herrlichen Frauen
Im reichen Gefilde,
Umgeben von Wein und grünenden Wäldern,
Wie vergnügt lebt man hier.

Zu diesem vergnügten Leben trug vor allem der leichte, trübe (weil ungefilterte), recht saure, aber bekömmliche Wein der Wiener bei, der bereits im fünfzehnten Jahrhundert als echtes Volksgetränk gelten kann.
Das schlechte Weinjahr 1456 allerdings brachte einen solchen „Reifenbeißer" (so sauer, daß er die eisernen Faßreifen hätte durchfressen können) hervor, daß ihn die Wiener auf die Gassen schütteten. Kaiser Friedrich III. verbot jedoch diese Vergeudung der Gottesgabe und verfügte, den Wein zum Anrühren des Mörtels beim Turmbau der Wiener Stephanskirche zu verwenden. Ein wahrhaft pietätvoller Umgang mit dem Lieblingsgetränk der Wiener.
Daß Überfluß und Liebe auch ihre negativen Folgen haben können, sei nur am Rande erwähnt. Vom Jahrgang 1499 berichtet die Ernte-Chronik des Stiftes Melk: „Viele starben, da sie sich zu Tode gesoffen hatten." Kein Wunder, denn in jenem Jahr war die Ernte so groß, daß man wiederum neue „Most-Stuben" zimmern mußte, und der Eimer Wein (nach heutigem Maß 58 Liter) kostete nur zwei Pfennig, in den Weinorten um Wien zum Teil sogar nur einen Pfennig. 60 Jahre zuvor heißt es in einem Bericht des Äneas Silvius Piccolomini, des späteren Papstes Pius II. und damaligen Sekretärs des bereits erwähnten Kaisers Friedrich III.: „Es ist unberechenbar, wieviel Wein jährlich in die Stadt gebracht wird, der da getrunken oder auf der Donau mit schwerer Mühe nach anderen Ländern verschifft wird." In Wien erreicht die jährliche durchschnittliche Weinausfuhr (1445 bis 1447) die erstaunliche Menge von 75 760 Hektolitern. Heute liegt der Gesamtertrag im Bereich Wien bei weniger als der Hälfte und die gesamtösterreichische Ausfuhr zwischen 180 000 und 225 000 Hektoliter.

Die Rechts- und Sozialgrundlagen für den Weinbau und den Ausschank entwickelten sich seit dem zwölften Jahrhundert. Nach 1100 wird zunehmend die Bezeichnung „weinzurl" (Weinzierl) gebräuchlich, und 1137 tauchen erstmals urkundlich die Grundholden als Organisation der Weingartenbesitzer auf. In den ältesten Stadtrechten und Marktverordnungen wurden über jene, die Wein mit einem falschen Maß ausschenkten, Geldstrafen verhängt. Auch die Einfuhr und der Besitz fremden Weins, besonders aus Ungarn, wurden empfindlich bestraft. 1365 wird diese Strafe verdoppelt und das Verbot für Import und Verkauf von Fremdwein bis ins achtzehnte Jahrhundert immer wieder erneuert und mit Geldbußen belegt.
Ausgenommen hiervor ist nur die Stadt selbst, die um die Mitte des vierzehnten Jahrhunderts für den Verkauf und Ausschank von Fremdweinen eine „Taferne" einrichtet und betreibt, die sie 1373 für 100 Goldgulden an Niclas Magsseit verpachtet. Eine Erneuerung dieses Stadtprivilegs hatte später (1664) nur mehr kurzen Bestand.
In die zweite Hälfte des vierzehnten Jahrhunderts fallen die Gründungen der ersten Hauer- und Weinzierlzechen in den Weinorten Niederösterreichs und um Wien. Als eine Art frühe Gewerbe- und Sozialordnung kann die „Ordnung der Weinzierl, Hawer und ander Weingartenleut" von 1534 gelten. Sie regelt vor

allem das Arbeitsverhältnis der Hauerknechte, deren Einstellung, Entlassung und Entlohnung. Danach erhielten Männer 20, Frauen 14 Pfennig pro Tag und hatten Anspruch auf eine Stunde Mittagspause. Während der Ernte durften die Arbeiter im Weinberg nicht weglaufen, und Abwerbung des Personals der Weingartenbesitzer untereinander wurde mit Geldstrafen geahndet.
Auch die Lohnordnung zahlreicher Zünfte verpflichteten die Handwerksmeister, ihren Gesellen zu bestimmten Anlässen, etwa bei der wöchentlichen Lohnauszahlung, Wein zu kredenzen. Es war also selbstverständlich, daß die Wiener Handwerker oft mehrere Weingärten in der Umgebung Wiens besaßen.
Der Besitz von Weingärten außerhalb der Stadt hatte für Wiener Bürger aber auch seine negativen Seiten, weil sie ihren Wein in den Kellern der Stadt lagerten. Denn für die Einbringung wurde ein sogenanntes „Torgeld“ erhoben und später auch eine Steuer für die Lagerung des Weins innerhalb der Stadtmauern. Überhaupt hatte das Weintrinken zahlreiche Steuern zur Folge. Eine der frühesten war die etwa 10prozentige Tranksteuer auf jeden ausgeschenkten Eimer Wein (ein Wiener Eimer hatte bis zur Mitte des achtzehnten Jahrhunderts 58 Liter, danach wurde die Maßeinheit auf 56,6 Liter reduziert), die bezeichnenderweise „Ungeld“ genannt wurde. Diese von den „Ungelter“ genannten Beamten eingehobene Steuer wurde mehrmals, zuletzt 1569, erhöht. Sie beruhte auf dem „Achtring“ genannten Schankmaß, das mit der Erhöhung jeweils verkleinert wurde, aber im Schankpreis gleich blieb. Vermutlich wurde das Ungeld schon vor 1359 erhoben. In diesem Jahr jedoch verfügte Herzog Rudolf IV. die erste Verkleinerung des Achtrings. Aus ursprünglich 32 Achtring pro Eimer wurden zuletzt 41. Erst Maria Theresia führte zur leichteren Berechnung die Unterteilung des Eimers in 40 Achtring ein.
Es spricht für den damaligen Durst der Wiener, daß das Schankmaß nicht „Viertel“ oder „Achtel“ war, sondern eine Menge, die – je nach Zeit – 1,812 bis 1,416 Litern entsprach. Der Achtring wurde zum Teil auch Maß oder (später am gebräuchlichsten) Pint genannt. Davon leiteten sich schließlich die Halbe (Pint) und das Seitl (ein Viertelpint) ab. Übrigens war das Volumen dieser Maßeinheit von Ort zu Ort höchst unterschiedlich; es gab neben dem „Wiener Eimer“ den Preßburger Eimer (54,36 Liter), den Ödenburger (72,5 Liter), Eisenstädter (77,3 Liter), Hartberger (135,9 Liter) Eimer und verschiedene andere. Entsprechend unterschiedlich waren die Pint-Größen. Beim Export und als Kellermaß fand die Kufe (30 Wiener oder 24 Ödenburger Eimer) Verwendung, die später auch Dreiling oder Fuder genannt wurde. Der Liter als Richtmaß wurde in Österreich erst 1871 eingeführt.
Ähnlich unübersichtlich wie die verschiedenen Maße – es gab zum Beispiel bei gleicher Bezeichnung unterschiedliche Keller- und Schankmaße, Bergmaß und Gibmaß genannt; ein Eimer nach Bergmaß faßte mehr als einer nach Gibmaß – war auch die Vielzahl der Steuern verwirrend. Allein bei Wein gab es schließlich acht verschiedene Abgaben, die durch eine Steuerreform Maria Theresias Mitte des achtzehnten Jahrhunderts weniger gesenkt als vereinheitlicht wurden.
Leider hat die hohe Steuerbelastung beim Weinausschank ihre Tradition bis in unsere Zeit. Für Alkoholabgabe, Getränke- und Umsatzsteuer muß heute ein Heurigenwirt – je nach Höhe der eigenen Betriebskosten – zwischen 80 und 160 Prozent allein an Steuern auf den reinen Herstellungspreis des Weines aufschlagen. Kein Wunder, daß das Ungeld schon von alters her immer als die einträglichste aller Verbrauchersteuern galt.
Schließlich konnten die Wiener ihren Weinkonsum nicht ewig steigern. Zum Glück kamen neben Studenten und Händlern immer mehr Reisende in die beständig wachsende Metropole. Der Pro-Kopf-Konsum an ausgeschenktem Wein dürfte um 1500 schon über 150 Liter im Jahr gelegen haben. Da mußten die zahlreichen Fremden schon kräftig mithalten, was ihnen, zumal wenn sie aus dem biertrinkenden Norden des Reiches kamen, gelegentlich nicht leicht fiel. Das Brauen und Ausschenken von Bier war nämlich im Wien des fünfzehnten Jahrhunderts noch verboten. Einzige Ausnahme war das Brauhaus des Bürgerspitals. Hundert Jahre später hatten sich – wegen der hohen Steuern und Exportschwierigkeiten – bereits eine ganze Reihe von Klöstern und Städten im Donauraum von Wein auf Bier umgestellt, und selbst in den Vororten Wiens gab es schon einige Brauereien, wie das 1584 gegründete gräfliche Königseggsche Bräuhaus in Gumpendorf. Allgemein erlaubt wurde der Bierausschank in Wien erst Ende des siebzehnten Jahrhunderts, als hier nach der zweiten Türkenbelagerung die ersten Kaffeehäuser eröffneten.

Gemeinhin hat das menschliche Bewußtsein die durchaus schätzenswerte Angewohnheit, von zurückliegenden Ereignissen vor allem die angenehmen Erinnerungen zu bewahren. So ist es mit den Türken und dem Wiener Kaffeehaus. Ein gewisser Georg Kolschitzky erwarb 1683, als Wien von 200 000 Türken unter dem Großwesir Kara Mustapha belagert wurde, große Verdienste durch Kundschafter- und Spionagedienste für den Wien-Verteidiger Ernst Rüdiger Graf Starhemberg. Nach dem übereilten Abzug der geschlagenen Belagerer fand man in deren verlassenen Proviantzelten mehrere Säcke Kaffee, die man Kolschitzky zum Dank überließ – vermutlich, weil man selbst keine Verwendung für die unbekannte Bohnenfrucht wußte. Kolschitzky dienten sie als Grundkapital für sein 1686 eröffnetes Kaffeehaus. Ob es daran lag, daß Bier noch verboten und Wein nach den Zerstörungen der Türken knapp war, jedenfalls fand das neuartige Getränk bald Anklang bei den Wienern und Kolschitzky Nachahmer. (Inzwischen haben fündige Lokalhistoriker den Türken-Spion selbst zum Nachahmer bereits vorher bestehender Kaffeehäuser gemacht.)

Von den denkwürdigen Veränderungen, die der historische Besuch der Türken in der Folge für die Wiener Gastronomie hatte (die augenfälligste ist das Wiener Kipferl als Nachbildung des türkischen Halbmondes), war in eher unerfreulicher Weise auch der Wein betroffen. Schon bei der ersten, nur 25 Tage währenden Türkenbelagerung (1529), waren die Dörfer und umliegenden Weinberge zum Teil völlig zerstört worden. Anschließend hatte sich jedoch der Weinbau in noch viel stärkerem Maße und über ganz Österreich ausgebreitet, vor allem als später die Türken Ungarn besetzt hielten. Große Teile von Tirol, Kärnten und Vorarlberg waren im sechzehnten und siebzehnten Jahrhundert von Weingärten bedeckt, in Salzburg wuchs Wein bis in die Stadt und bedeckte den Mönchsberg. Und in Oberösterreich, wo man schon zuvor eigenen Wein getrunken hatte, gab es noch bis 1870 gewerbsmäßigen Weinbau.

Hatten die Wiener (und österreichischen) Weinbauern den Dreißigjährigen Krieg noch einigermaßen ungeschoren überstanden, so waren die Folgen der zweimonatigen Türkenbelagerung von 1683 verheerend. Eben erst hatte sich das Leben in der Stadt nach der Pestepidemie (1679), die rund 60 000 Opfer gefordert hatte, wieder einigermaßen normalisiert. Die durch die Seuche dezimierte Bevölkerung hatte durch einen

Nirgends wurde der Wein so hoch versteuert wie in Wien. Daran änderten auch die Reformen Maria Theresias (unten) nichts, die wie die Weinmaße auch die verschiedenen Formen der Abgabe des „Ungelds" nur vereinheitlichte. Vielleicht war dies mit ein Grund, daß schon Ende des siebzehnten Jahrhunderts der Kaffee seinen Siegeszug in Wien antrat. Bestritten von den Historikern wird, daß der Kundschafter während der zweiten Türkenbelagerung, Georg Kolschitzky (oben, in türkischer Verkleidung), der erste Kaffeehaus-Besitzer Wiens gewesen sei.

ungewöhnlich starken Zuzug aus dem Reich annähernd wieder den alten Stand erreicht. Nun bewirkte die drohende Türkengefahr erneut eine Massenflucht von Adel und Bürgertum.
Auf Befehl des Grafen Starhemberg wurden große Teile der inzwischen stark gewachsenen und urbanisierten Vorstädte niedergebrannt, um den Türken keinen Schutz und den Belagerten freies Schußfeld zu bieten. Neben Lebensmitteln wurden für die Versorgung der 22 000 Verteidiger 170 000 Eimer Wein (fast 100 000 Hektoliter) in den Kellern der Stadt eingelagert. Offenbar war selbst diese Menge für die durstigen Kämpferkehlen noch zu knapp berechnet, denn während der Belagerungszeit stieg der Preis für den Achtring Wein auf das Dreifache.
Wiederum richteten die Türken auf ihrem Zug nach Wien und dort in der ganzen Umgebung des Heerlagers große Verwüstungen an. Die kaiserlichen, deutschen und polnischen Bataillone und Divisionen rückten nämlich von Norden her über das Kahlengebirge an, und so wurden die Weingärten zwischen Nußdorf, Döbling und Hütteldorf das eigentliche Schlachtfeld. Auch in den Weinbergen von Grinzing, Heiligenstadt, Sievering, von Neustift, Salmannsdorf und Pötzleinsdorf blieb kaum ein Stein auf dem anderen. Aber, wie man weiß, bleibt jeweils das Positive in der Erinnerung haften; und das war eben der Sieg über die Türken.
Diesen Sieg haben die Wiener noch einem anderen Kampfgefährten zu danken – dem Wein. Die Bestätigung hierfür lieferte ausgerechnet ein türkischer Augenzeuge, der Zeremonienmeister Ahmed, in seinem Kriegstagebuch. Die Angreifer aus dem Osten fanden nämlich in den Dörfern und den Kellern der niedergebrannten Vorstädte noch große Mengen Weines, den man in der Eile nicht hatte fortschaffen oder verstecken können. „Als die Muslims die unendlichen Mengen an Wein sahen", berichtet Ahmed, „die in den Ländern der Giauren (Ungläubigen) und vor allem in der Vorstadt von Wien erbeutet worden waren, da verfielen auch die Enthaltsamsten unter ihnen dem Trunk und begannen die mannigfaltigsten Übeltaten und unbegreifliche Schädlichkeiten zu verüben – und zwar gerade in den heiligen Monaten ihres Glaubens." Ob nun der Wein ihre Kampfmoral untergraben hatte oder Allah sie für den Frevel mit der Niederlage strafte, konnte den befreiten Wienern am 13. September 1683 gleichgültig sein.
Für Wien hatte das siebzehnte Jahrhundert zahlreiche

…t mich gestärket im Streit, daß sich haben beügen müßen die mir zuwider stunden

7 Graf Stahremberg
8. Fürst v. Baden

Veränderungen und Unruhen gebracht, die in der ersten Hälfte vor allem durch die Gegenreformation ausgelöst worden waren. Wien war eine Großstadt, ja Weltstadt geworden, deren gesellschaftliches Leben neben dem Herrscherhaus der Adel und das Beamtentum prägten. Der Geist des Barocks förderte die Bautätigkeit. Die Kirche, und hier besonders die Jesuiten, nutzten die Lust der vornehmen wie der einfachen Bevölkerung am Theatralischen zu großen Lehrstükken und pomphaft allegorischen Schauspielen. Man feierte Feste, wo sich ein Anlaß bot, und führte ein möglichst verschwenderisches Leben. Das Volk konnte daran wenig Anteil nehmen und vergnügte sich auf seine Weise. Die Vorstädte und Gründe waren die Domäne der einfachen und armen Leute, denn hier lebte man schon deshalb billiger, weil in den Gasthäusern und Heurigenlokalen die Verzehrsteuer geringer war, Wein, Bier und Branntwein billiger genossen werden konnten. Dort feierte man seine eigenen Feste, hatte sein eigenes Pawlatschen-Theater, weitaus primitiver, gröber und auch zotiger als in den vornehmen Adelspalästen. Ein Volksmusikantentum entstand, von dem uns heute wenig mehr überliefert ist als die Legende vom „lieben Augustin". Auf den Tanzböden und in den Wirtshaussälen der Vorstadt, aber auch beim Heurigen unter Nußbäumen und Kastanien, spielten die Musiker mit dem Dudelsack zum Tanz auf, unterhielten sie die Zecher mit Liedern und Stegreifversen.

1609 erbaute in Hernals ein gewisser Helmhard Jörger, Inhaber des dortigen Lehnsgutes, eine protestantische Kirche, die sich rasch beim Volk eines lebhaften Zuspruchs erfreute. Selbst als Jörger (1620) der Reichsacht verfiel und die Kirche geschlossen wurde, wanderte man weiterhin am Sonntag nach Hernals, wo die Kirche zwar gesperrt war, nicht jedoch die umliegenden Heurigen. Immerhin sah der Stadtrat darin eine Art verbotener Pilgerfahrt und untersagte 1624 „das Auslaufen" nach Hernals. Anstelle der protestantischen Kirche wurde ein Kreuzweg errichtet und dieser bald darauf wieder ebenso beliebt als Wallfahrtsort.

Ein gleichfalls vielbesuchtes Gegenstück entstand (1628) in der Kamaldulenser Einsiedelei auf dem Kahlenberg. Auch hierher gab es auf dem Wege zahlreiche Heurige und ließ sich das Nützliche mit dem Angenehmen, das Geistliche mit dem Geistigen verbinden. Besonders beliebt wurden die Wallfahrten nach dem Pestjahr 1679, in dem etwa ein Drittel der Wiener Bevölkerung dahingerafft worden war. Gegen Ende des Jahrhunderts gab es in Wien etwa 70 kleine und große Wallfahrten.

Keinerlei geistlichen Grund gab es für die Beliebtheit der Leopoldstadt als Ausflugsziel der Wiener. Hier lockte zum einen der Prater, und für das einfache Volk, das dort keinen Zutritt hatte, das grüne Vorgelände des Praters. Zum anderen hatten die in der Jägerzeile angesiedelten Hofjäger des Privileg, jährlich eine bestimmte Menge Wein oder auch Bier auszuschenken, ohne das übliche Ungeld zu zahlen. Mußte man hier anfangs wie in den nahegelegenen Bierschenken des Bürgerspitals noch sein Jausenpackerl mitbringen, so konnte man später unter der Hand gebratenen Praterfisch oder Praterwild bekommen. An Sonn- und Feiertagen traten Bänkelsänger und Musikanten auf.

Wer dagegen in der Stadt sein (billiges) Vergnügen suchte, der stahl sich am Abend auf die Stadtumwallung zu den Batzenhäuseln der Stadtguardia, die ihren schlechten Sold dadurch aufbesserten, daß sie in ihren ebenerdigen Hütten Wein ausschenkten und – wie bereits erwähnt – Dirnen verkuppelten. Von hier nahm auch die von den Schweden eingeführte Sitte des Tabakrauchens und Schnupfens ihren Ausgang. Nicht alle erfreute dies liederliche und genußsüchtige Leben und Treiben. Aus den Kellern der Stadt stieg den reichlich parfümierten vornehmen Damen und Kavalieren der Geruch des herben und gärenden Weines unangenehm in die Nase. Und der berühmte Augustiner-Prediger Abraham a Santa Clara wetterte in seinen denkwürdigen Predigten. „Der Wein sei eine Erquickung Eurer Herzen, wenn Ihr ihn aber ohne alle Manier sauft, ist er der Tod Eurer Seele!"

Im achtzehnten Jahrhundert hatte sich dann jedoch das Freizeitleben der Wiener immer mehr in die Vorstädte und über den (1704 errichteten) Linienwall hinaus in die Vororte verlagert. Militärisch hatte dieser Linienwall schon bald nach seiner Erbauung keine Bedeutung mehr, sondern hauptsächlich als Steuergrenze, insbesondere der Verzehrsteuer – zum Vorteil der außerhalb liegenden Buschenschenken in den Weinorten. Nach 1893 wurde er abgetragen, an seiner Stelle entstand die durchlaufende Gürtelstraße.

Die ständige Vergrößerung Wiens auf Kosten der Rebflächen hatte ihren Grund in der vehementen Bevölkerungszunahme von etwa 100 000 Einwohnern im Jahre 1700 auf 175 000 um 1750 und 250 000 gegen Ende des Jahrhunderts. Entsprechend stieg der lokale

Weinkonsum und kam der Export praktisch zum Erliegen. Immer mehr Straßen der Vorstädte wurden gepflastert, erhielten Abwässer- und Trinkwasserleitungen und zum Teil sogar Straßenbeleuchtung. Dachrinnen wurden obligatorisch, und das „Fensterln" in Wien polizeilich verboten. 1735 gab es bereits 37 Kaffeehäuser, und 1790 waren es weit über 100. Der beliebteste Wein in Wien kam aus Gumpoldskirchen. Gern getrunken wurde auch der burgenländische Ruster. Immer mehr kamen Landpartien und Sommerfrischen in Mode, und 1798 fand Gaheis „Wanderungen und Spaziergänge in die Gegend um Wien" reißenden Absatz. Im gleichen Jahr gab es zwischen Ringelspielen und Komödianten-Buden 38 „Schankhütten" im Prater, von denen einige bereits regelrechte Wirtshäuser waren.

Erstmals tauchten die später so bekannten und in den Heurigenliedern vielbesungenen Hausherrn und Seidenfabrikanten auf. Als erste Fabrik in Wien wurde (1700) die M. Hengstenbergers Seidenfabrik am Neubau gegründet. 1794 gab es bereits 124 Fabriken, davon allein 48 Seiden- oder Seidenband-Fabriken. Der Bedarf an Arbeitskräften brachte neuen Zuzug und vergrößerte die Wohnungsnot, so daß die Besitzer von Zinshäusern, die Hausherrn, ein einträgliches Geschäft machen und vielfach nur davon leben konnten. Auch die Ziegelwerke am Wienerberg förderten die Zunahme von Wirtshäusern und Beisln. In Neulerchenfeld gab es derer so viele, daß das Scherzwort vom „größten Wirtshaus des heiligen römisch-deutschen Reiches" für diesen Grund aufkam.

Derart umwälzende wirtschaftliche und soziale Veränderungen forderten geradezu Änderungen in der Verwaltung heraus. Und so gab es unter der 1740 die Regentschaft übernehmenden Maria Theresia und ihrem Sohn und Nachfolger Josef II. zahlreiche Reformen. Sie betrafen Heerwesen und Polizei, Strafrecht und Steuerwesen ebenso wie Handel, Industrie und das Sozialwesen. Vor allem die josefinischen Reformen zwischen 1780 und 1790 blähten den Verwaltungsapparat auf und hatten eine starke Bürokratisierung zur Folge. Kaiser Josef schoß dabei nicht selten über das Ziel hinaus und mußte viele seiner Erlasse und Verordnungen wieder zurücknehmen. Nicht selten lösten beiläufige Einzelfälle ein umfassendes Gesetz für die ganze Monarchie aus.

So geschah es auch, als ein Beschwerdebrief aus Salcano, einem kleinen und historisch in keiner Weise be-

Die Sauf-Lust der Wiener geißelte der Augustiner-Prediger Abraham a Santa Clara (oben). Doch kaum hundert Jahre später garantierte Kaiser Josef II. (unten) den Weinhauern ihr Buschenschank-Privileg, und der Kahlenberg, wo er 1783 die Kamaldulenser-Einsiedelei auflöste (Mitte), wurde das beliebteste Ausflugsziel der weinseligen Wiener.

deutenden Ort in der Grafschaft Görtz, bei Hof eintraf. Die Wirte von Salcano beklagten sich bei ihrem Kaiser, daß ihr „Jurisdicent“ (Rechtsprecher) Graf Delmetri sie zwingen wolle, zu bestimmten Zeiten des Jahres nur Wein von seinen Gütern auszuschenken. Das obrigkeitsherrliche Walten des Görtzer Grafen beschäftigte den aufgeklärten Kaiser, der drei Jahre zuvor die Leibeigenschaft endgültig verboten hatte, so sehr, daß er am 17. August 1784 eine Zirkularverordnung erließ, die bis heute Grundlage des gesamten Heurigenwesens und aller späteren Buschenschankgesetze ist. In ihrem Schlußsatz enthält sie die Erlaubnis für jedermann, „die von ihm selbst erzeugten Lebensmittel, Wein und Obstmost, zu allen Zeiten des Jahrs, wie, wann und in welchem Preise er will, zu verkaufen, oder auszuschenken.“
Damit ist Josef II. nach Probus und Karl dem Großen der dritte Kaiser, der in der Geschichte des Wiener Heurigen eine bedeutsame Rolle spielt.

Josefinische Zirkularverordnung von 1784

Ungeachtet durch mehrere Verordnungen den Grundherrschaften ausdrücklich verboten wird, ihren Unterthanen einige Naturalien, in was immer für einem Masse zum Kaufe oder Verkaufe aufzudrängen so haben sich dennoch verschiedene Fälle ereignet, welche die Ausserachtlassung dieses Gesetzes beweisen, und die Erneuerung desselben zum Schutze der Unterthanen nothwendig machen.
Wir verbieten also hiemit allen Grundobrigkeiten bei schwerster Bestrafung, ihren Unterthanen, unter was immer für einem Namen und Vorwande, Lebensmittel oder Getränke, zum Kaufe, Verkaufe oder Ausschanke auf obrigkeitliche Rechnung aufzudrängen, oder dieselben zu zwingen, zu einem höheren Preise, als die Obrigkeit auszuschenken; und geben hingegen jedem die Freyheit, die von ihm selbst erzeugten Lebensmittel, Wein und Obstmost zu allen Zeiten des Jahrs, wie, wann und in welchem Preise er will, zu verkaufen, oder auszuschenken.

Wien den 17ten August 1784

Annäherung an einen wienerischen Zustand oder Wo das Biedermeier in Wien heute ausklingt

Die josefinische Zirkularverordnung, die 1784 für den Heurigen erstmals eine für alle habsburgischen Lande allgemein gültige gesetzliche Grundlage schuf, kam gerade zur rechten Zeit, denn für den Heurigen begann die eigentliche Blüte. In der Inneren Stadt gab es zwar noch eine große Zahl von Weinkellern, jedoch die Trinkstuben der Bürger, die vor den Mauern Weingärten besaßen, waren verschwunden. Die wohlhabenden Familien, also auch die mit Weingärten begüterten, zog es aufs Land. Die zunehmende Verstädterung Wiens bewirkte erstmals etwas, was man später mit „Stadtflucht" bezeichnet.
Bereits gegen Ende des siebzehnten Jahrhunderts, nachdem die Türkenbelagerung von 1683 überwunden war, hatte in den Vorstädten eine rege Bautätigkeit eingesetzt. In der Folgezeit wuchs die Stadt um die hier entstandenen Paläste des Adels herum, dehnte sich aus bis zum Linienwall, den die heutige Gürtel-Linie markiert. Kaiserin Maria Theresia ließ (1744 bis 1749) Schönbrunn umbauen und erweitern, und 1775 wurde die Gloriette fertiggestellt. Nach dem Vorbild des Herrscherhauses baute sich nun auch der Adel Sommersitze vor den Toren Wiens. Wer sich kein eigenes Haus leisten konnte, mietete, zog die gemietete Sommerfrische der engen Stadt vor. Waren in der zweiten Hälfte des achtzehnten Jahrhunderts vor allem Hietzing und Döbling beliebte Sommerfrischenorte, so nahmen nach der Jahrhundertwende auch die Dörfer am Fuße des Wienerwaldes großen Aufschwung. Vor allem die noch rein ländlichen Weinhauerorte Heiligenstadt, Nußdorf, Grinzing und auf der anderen Seite Pötzleinsdorf, Neustift und Salmannsdorf kamen regelrecht in Mode.
Damit wurden auch die Heurigen in diesen Gegenden immer mehr zu Ausflugszielen der Wiener. Natürlich hatte es sie hier schon längst gegeben: Heurige waren in allen Weinbaudörfern rund um Wien, zum Teil auch in Niederösterreich und in einigen Gegenden des Burgenlandes zu finden. Meist war die örtliche Schankgerechtigkeit bereits in den mittelalterlichen und spätmittelalterlichen Banntaidingen festgehalten worden. Die Satzung der Banntaidinge (Versammlung der örtlichen Weinbergbesitzer) hieß ursprünglich Weistum (weil nach ihr Recht „gewiesen" wurde) und wurde schließlich selbst Banntaiding genannt. Ausdrücklich ist beispielsweise im Banntaiding von Unter-Döbling (1512) das Recht zum freien Ausschank des Weines für alle Dorfbewohner mit „eigenem Rauch" oder einem „Bestandhaus" festgehalten.

Danach mußte jeder, der ausschenkt, bei gemeinnützigen Anlagen „zu wegen stegen prunnen (Brunnen) landsteuern" beitragen. Wer dies verweigert, „mit dem sol man mit pawen (bauen) noch andern notturften kain gemainschaft" haben.
Als nun nach einem kaiserlichen Erlaß vom 12. Januar 1782 in der gesamten Monarchie rund 800 Klöster aufgehoben wurden, darunter mehrere in und um Wien, wurden die meist nicht unerheblichen Besitzungen verkauft oder verpachtet und der Erlös dem von Josef II. gegründeten Religionsfonds zugeführt. Mancher Wiener Adelige und der zu Geld gekommene Bürger erwarb hier – oft weit unter dem Wert – nicht nur Gebäudebesitz, sondern auch Weinberge. So entstanden um 1800 zahlreiche Herrensitze mit zum Teil exotischen und großzügigen Gartenanlagen mitten in den Rebhängen, die sich von Hütteldorf bis zum Kahlenbergerdorf an der Donau hinzogen. Rund um das aufgehobene Kamaldulenserkloster auf dem Kahlenberg entstand als neuer Ort Josefsdorf, und das Gastgebäude des ursprünglichen Klosters wurde in ein Wirtshaus umgewandelt. Bereits 1773 war die Aufhebung des Jesuitenordens verfügt worden, der das Dorf- und Bergrecht in Grinzing und eine Sommervilla auf dem Reisenberg besaß. Diese wurde von Philipp Graf von Cobenzl erworben, der sich hier ein prachtvolles Schloß mit einer Gartenanlage errichtete. Ende des 19. Jahrhunderts wurde das Schloß auf dem Cobenzl, wie der Reisenberg heute heißt, von den späteren Besitzern in ein Hotel und zwischen 1910 und 1912 – in Anbetracht der Ausflugsfreudigkeit der Wiener – in eine Pension mit Café-Pavillon und „Volksgastwirtschaft" umgebaut und erweitert.
Auch der kleine idyllische Weinort Pötzleinsdorf kam als Sommersitz in Mode, als der bekannte Wiener Bankier Johann Heinrich Geymüller – in seinem Salon lernte Grillparzer Kathi Fröhlich kennen – 1797 hier den Freihof und 1802 die Herrschaft kaufte und sich ein herrschaftliches Schloß mit einem großen Park bauen ließ. Wenn es auch heutzutage in Pötzleinsdorf nur noch einen Buschenschank gibt, sind in dem Villenvorort nahe Neustift längst alle Weinberge verschwunden.

„Der grüne Buschen vor dem großen Tor der niedrigen fränkisch gebauten Häuser, die Flasche mit dem Perlenhauch des Weines neben dem Windlicht auf dem rohen Holztisch unter Gartenbäumen, Zither- oder Ziehharmonikatöne, leises Singen, zärtliche Blicke, die dem Wein oder dem Mädchen gelten mögen, je nachdem, ob man zwanzig ist oder vierzig und darüber, dazu der Blick über die ferne glitzernde Stadt. Das ist der richtige Heurige, der im Biedermeier nicht anders war als heute. Nur ist er heute seltener." So schildert Ann Tizia Leitich den Wiener biedermeierlichen Heurigen vor rund 150 Jahren.
Das Biedermeier, im „biederen" Schwabenland erfunden, erlebte künstlerisch und als Lebensgefühl im Wien des Vormärz seine Blüte. Zweifellos prägte es den Heurigen, wie wir ihn noch heute kennen, denn das biedermeierliche Lebensgefühl, das sich hier erhalten hat, unterscheidet den Wiener Heurigen von allen Kellern und Gärten anderer Weingegenden, in denen die Winzer ihren eigenen Tropfen selbst ausschenken. Spätestens im Biedermeier wurde der Wiener Heurige zu jener bekannten Institution, die Otto F. Beer „eines der berühmtesten Produkte dieser Stadt" genannt hat.
Das Wort Biedermeier entstand als parodistische Kritik des Realismus erst 1855 in den „Fliegenden Blättern". Da war das Biedermeier, das man mit politischem Bezug auch „Vormärz" genannt hat, weil dessen Ende allgemein die März-Revolution von 1848 markiert, längst vorbei. Erst um 1900 erhielt der Begriff, der die restaurative Lebens- und Geisteshaltung zwischen 1815 und 1848 ironisierte, eine Wandlung ins Positive, wurde das Biedermeier zum Inbegriff der „guten, alten Zeit", zum Nostalgie-Traum gegen die Gründerjahre.
Das Biedermeier kennzeichnet eine Aufwertung des Bürgertums und aller sogenannten bürgerlichen Werte, der familiären Geborgenheit, einer maßvollen Bescheidenheit in Lebenshaltung, Auftreten und sogar in der Kleidung. Das Bürgertum war weitgehend unpolitisch, wofür gerade in Österreich ein Metternich Sorge trug; man war bei aller Liebe zur Geselligkeit eher häuslich, und man bevorzugte das Idyllische, nicht zuletzt und gerade in der Natur. Der Grund für diesen Rückzug in die intime Behaglichkeit eines privaten, bürgerlichen Lebens waren vor allem die politische Resignation nach den Befreiungskriegen und unerfüllten nationalen Hoffnungen in einer Zeit unsicherer Werte und wirtschaftlicher und sozialer Umwälzungen.
Aber die Idylle war nicht nur heiter, sie war vor allem von einem wehmütigen Bewußtsein um die Vergänglichkeit geprägt. Der Weltschmerz, an dem man litt, rührte zu sprichwörtlicher Tränenseligkeit, ja bis

zu einer Todessehnsucht, die die Zahl der Selbstmorde erschreckend erhöhte. „Konservatismus", meint der österreichische Schriftsteller Heinz Politzer, „hat überhaupt ein besonderes Verhältnis zum Tod. Das gleiche gilt für die Ironie. Konservatismus bringt die Ernte ein und sucht sie zu sichern; er setzt, wie schon sein Name besagt, alles daran, die Scheune voll zu halten und sie vor Verfall zu schützen. Und dennoch ist er, vor allen politischen Richtungen, sich der Zeit bewußt und schließt seine Augen nicht vor ihrem Schritt und seinem Ende."
Von den früher zahlreichen Heurigen in Hernals sind nur noch eine wenige in Dornbach und in der oberen Czartoryskigasse geblieben. Von den letzteren schaut man über die Rebhänge hinab auf zwei Friedhöfe, den Hernalser und den Dornbacher. Mancher Pensionist steigt hier an einem schönen, warmen Nachmittag herauf, um mit heiterer Wehmut sich sein zukünftiges Platzerl aus dieser Perspektive anzuschauen. „Verkauft's mei Gwand, i bin im Himmel", soll schon ein Klassiker des Wiener Heurigen, der Dichter Ferdinand Sauter ausgerufen haben. Sauter, der wohl berühmteste Wirtshaus- und Heurigen-Bummler Wiens im Biedermeier, starb fünfzigjährig 1854 an der Cholera. Wenige Tage vor seinem Tod dichtete er seinen eigenen Grabspruch:

Ständiger Gast in den Heurigen-Schenken und in den Wirtshäusern vor allem in Neulerchenfeld war der Dichter Ferdinand Sauter.

Viel genossen, viel gelitten,
Und das Glück lag in der Mitten;
Viel empfunden, nicht erworben,
Froh gelebt und leicht gestorben.
Frag nicht nach der Zahl der Jahre,
Kein Kalender ist die Bahre,
Und der Mensch im Leichentuch
Bleibt ein zugeklapptes Buch.
Darum, Wand'rer ziehe weiter,
Denn Verwesung stimmt nicht heiter!

Noch am Abend seines Todes saß er, bereits von der Krankheit gezeichnet und vom Fieber geschüttelt, mit Freunden zusammen. Mehrmals schüttete er verstohlen ein weißes Pulver in seinen Wein. Auf die erstaunte Frage seiner Zechgenossen erklärte er, das habe ihm der Doktor gegen Durchfall gegeben und er nehme es, „weil i doch ein' Heurigen trinken möcht'." Auf dem Hernalser Friedhof wurde Sauter begraben und später auf den Wiener Zentralfriedhof überführt.
Der 1821 geborene Friedrich Schlögl, einer der gro-

ßen Kleinmeister des Wiener Feuilletons, Chronist des Wiener Volks- und Heurigen-Lebens seiner Zeit, berichtet folgende wahre Geschichte: „'Ein schöner Tod!' rief einer, als sein Intimus bei einem Petersdorfer Ausflug in der Atmosphäre des Heurigen von der Bank fiel und ohne zu röcheln verschieden war. 'Wenn mich unser Herrgott gern hat, laßt er mich auch so sterben!' sprach der Überlebende, trank den Rest des Weines, trocknete sich die Augen, die des Freundes wegen feucht geworden, und besorgte den Transport der Leiche. Und der liebe Herrgott hatte den anderen auch gern, er ließ ihn nach einem kurzen Jährchen in ähnlicher Weise sterben, leider nur in ähnlicher, denn es traf ihn – vor der Wirtshaustüre – der Schlag."

Das Sterben als ein Teil des Lebens, als seine unvermeidbare letzte Konsequenz. Welche Begebenheit könnte eine solche Einstellung deutlicher illustrieren? Mehr noch: Wie sich der Wiener das Leben, wo immer es geht, nach seinem Gusto richtet, so möchte er auch im Sterben noch einen Genuß haben, „a harbe Hetz". Von einer solchen berichtet uns eine mittelalterliche Dichtung, die unter dem Titel „Wiener Meerfahrt" Ende des dreizehnten Jahrhunderts entstand. Sie erzählt von einer Heurigen-Partie in einer der damals zahlreichen Trinkstuben der Wiener Bürgerhäuser. Als der Wein die lustigen Zecher in eine immer ausgelassenere Stimmung gebracht hatte, unternahmen sie „mit waglerte Schuach" eine Meerfahrt auf dem Laubengang des Hauses, nahmen das trunkene Schwanken ihres eigenen Rausches für das zornige Sturmbrausen des Meeres, das zu besänftigen sie einen der ihren zu opfern beschlossen. Kurzerhand warfen sie ihn über Bord, wo der Unglückliche zwar nicht ertrank, sich aber auf dem harten Pflaster des Hofes den Hals brach.

Dergleichen rauhe Heurigen-Sitten sind uns aus dem Biedermeier nicht überliefert. Statt „Meerfahrten" unternahm man vor 150 Jahren lieber Landpartien nach Nußdorf oder Grinzing. Bei den damaligen Straßen- und Verkehrsbedingungen ein weit aufwendigeres Unterfangen als heute. Immerhin brachte den Wienern ihr Drang ins Grüne um 1800 eine Verbesserung des Lohnwagen-Systems, vor allem die Einrichtung des Zeiselwagens, des im Biedermeier beliebtesten und billigsten Transportmittels in die nähere Umgebung Wiens.

Die ältesten, schon im sechzehnten Jahrhundert bekannten Wiener Lohnwagen hießen Fliegenschützen, einspännige Fuhrwerke mit Brettersitzen und einer Bespannung aus Rohrgeflecht gegen Wind und Regen. Erst im achtzehnten Jahrhundert wurden sie komfortabler, und der Begriff Fiaker bürgerte sich ein. Der Name dieser typischen Wiener Einrichtung kommt übrigens aus Frankreich: Der Besitzer eines Pariser Gasthofes, an dem sich ein Bildnis des St. Fiacre befand, soll um 1650 erstmals Pferdemietwagen ausgeliehen haben.

1756 wurden die Wiener Fiaker mit Nummern versehen, und nur die primitiveren Stadtlohnwagen blieben unnumeriert. 1788 zählte man in Wien 648 Fiaker und fast 300 (inzwischen etwas noblere) Nachfolger der ehemaligen Fliegenschützen. Letztere wurden dann von den 1791 aufkommenden Zeiselwagen verdrängt. Diese ebenfalls einspännigen, hell gestrichenen Lohnwagen hatten 6 bis 12 Sitzplätze und ein Plachendach, das man bei Regen an den Seiten herunterlassen konnte. Ihr Kennzeichen war ein weißes Blechschild mit den Buchstaben „L. Z." (Linien-Zeisel), denn sie durften nur außerhalb des Linienwalls verkehren, weshalb sie im Volksmund auch „Linazeugl" oder „Linienschiff" genannt wurden.

Die Herkunft des Namens ist unklar. Julius Jakob behauptet in seinem 1929 erschienenen „Wörterbuch des Wiener Dialektes", der erste Unternehmer wäre ein Anton Zeißl gewesen. Richard Groner bietet in seinem zehn Jahre früher erschienenen Buch „Wien wie es war" als zweite Erklärung an: „Die Schiffsleute aus der Wachau, die auf der Donau herabkamen, zu Wagen wieder heimfuhren ... hatten keine bestimmte Fahrgelegenheit, so führten die Bauern sie von einem Ort zum anderen, und besonders waren es die Bauern von Zeiselmauer, die sich um die Fortbringung der Schiffsleute annahmen. Als sie ihren Vorteil bei diesem Geschäft ersahen, gaben sie Feldbau und Gänsezucht auf und verlegten sich ganz auf das Fuhrwerk. Von diesen erhielten bald darauf alle Fuhrleute dieser Gattung ... den Namen 'Zeiselbauern', und noch jetzt heißt die Straße nach Tulln 'Zeiselweg'." Tatsächlich hießen die Kutscher der Zeiselwagen, als diese schon längst nur mehr dem Ausflugsvergnügen der Wiener dienten, noch immer Zeiselbauern.

Da die Zeiselwagen ihre Standplätze nur außerhalb der Linie haben durften, erwuchs ihnen eine starke Konkurrenz, als in den dreißiger Jahren ein regelmäßiger Stellwagen-Verkehr zwischen der „Stadt" und den ersten Orten außerhalb aufgenommen wurde.

Nachdem es zeitweise über 1200 Zeiselwagen gegeben hatte, zählte man 1848 nur noch rund 700. Daneben etwa 100 der neuen, vielsitzigen Gesellschafts- oder Stellwagen. Für die begüterten Bürger standen 680 Fiaker bereit, sowie 70 Janschky-Wagen. Letztere waren die elegantesten Mietequipagen, die der damals größte Fuhrunternehmer Wiens, Josef Janschky (er starb 1839) verlieh. Die schön livrierten Kutscher waren zwar weniger originell und populär als die Fiaker, dafür aber höflicher und vor allem verschwiegen, weshalb die nicht numerierten, diskreteren Janschky-Wagen von manchen jungen adeligen Herrn bei bestimmten Anlässen oder Ausflügen vorgezogen wurden.

Heut' heißt's bald her, bald heißt es hin,
Es kommen viele Gäst' aus Wien,
An schönen Tag'n bleibt keiner z'Haus,
Da flieg'n sie alle aufs Land hinaus ...

Die Kavaliere fuhren mit dem Fiaker, das Volk mit dem Stellwagen zum Heurigen.

So singen die Kellner und Kellnerinnen in einem „Wirtshausgarten in der Brühl" in Johann Nestroys Posse „Weder Lorbeerbaum noch Bettelstab". 1835, als Nestroys Stück in Wien uraufgeführt wurde, waren Landpartien in den Süden Wiens, wie hier in die Weingegend um Mödling, ebenso beliebt wie in den Wienerwald, ob man nun mit dem Zeiselwagen unterwegs war oder sich einen eigenen Fiaker leisten konnte. Das Ziel war fast immer ein Heurigen- oder Wirtshausgarten, waren ein paar Viertel Wein und ein gutes Essen oder wenigstens eine Jause, die man sich zum Heurigen meist selbst mitbrachte.
Bei Nestroy fehlt auch nicht der Harfenist, der damals übliche Heurigenmusiker und -sänger, in diesem Fall der heruntergekommene Dichter Leicht, als Harfenist mit dem Spitznamen der „damische Hansel", in welcher Rolle seinerzeit Nestroy selbst auftrat.
Bei Nestroy wie auch bei Ferdinand Raimund findet man immer wieder Leben und Lebensansichten des Wiener Bürgertums jener Zeit höchst amüsant dargestellt. Das Wiener Volksleben spielte sich zu einem nicht unbeträchtlichen Teil im Wirtshaus – das meist auch für den Heurigen stehen kann – ab, wofür es in den Stücken Nestroys, aber auch bei Raimund, Belege die Fülle gibt. Einen Original-Heurigen bezeichnet etwa die Szenenanweisung in Nestroys Posse „Der Unbedeutende": „Freier, von Bäumen umgebener Platz vor einem Gasthaus außerhalb der Stadt". Oder der Beginn der Zauberposse „Robert der Teuxel":

Raimund in der Wahnsinns=Szene
des lustigen Fritzes.
Ich bin ja die Catalani!

„Die Bühne stellt einen festlich geschmückten Wirtshausgarten in der Nähe der Teufelsmühle vor". Hier sitzt „eine zahlreiche Schützengesellschaft" und singt beim Öffnen des Vorhangs:

Der Wein hat sich g'waschen, der is a Pracht,
Heut' trink'n ma hinein bis in d' sinkende Nacht,
Der Wein ist zwar jung, denn er ist noch nit alt,
Allein er is billig, weil'n ein anderer zahlt …

Ein Lob des Heurigen ist das Couplet des Harfenisten Nachtigall in Ferdinand Raimunds Zauberspiel „Die gefesselte Phantasie". Raimund, ein großer Liebhaber des Weines (und auch sonst …) sang selbst in dieser, einer seiner besten Rollen, am 8. Januar 1828:

Der Heurige ist ja ein Göttergetränk,
Er wirft oft die schönsten Leut unter die Bänk,
Und wer bei der Nacht will die Sonn' scheinen sehn,
Der darf nur recht spot noch zum Heurigen gehn.
Drum, Brüderln, ich rat engs, zum Heurigen gehts!

Der Heurige gibt einem Menschen erst Lust,
Er stärkt ihm die Leber und frißt ihm die Brust,
Er bringt die Leut früher in Himmel hinein,
Denn mancher, der 'n trunken hat, wird schon dort sein.
Drum Brüderln, ich rat engs, ein Heurigen trinkts!

Der Heurige kennt keine Parteilichkeit nicht,
Er laßt sich nicht spicken, er tut seine Pflicht,
Seis Graf oder Bettler, da schützt gar kein Nam,
Der Heurige packt ihn und reißt ihn zusamm.
Drum Brüderln, ich rat engs, ein Heurigen trinkts!

Und wollts nicht viel zahlen, so macht es nur fein
Und duselts den Wirt an mit heurigem Wein.
Im Rausch sieht er doppelt, da zahlts ihn gschwind aus,
So schlupfts bei der Zech mit der Hälfte hinaus.
Drum Brüderln, ich rat engs, ein Heurigen trinkts!

Doch nicht jeder Tag war ein arbeitsfreier Sonntag und nicht jedes Wetter einladend für einen Ausflug in die fast überall vom Wein so gesegnete Umgebung Wiens. Zum Glück reichten damals aber die Weinberge noch bis dicht an die Stadt heran, deren Grenze der Linienwall war. Gleich hinter den schwarz-gelben Linienschranken, in Döbling, in Währing, Hernals und Ottakring, in Lerchenfeld oder Favoriten, gab es in zahllosen Heurigen und Wirtshäusern einen reschen Wein. Und er war überdies billiger als in der Stadt.

Den Bau der Linienwälle hatte Prinz Eugen Kaiser Leopold empfohlen, der sie 1704 von den Wiener Bürgern errichten ließ. Doch schon im achtzehnten Jahrhundert waren die Wälle als Steuergrenze wichtiger als aus fortifikatorischen Gründen. Im Oktober 1848 konnten sic den in die Vorstädte eindringenden Revolutionären ganze vier Tage standhalten. Schon um die Jahrhundertwende hatte man an den Linientoren den Graben aufgefüllt und die Zugbrücken durch absperrbare Gitter ersetzt, die des nachts geschlossen wurden. Dort kontrollierten Soldaten als Finanzwachorgane den Wagen- und Personenverkehr in die Stadt. Nach ihren grünen Aufschlägen an den Uniformen wurden sie im Volksmund auch „Spinatwachtler" genannt. Ab 1830 hoben sie dort die an Stelle anderer Abgaben eingeführte Verzehrsteuer ein. Erst mit Beginn des Jahres 1892 wurde diese Steuergrenze durch die Eingemeindung der Vororte aufgehoben. Es war also nicht allein die Liebe zur Natur und zur ländlichen Umgebung, die die Wiener so gern die billigeren Wirtshäuser in den Gründen und Vororten aufsuchen ließen. Die Zahl der Heurigen und Wirtshäuser vor den Toren Wiens muß damals noch weit erheblicher gewesen sein als heute. Berühmt und berüchtigt war etwa der Vorort Neulerchenfeld, des „Heiligen Römischen Reiches größtes Wirtshaus", das unter anderen auch Ferdinand Sauter zu seinen treuesten Stammgästen zählte.

„Im Haus schmeckt einem der beste Trunk nicht", meint Knieriem in Nestroys „Lumpazivagabundus", „im Wirtshaus muß man sein, das ist der Genuß, da ist das schlechteste G'säuf ein Hautgout". Und Wirtshäuser gab es selbst in der Inneren Stadt trotz der Verzehrsteuer wahrlich genug. 1290 Gasthöfe, Wein- und Bierschenken konnte man in den dreißiger Jahren des vorigen Jahrhunderts innerhalb des Linienwalles zählen, nicht gerechnet zahlreiche Traiteurs (billige Speisehäuser), Spezereihandlungen (in denen ebenfalls Wein ausgeschenkt wurde) und vor allem die Keller. Hatte jahrhundertelang der Wein als Volksgetränk der Wiener gegolten, so war ihm jetzt im Bier eine ernsthafte Konkurrenz erwachsen. Auf 90 Liter Bier pro Kopf und Jahr war der Verbrauch unter den Einwohnern Wiens 1830 gestiegen, der Weinkonsum auf immerhin noch beachtliche 57 Liter gesunken. Im Bürgerspital, das lange Zeit als einziges das Brau- und Ausschankrecht für Bier gehabt hatte, konnte man über 100 Sorten probieren. 1844 gab es in und um Wien 47 Brauereien und in der Stadt über 700 Bierhäuser, in denen es bis dahin keinen Wein gegeben hatte, wie in den Weinhäusern und -kellern kein Bier ausgeschenkt worden war. Erst jetzt begannen sich die strengen Unterschiede zu verwischen, wie auch das Tabakrauchen, bisher nur in den Bierhäusern erlaubt, sich langsam allgemein durchsetzte.

Die Zahl der Branntweinhäuser war, daran gemessen, verschwindend gering, zumal die Wiener mit ihrem Branntweinkonsum weit hinter anderen Gegenden und Ländern zurückblieben, beispielsweise England, wo jeder Inselbewohner jährlich über acht Liter Schnaps schluckte. In Wien hat man in den Branntweinhäusern nur Gäste aus „den unteren Classen finden können". Gekennzeichnet waren diese Orte durch eine kleine Kanne über der Tür. Die Bierschenken hängten dagegen einen runden Buschen oder Kranz aus Hobelspänen heraus, der bei den nobleren Häusern auch oft vergoldet war. Ganz offensichtlich war dieses (auch in Süddeutschland bekannte) Bierzeichen nichts weiter als das Gegenstück zum Heurigenbuschen, der damals in der Stadt noch alle Weinschenken und -keller zierte.

Den zahlreichen Fremden in der Kaiserstadt erklärte ein 1827 erschienener Führer „Vier Wochen in Wien": „Das Zeichen des Weines sind Tannenreiser; der Geist der Eleganz hat aber an vielen Wirths- und Gasthäusern ein Ding von Holz oder Metall daraus gemacht, das ungefähr einem halben aufgespannten grünen Parasol gleich sieht, und sich über der Hausthüre befindet. Wo an einer Specerey-Handlung Tannenreiser ausgesteckt sind, ist es ein Zeichen, daß da Wein geschenkt wird; zu essen bekommt man aber da nur italienische Würste, Meerfische und die eßbaren Artikel jeder Specerey-Handlung."

Daß die Wiener Heurigen und vor allem die Schenken und Keller in der Stadt bereits damals auch ihre Schattenseiten hatten, beklagte in den siebziger Jahren der schon erwähnte Friedrich Schlögl: „Bekanntlich war es die edle Aufgabe der damaligen, die Geschicke des gemeinsamen Vaterlandes leitenden Staatsmänner, vorzugsweise die Metropole des Reiches im Dusel der Vergnügen und der gedankenlosen Lustbarkeit einzu-

1808 eröffnete Fürst Esterházy einen Weinkeller in Wien, der heute noch unverändert existiert.

lullen. Fast alles wurde gestattet, was diesen Trieb anzuregen vermochte. Nie wurde aber auch die öffentliche Sittlichkeit ärger geschändet, als damals. . . . Die Censur, welche den Druck der Zettel für Schuhwichsschächtelchen nur dann freigab, wenn sie ihr souveränes 'lmprimatur' dem Manuskripte aufgedrückt hatte, gestattete ohne jegliche Prüderie den herumziehenden und in den Höfen . . . sich produzierenden Harfenisten und deren bedenklichen Primadonnen das Absingen der abscheulichsten Zotenlieder, jener geradezu fürchterlichen metaphorischen Balladen, die heute sogar in einer intimen Soire vornehmer Lebemänner Anstoß erregen würden. Einzelne Gasthäuser in den entlegeneren Vorstädten und vor den Linien (namentlich in den oberen Gassen in Neulerchenfeld und dort sogar bis zu Anfang der vierziger Jahre), dann die meisten Heurigen-Schankstuben waren nichts anderes als Domicile der venus vulgivaga, und eben nur diesen Beruf hatten auch, wenn schon nicht alle, so doch viele der Weinkeller der inneren Stadt."

Zweifellos hat Schlögl, was die Heurigen außerhalb Wiens betrifft, hier stark verallgemeinert und eher bestimmte Wirtschaften, wie eben in Neulerchenfeld, gemeint. Dagegen hatten in der Stadt selbst manche Keller nicht eben den besten Ruf, womit sie eine jahrhundertealte üble Tradition mehr tief- als hochhielten. Eines besseren Rufes erfreuten sich vor allem die Keller der noch nicht aufgelassenen Klöster. Hier bekam man auch die besten Weine.

Die Zahl der Weinkeller allein in der Inneren Stadt schätzt Schlögl für den Anfang des neunzehnten Jahrhunderts auf über 60, wovon einige jedoch eher Weinhäuser gewesen sein dürften, bei denen der Ausschank nicht mehr in den unterirdischen Gewölben stattfand. Auch heute nennen sich einige Lokale der Wiener Innenstadt traditionellerweise „Keller", obwohl ihr Restaurationsbetrieb die ursprünglichen Kellerräume nicht nutzt. Viele der oft mehrstöckigen Keller waren schon nicht mehr in Verwendung, als sie meist in der ersten Hälfte des zwanzigsten Jahrhunderts gesperrt und häufig zugemauert wurden.

Mehr als zwei Drittel der Keller hatten seinerzeit ein so fragwürdiges Renommee, daß es sich der angesehene Bürger kaum erlauben konnte, dort hinunterzusteigen. Ähnlich wie beim Heurigen unterlag deshalb der Ausschank in den Kellern bestimmten Auflagen. So mußte der Keller, wenn er einen Monat geöffnet gewesen war, anschließend wenigstens drei Tage geschlossen sein. Zu essen waren Brot, Käse und Ret-

AB
1. APRIL
GEÖFF-
NET

Heurigen-
garten im
Weingarten

1834

tich erlaubt, und zum Ausschank durften Weine nur einer Farbe (weiß oder rot) kommen. Nebenräume (Separées), Beherbergung und Spiele waren verboten. Die vom Magistrat gestattete Aufsperrzeit war von 9 Uhr morgens bis 9 Uhr abends, im Sommer bis 10 Uhr. An Sonn- und Feiertagen durften die Keller erst ab 11 Uhr öffnen. Und schließlich waren Höchstpreise für den ausgeschenkten Wein festgelegt.

1808 gab es dann eine neue, etwas gelockerte Kellerschankordnung. In diesem Jahr eröffnete der noch heute in der ursprünglichen Form existierende Esterházykeller im Haarhof. Nikolaus II. Fürst Esterházy von Galátha, der in der Nähe von Eisenstadt große Besitzungen mit Weingärten besaß, erhielt am 7. Februar 1808 die Erlaubnis für den Ausschank ungarischen Weines. Die Mindestabgabe betrug jedoch fünf Maß (sechs Liter). Offenbar war dies Quantum selbst eines fürstlichen Weines für die Wiener doch zu hoch, und so durfte ab 1828 der Wein dort auch seidelweise ausgeschenkt werden. Gläser erhielt man aber nur gegen den Einsatz von zehn Kreuzer. Noch heute holt man sich dort den Wein an der Schank. Im Jahre 1871 wurde der Esterházykeller von dem Berliner Maler Adolf Menzel gemalt, so wie er vier Jahre vorher von Friedrich Schlögl beschrieben worden war und sich noch dem heutigen Besucher – wenn er sich etwa statt des elektrischen Lichts Unschlittkerzen vorstellt – darbietet. Schon Schlögl konstatierte nach den ersten 60 Jahren keine Veränderung, weder in der Ausstattung noch bei den Gästen: „Das Publikum recrutiert sich aus allen Ständen: Notabilitäten der Gesellschaft, Künstler, Gelehrte, Officiere, Beamten, wie Straßenbettler und Handwerksburschen sind hier zu finden . . . Auch (meist ältere) Frauen huschen herbei und langen aus ihren Strickbeuteln, Handtaschen und Ridicules sehr dickbäuchige Flaschen hervor, um den Wundertrank maßweise nach Hause zu schleppen, wie denn überhaupt der Weintransport über die Gasse hier ein außerordentlicher ist . . . "

Mirko Julusich überliefert in seinem 1964 erschienenen Lobspruch des Wiener Heurigen unter dem Titel „Weinschenker und Weinbeschenkte" die Ballade vom Esterházykeller eines Anonymus SPAK und schließt daraus, daß dieser Keller bereits 1683 durch die Fürsten Esterházy bewirtschaftet worden sein müsse. Trotz der falschen Voraussetzung ist dem unbekannten Dichter ein typischer und überlieferungswerter Lobgesang auf den Heurigen gelungen:

Nicht, was du trinkst, mein Freund, bedenk auch, wo!
Willst du Musik und wilden Freudentrubel,
Weiber, Gesang und Rausch, kurz, tollen Festtagsjubel,
Dann geh zum Heurigen und sei dort froh!
Doch trinkst besinnlich du und gern allein
Als stiller Zecher deinen Becher Wein,
Damit dich seine guten Geister rufen,
Dann steig herab die siebenundzwanzig Stufen.

Du bist, bei Gott, hier nicht der erste Mann,
Der seinen Humpen schwingt, sich zu betrinken,
Die Mauern sehen manchen Wackern sinken,
Schon als vor Wien stand Sultan Soliman.
Die Wachen saßen hier bei Kienspanschein,
Soffen des Fürsten gern geschenkten Wein
Und liefen – drang von außen Allah-Rufen –
Zum Kampf empor die siebenundzwanzig Stufen.

Und mancher kehrte nimmermehr zurück,
Fuhr ihm der Pfeil in die noch feuchte Kehle,
Weintrunken löste sich dann seine Seele.
Und das, mein Freund, gesteh, auch das war Glück.
Und kehren wir zurück zur Erde Schoß,
So wünsch ich dir und mir das gleiche Los.
Hell bleibt die Seele – soll der Tod sie rufen,
Huscht sie hinauf die siebenundzwanzig Stufen.

Nachwort

Doch denk an Tod nicht, wenn der Wein dir schmeckt,
Trink nicht zu sparsam, trink in vollen Zügen!
Vergiß die Wahrheit, träum dir Lebenslügen,
Denn, Lieber, auch der Nüchternste verreckt!
Bist du im Glück, dann feiere hier dein Glück,
Hast du's verloren, träum dir's hier zurück.
Und schlägt das Schicksal dich mit harten Hufen,
Dann steig erst recht herab die siebenundzwanzig Stufen.

Der bekannteste und älteste der damaligen Keller war der bereits erwähnte Seitzerkeller, den es bis 1838 gab. Der Tirolerkeller am Bürgerspitalsplatz hieß so, weil dort angeblich 1809 bei einem Aufenthalt in Wien der Tiroler Freiheitskämpfer Andreas Hofer ge-

sessen haben soll. Ein weiterer Tirolerkeller am Fleischmarkt war dagegen weniger berühmt als berüchtigt wegen seines weiblichen Stammpublikums. Andere hießen Kalserkeller (ebenfalls am Fleischmarkt), Münzkeller (Himmelpfortgasse), Lampenkeller (Hohe Brücke), Sabelkeller (Wipplingerstraße) oder Schäkelkeller (Tiefer Graben), dessen Zeichen ein Ochsenziemer (Schäkel) war. Die Fiaker verkehrten vorzugsweise im Dachlkeller (Mehlmarkt) oder im Deutschen Keller (im Deutschen Ordenshaus in der Singerstraße), weshalb dieser auch Fiakerkeller genannt wurde, die Harfenisten im Krebskeller (Hoher Markt). Bei anderen wiesen schon die Namen auf ihr (wenigstens ursprüngliches) Publikum hin, etwa beim Greißlerkeller (Hoher Markt), Rauchfangkehrerkeller (Bauernmarkt) oder Futterknechtkeller (nahe dem Hohen Markt). Viele davon wurden 1848 oder wenig später geschlossen.
Heute gibt es noch in veränderter und modernisierter Form den Melker Stiftskeller (damals Mölkerkeller) in der Schottengasse, und unweit davon den Schottenkeller. Der 1906 eröffnete Urbanikeller am Hof hat seine Gasträume in historischen Kellergewölben, denn neben dem schmalen Haus Nummer 12 stand einst das „Tiefe Haus", in dem 100 Jahre zuvor der „Tiefe Keller" ein beliebter Weinschank war. Jene heute Keller genannten gastronomischen Betriebe, teils nobel, teils einfach, stammen fast alle aus dem zwanzigsten Jahrhundert, wie etwa der 1922 eingerichtete Augustinerkeller (Augustinerstraße 3). Einen guten Eindruck von der mehrstöckigen Anlage der damaligen Keller bekommt man unter dem sogenannten Hildebrandthaus (Sonnenfelsgasse 3), in dessen 700 bis 800 Jahre altem Gewölbe heute der Zwölf-Apostel-Keller ein gemütliches, wenn auch nicht originales Stadtheurigen-Ambiente bietet.

Kehren wir aus den dunklen Kellern der Stadt zurück in die heiteren Heurigen-Gärten der Vororte. Hier hat sich trotz dieser und jener technischen und anderen Modernisierung und leider auch Kommerzialisierung seit dem Biedermeier viel weniger verändert. Wer nicht gerade in die Zentren des modernen Autobus-Tourismus hineinwandert, findet allenthalben noch den einen oder anderen schattigen Hof, wo er unter Obst-, Kastanien- oder den selten gewordenen Nußbäumen auf den abgeschabten Bänken am rohen Holztisch sein Viertel wie vor 100 oder 150 Jahren trinken kann. Mit ein wenig Glück zaubern ihm Stimmung und Gäste das gleiche Milieu, die gleiche beseelte melancholische oder fröhliche Heiterkeit ins Herz. Am frühen Abend eines Wochentags sitzen hier Pensionisten und Handwerker, Studenten und Geschäftsleute, Künstler und Beamte, Nachbarn und Freunde bunt gemischt zusammen, trinken, essen und plaudern wie zu allen Zeiten. Am Wochenende treffen nach einem schönen, warmen Sonnentag ganze Familien hier auf dem Rückweg von ihrem Ausflug ein, denn die abwechslungsreiche Umgebung der Hauptstadt verlockt heute wie einst die Wiener ins Grüne. Für manche ist jeder Spaziergang nur ein Umweg zum Heurigen.
Fremde wird es dabei verwundern, daß sich in einer Stadt wie Wien mit seiner großen reichhaltigen gastronomischen Tradition eine auf den ersten Blick so primitive Institution wie der Heurige über Jahrhunderte fast unverändert hat erhalten können. Doch eher haben noch die Gastwirtschaften das einträchtige Nebeneinander von Restaurationsbetrieb und Heurigen dadurch gestört, daß sie dem Heurigen Konkurrenz zu machen suchen, indem sie ihn imitieren – als umgekehrt. Nach Meyers Enzyklopädischem Lexikon ist „Buschenschank – in Österr. Bez. für Ausschanklokal von Wein, das Weingartenbesitzer führen dürfen. Zum Unterschied von ähnlichen, jedoch auf einer Gastgewerbekonzession beruhenden Betrieben ist die Buschenschank nicht ganzjährig geöffnet . . ."
Diese ebenso dürftige wie nüchterne Lexikon-Erklärung kann die Beliebtheit und Atmosphäre des Heurigen ebensowenig verdeutlichen wie die fragwürdige Behauptung György Sebestyéns in seinem „Großen österreichischen Weinlexikon" unter dem Stichwort Heuriger: „. . . Der eklatante Mißerfolg der Psychoanalyse in ihrem Geburtsland hängt zweifellos mit dem weit verbreiteten Brauch des Heurigenbesuches zusammen, der sie weitgehend überflüssig macht . . ." Denn der dort herrschende Demokratismus der Umgangsformen lasse Konflikte vergessen oder löse sie auf, und ein regelmäßiger Heurigenbesuch verdränge psychische Spannungen.
Was die menschliche Psyche beim Heurigen erlebt, scheint mir eher eine Frage der Mentalität zu sein. Ob der Heurige nun Freud ersetzt, Spannungen verdrängt, Konflikte auflöst oder nur einfach die Seele von den Unpäßlichkeiten des Tages befreit. Ganz sicher jedoch fördert er einen natürlichen Zusammenklang von Natur, Wein und Geselligkeit. Dies drückt Alfred von Baldass in seinem Wien-Führer von 1925

aus: „Ein Reisigbündel an einer Stange ist das seit Urzeiten geheiligte Symbol, daß der Ausschank des Heurigen, des jungen Weines der letzten Lese, begonnen habe, und seit Jahrhunderten lockt die Nachricht, bei diesem oder jenem Weinhauer sei ausg'steckt, ungezählte Scharen weinfroher Zecher nach Dornbach, Grinzing, Sievering, Pötzleinsdorf, Heiligenstadt und wie die Heurigenorte in und um Wien alle heißen; hier, beim Heurigen, bei Wein, Weib und Gesang, ist die Urstätte der Wiener Gemütlichkeit, hier gibt es seit Jahrhunderten die vollkommenste demokratische Gleichheit, hier sitzen Hofrat und Dienstmann, Fiakerkutscher und Graf an den ungedeckten hölzernen Tischen einträchtig beisammen, andächtig dem süffigen Wein und den stimmungsvollen Wiener Liedern der Volkssänger hingegeben. Doch nicht nur der Wein, auch die anmutige Lage der Dörfchen, eingebettet zwischen den rebenumsponnenen Hängen der waldumrauschten Wienerwaldberge, übte ihre Anziehungskraft auf die Wiener aus, und das wohlhabende Bürgertum hat seit der Biedermeierzeit mit Vorliebe die kleinen Ortschaften am Nordwestrande der Stadt sich ausgesucht, um nach arbeitsreichem Tag binnen kurzer Wagenfahrt den Abend in der klaren Luft ländlicher Abgeschiedenheit zu verbringen, das Künstlervolk der Phäakenstadt hat in tiefer Liebe zur Schönheit ihrer Heimat die Täler der Wienerwaldhügel träumend, dichtend und komponierend durchwandert."

Eine biedermeierliche Beschreibung, auch wenn sie 1925 erschien. In den letzten Dezennien unseres Jahrhunderts sind die Hofräte und Dienstmänner, die Fiaker und Grafen rar geworden, und die von den Parkplätzen der Wienerwaldhügel ausströmenden Wochenendwanderer treffen dort hauptsächlich auf ihresgleichen und nicht mehr einen träumenden Waldmüller oder Daffinger, einen dichtenden Lenau oder Stifter, einen komponierenden Beethoven oder Schubert. Die Ausflugssehnsucht und die Freude an der Landschaft ist den Wienern geblieben – aber auch die Idylle und Gemütlichkeit, die sie dort und am Ende des Spaziergangs zu finden hoffen?

Sehen wir einmal ab von manchen kommerzialisierten Massenbetrieben der Gastronomie und beschränken wir uns nicht auf die prominenten Heerstraßen des in- und ausländischen Tourismus. Es bleibt dem Heurigen-Liebhaber trotzdem die ganze Palette der Möglichkeiten rings um die Millionenstadt: In den traulichen Obstgärten und Innenhöfen von Heiligenstadt

und Nußdorf, hinter den winkligen Kurven der Sieveringer Straße oder der verträumten St.-Anna-Kirche in Dornbach, im Ottakringer Liebhartstal, in den dörflichen Gassen von Mauer, am Liesingbach in Oberlaa, in den romantischen Winkeln von Perchtoldsdorf (von Einheimischen und Liebhabern vertraulich Petersdorf genannt) oder abseits der Brünner Straße unterm Bisamberg in Groß-Jedlersdorf, Strebersdorf oder der Kellergasse von Stammersdorf – dort überall kann man die teils idyllische, teils fröhliche Gemütlichkeit der Wiener beim Heurigen erleben.

Sicher nicht jedesmal und überall, wo „der Herrgott die Hand 'rausstreckt", wo der grüne Buschen winkt, ist das biedermeierliche Lebensgefühl noch Wahrheit und Wirklichkeit. Aber zwischen Kahlenbergerdorf und Rodaun, zwischen Südbahn und Brünner Straße gibt es zahlreiche Winkel und Gärten, Höfe und Stuben, wo man ungestört bei einem (oder mehreren) Viertel Wein den nostalgischen Träumen einer gegenwartslosen Romantik nachhängen oder in angeregt fröhlicher Runde leichtzüngig über die vergänglichen Unzuträglichkeiten des Lebens plaudern oder diskutieren, lachen oder sinnieren kann.

Der Heurige ist eine der Unerklärbarkeiten Wiens, auf deren Wesen der Fremde erst bei intimerer Bekanntschaft, ja Freundschaft stößt. Man kann ihn malen, man kann ihn beschreiben, man kann ihn besingen, man muß ihn erleben als eine ererbte und dabei stets lebendige Ausprägung von Lebensgenuß und Daseinsfreude der Wiener selbst, aber erklären kann man ihn so gut oder so unvollkommen wie das Leben und die Liebe und den Tod. Dieses Ursprüngliche, das ihm anhaftet, hat übrigens noch einen ganz rationalen, wirtschaftssozialen Hintergrund, der seine in den letzten 200 Jahren stets gewachsene Beliebtheit – auch – erklärt.

Neben manchen Bauern, die auf den Märkten in der Stadt ihre landwirtschaftlichen Erzeugnisse ohne den Umweg über Groß- oder Zwischenhändler an den Verbraucher bringen können, sind es heute nur noch die Weinhauer mit Buschenschank, die ihr Produkt direkt an den Konsumenten verkaufen. In einer Zeit der komplizierten Ökonomie- und Wirtschaftsstrukturen, die die Handelswege jedes Produktes immer länger und verschlungener machen, ist es ein Unikum, das Relikt einer wirtschaftsarchaischen Zeit, wenn man heute noch seinen Wein beim Winzer nicht nur kaufen, sondern sogar auch trinken kann. Diese einmalige, direkte und enge Beziehung zu ihren Konsumenten war das ererbte und durch eine lange Tradition verbriefte Vorrecht der Weinhauer, das ihnen ausgerechnet in der Zeit der Aufklärung verlorenzugehen drohte.

Im achtzehnten Jahrhundert setzte in Europa die Industrialisierung ein; allein in Wien gab es in den neunziger Jahren bereits weit über hundert Fabriken. 1776 begründete Adam Smith mit seinem Hauptwerk „Untersuchung über die Natur und die Ursachen des Nationalreichtums" die klassische Nationalökonomie. Hatte einige Jahre zuvor noch Maria Theresia den Weinhauern ihr altes Vorrecht mündlich bestätigt, so gab ihm Josef II. acht Jahre später mit der Zirkularverordnung einen gesetzlichen Charakter für die gesamte Monarchie, der bis heute die Basis für alle Buschenschank-Gesetze in Österreich geblieben ist. Noch heute zählt der Buschenschank als Teil des Weinbaus zu den landwirtschaftlichen Betrieben, der Buschenschenker ist weder Händler noch Gewerbetreibender. Deshalb ist – genau genommen – der Heurigen-Wirt eben kein Wirt, sondern, wie er noch in manchen Gegenden heißt, der Leitgeb oder Leutgeb. Er verkauft nicht, er *gibt* Wein.

Hieraus ist auch die unaufwendige Ausstattung eines Buschenschanks verständlich. Ausgeschenkt wurde (und wird) im Hof oder Garten hinter dem Haus, manchmal im Keller selbst oder im Preßhaus, gelegentlich sogar in der gegen Regen geschützten Toreinfahrt. Fiel der Ausschank in die kühlere Jahreszeit, so wurde wohl auch eine Stube oder das Schlafzimmer für zwei, drei Wochen im Jahr leergeräumt und mit Tischen und Bänken bestückt. Denn der Ausschank war nicht nur durch die Obrigkeit oder das Gesetz auf einen bestimmten Zeitraum befristet, sondern hing auch von der Menge des eigenen Weines ab. Von den gesetzlichen Regelungen im einzelnen wird noch in einem späteren Kapitel zu reden sein.

Ist also der Wiener Heurige von heute der nämliche wie vor 100 oder 150 Jahren? Der Wiener, der die Vergänglichkeit eines Heurigen-Abends ebenso zu empfinden vermag wie die Jahrhunderte seiner Vergangenheit, wird diese Frage des fremden Besuchers verneinen müssen, aber er wird dieses „Nein" mit Geschichten und Erinnerungen, mit Erlebnissen und Begegnungen verklären und verkleiden, und er wird dem Gast den Eindruck vermitteln, g'rad so war's, wie ich noch ein junger Bursch war, wie man noch aus war auf a Hetz, wie s' noch die alten Wiener Lieder g'spielt haben... Natürlich gäbe es hier und da noch ein hübsches Platzerl, da meine man, die Zeit sei stehengeblieben, nur die Leut' san andere, die rechte Gemütlichkeit, die sei halt selten geworden, so wie vorm Krieg, so sei's halt nimmer...

Ganz ebenso hat sich jedoch schon „vorm Krieg", nämlich im Jahr 1935, ein kompetenter Wiener und Heurigen-Liebhaber geäußert, Josef Weinheber in seiner „Sieveringer Elegie":

Das Strässel schweigt schon, schläfrig, in Dämmerung.
Der Flieder duftet schwerer im Abendwind.
Schon wuchtet breit die dunkle Einfahrt,
drüber behaglich der Buschen schaukelt.

Im Flur ists kühl. Der Leitgeb im blauen Schurz
begrüßt mich, nickt. Was sollen viel Worte, wo
sein Vater doch schon meinem Vater
unter dem Nußbaum den Trank kredenzte?

Es hat sich nichts geändert seitdem. Noch heut
im Glase schimmert grün der gepflegte Wein,
und noch wie einst legt sich der Nachtwind
kühl in die schwärzlichen Nußbaumkronen.

Wie einst die Resi, oder die Mizzi, bringt
die Kellnerin mit ihrem durchtriebnen Gang
das Windlicht. Wie ein zages Sternchen
spiegelt sich die kleine Flamm im Glase.

Behutsam bin ich, daß mir die Flamme nicht
verlöschen möge – aber weiß Gott, es ist
der alte Garten nicht, und ach, die
liebliche Flamme verlosch im Herzen.

Erwachend, einsam, seh ich um mich . . Zu laut
die fremden Leute; fremd auch, zu laut die Zeit.
Mich fröstelt. Ferner Frühling, deine
innigste Strophe hieß Maß und Schweigen.

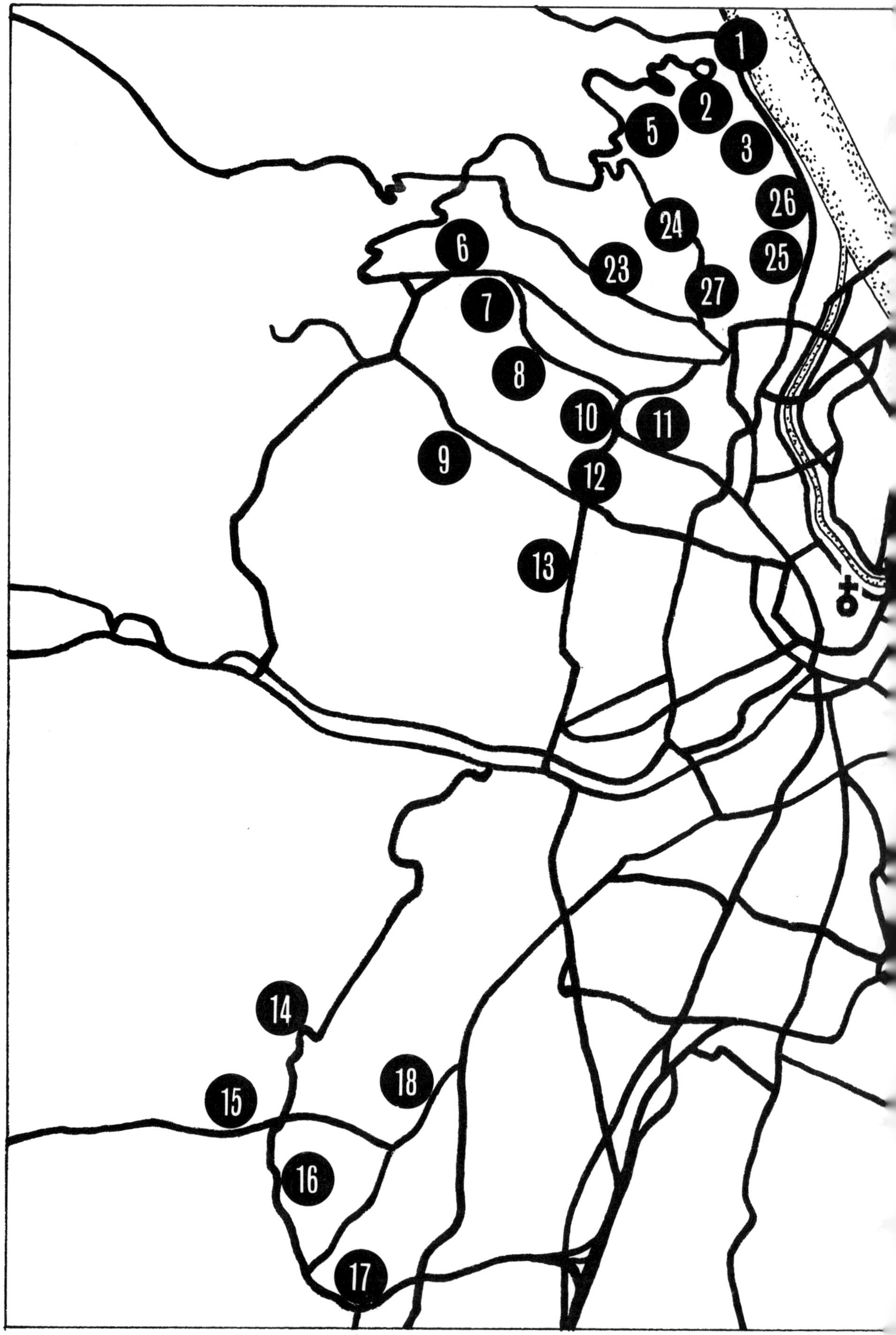
1
2
5
3
26
24
25
6
23
27
7
8
10
11
9
12
13
14
18
15
16
17

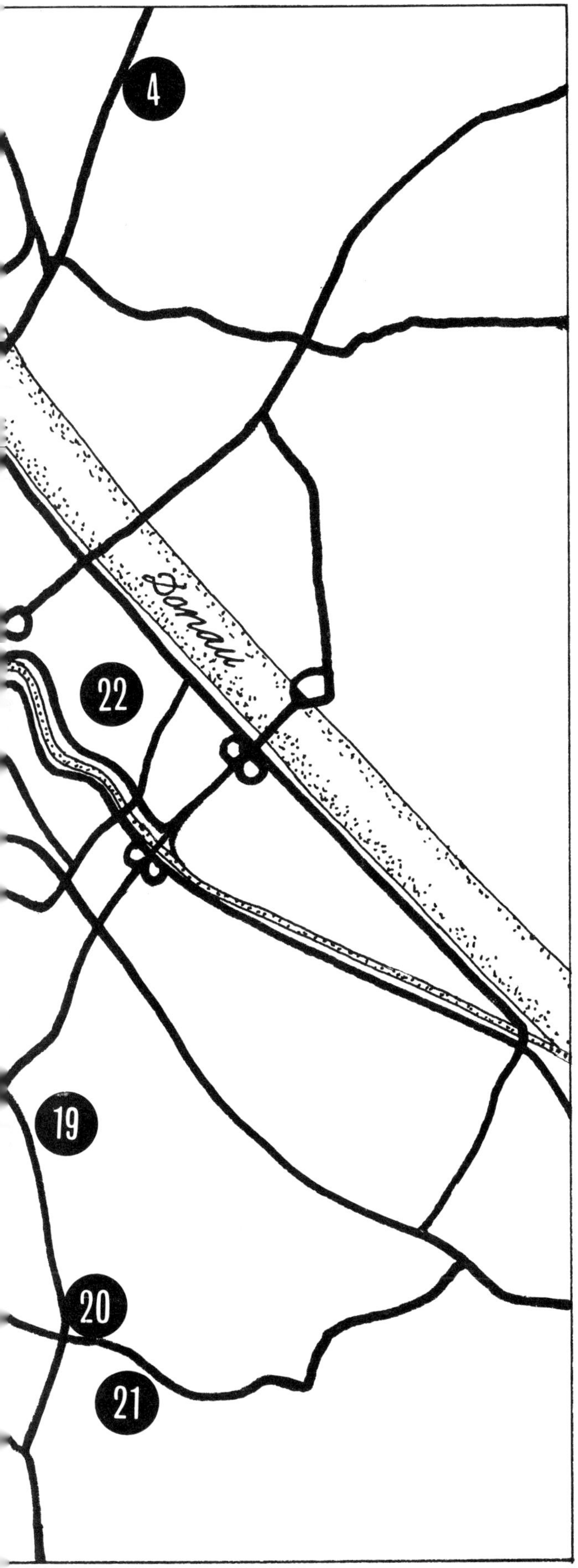

Übersichtskarte von Wien und Umgebung

1 Klosterneuburg
2 Leopoldsberg
3 Kahlenbergerdorf
4 Großjedlersdorf
5 Kahlenberg
6 Salmannsdorf
7 Neustift am Walde
8 Pötzleinsdorf
9 Dornbach
10 Gersthof
11 Währing
12 Hernals
13 Ottakring
14 Mauer
15 Kalksburg
16 Rodaun
17 Perchtoldsdorf
18 Atzgersdorf
19 Laaerberg
20 Oberlaa
21 Unterlaa
22 Prater
23 Sievering
24 Grinzing
25 Heiligenstadt
26 Nußdorf
27 Döbling

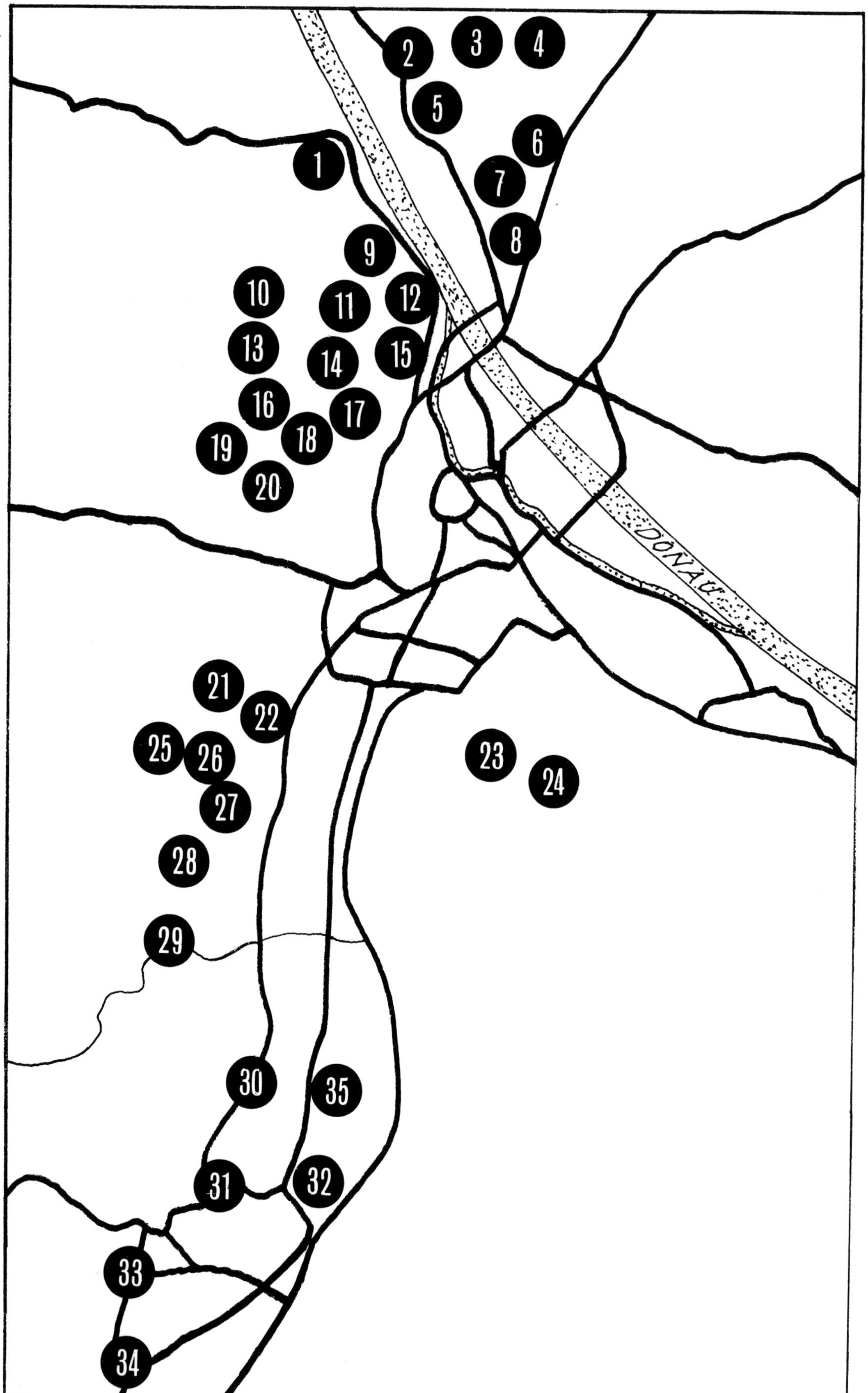

1 Klosterneuburg
2 Bisamberg
3 Kleinengersdorf
4 Hagenbrunn
5 Langenzersdorf
6 Stammersdorf
7 Strebersdorf
8 Großjedlersdorf
9 Kahlenbergerdorf
10 Salmannsdorf
11 Grinzing
12 Nußdorf
13 Neustift am Walde
14 Döbling
15 Heiligenstadt
16 Pötzleinsdorf
17 Währing
18 Hernals
19 Dornbach
20 Ottakring
21 Mauer
22 Atzgersdorf
23 Oberlaa
24 Unterlaa
25 Kalksburg
26 Rodaun
27 Perchtoldsdorf
28 Brunn am Gebirge – Maria Enzersdorf
29 Hinterbrühl
30 Gumpoldskirchen
31 Pfaffstätten
32 Traiskirchen
33 Baden
34 Bad Vöslau
35 Guntramsdorf

Wiener Heurigen-Geographie Eine Weinreise rund um die Donaustadt vom Kahlenberg zur Südbahn und zum Bisamberg

Zu den beliebtesten Unternehmungen haben zu allen Zeiten Wein-Reisen gehört. Wie in Deutschland, Frankreich oder Italien führen sie auch in Österreich in die reizvollsten und lieblichsten Gegenden des Landes. Dort, in seinem jeweiligen Geburtsland, schmeckt nicht nur der Wein am besten, in der Regel erweisen sich auch die Einwohner solcher Gegenden als besonders gastfreundlich und sind nicht nur dem Wein, sondern auch einem guten Essen zugetan. Dank seiner näheren Umgebung kann sich in dieser Hinsicht keine Großstadt der Welt mit Wien vergleichen. Landschaftliche und traditionelle Vielfalt des Weinlandes Wien machen eine Wanderung rund um die Millionenstadt unvergleichlich abwechslungsreich. Wie wollte man aber so eine Wiener Wein-Reise besser und praktischer, fröhlicher und unterhaltsamer oder überhaupt anders gestalten denn als ausgedehnte Heurigen-Partie?

Nun möchte ich den Leser nicht zu einer tagelangen, eher anstrengenden Weinkost verführen, ihm lieber statt ausgedehnter Heurigen-Touren ein paar geographische Zielpunkte und Hinweise geben, ihm keinen Cicerone, sondern Anregungen für eigene Entdeckungen bieten und vor allem den ortsunkundigen Besucher Wiens auf die vielfältigen Möglichkeiten hinweisen, die sich nicht mit so weltberühmten Orten wie Nußdorf, Grinzing oder Gumpoldskirchen erschöpft haben. Ja, es soll sogar Wiener geben, die noch nie in ihrem Leben nach Stammersdorf gepilgert sind, die Ottakring für ein reizloses „Glasscherbenviertel" halten, die Traiskirchen und Pfaffstätten auf ihrem Weg nach Gumpoldskirchen und Baden links liegen lassen, die zwischen „Böhmischem Prater" und Liesingbach noch nie beim Heurigen in Oberlaa gesessen sind. Dergleich Nachlässigkeiten unterlaufen einem Wiener jedoch weniger aus Unkenntnis als aus treuer Anhänglichkeit an „seine" Heurigen, wo er sich nicht nur auskennt und seine Freunde trifft, sondern wo er auch überzeugt ist, den besten Wein zu verkosten. Warum soll auch ein Währinger statt in das nahegelegene Neustift jedesmal quer durch die Stadt nach Perchtoldsdorf reisen? Und wer im 10. Bezirk geboren ist, wird statt zum Kahlenberg nach Oberlaa, dem „Grinzing von Favoriten" wandern.

Nicht nur die Vielzahl der Heurigenschenken in den verschiedenen Bezirken, sondern auch der „Gerebelte" selbst erleichtert dem Wiener die Auswahl. Ist doch der Heurige in den seltensten Fällen ein reinsortiger Wein, sondern die Fechsung der verschiedensten

Sorten, die eben im Weingarten eines Wiener Hauers gedeihen, ein sogenannter „gemischter Satz", bei dem Neuburger und Grüner Veltliner, Riesling und Sylvaner und etwa im Südbahngebiet auch Rotgipfler, Zierfandler oder Traminer und vielleicht noch diese oder jene der alten, heute immer rarer werdenden Sorten gemeinsam gepreßt werden (siehe auch das Kapitel „Weinkunde für Weinbeißer").

„Der Heurige soll halt jedem schmecken", erfährt, wer etwa einen Hauer in Sievering, in Petersdorf oder Mauer fragt, welche Sorten er denn hier anbaue und ausschenke, „nicht zu süß und nicht zu schwer, nicht zu sauer und nicht zu leer." Da wächst halt am Nußberg ein „Nußberger" und ob der Als in Dornbach ein „Alsegger". „Kein pessern wein ich trunken hab. Er kumbt vom Kalenberg herab", ruft Tobias in der „Hochzeit zu Kanaan" des Schottenschulmeisters Wolfgang Schmeltzl, als Christus Wasser in Wein verwandelt hat. Schmeltzl, der „Wiener Hans Sachs", preist den heimischen Wein auch in seinem berühmten, 1547 erschienenen „Lobspruch der Hochlöblichen weitberümbten Khüniglichen Stadt Wien in Österreich ..." Er war übrigens wie nicht wenige Lobsprecher Wiens und des Wiener Weins ein Zugereister und stammte aus der Oberpfalz.
Die Heurigen- oder Buschenschenken Wiens sind zwar ausdrücklich von der Gewerbeordnung ausgenommen, trotzdem ist natürlich, wer, wann, was, wie lange und wo ausschenken darf, gesetzlich geregelt. Das letzte, derzeit gültige Wiener Buschenschankgesetz von 1975/76 beschränkt die Buschenschenken auf bestimmte „Heurigengebiete" innerhalb verschiedener Bezirke, so im

10. Bezirk auf Oberlaa und Unterlaa; im
16. Bezirk auf das Gebiet westlich der Verbindungsbahn in Ottakring; im
17. Bezirk auf Hernals und Dornbach; im
18. Bezirk auf das Gebiet westlich der Verbindungsbahn (Gersthof, Pötzleinsdorf); im
19. Bezirk auf alle Gebiete; im
21. Bezirk auf Stammersdorf, Strebersdorf und Großjedlersdorf; im
23. Bezirk auf Atzgersdorf, Liesing, Rodaun, Mauer und Kalksburg.

Buschenschankgesetze, über die im Essen-und-Trinken-Kapitel („Stelzen, Salzgurken und Liptauer") noch zu reden sein wird, sind zwar Landesgesetze, doch unterscheiden sich die des Burgenlandes und vor allem Niederösterreichs nicht sehr von dem Wiens. Die grundsätzlichen, von Josef II. festgehaltenen Voraussetzungen gelten überall noch heute: Es darf ausschließlich Wein der eigenen Fechsung (Ernte) ausgeschenkt werden, ein Buschenschank ist ortsgebunden, und ein konzessionierter Gastbetrieb ist ihm nicht erlaubt. Die zeitliche Beschränkung der Ausschankzeit pro Kalenderjahr war früher in Wien wie noch heute im Burgenland höchstens auf 26 Wochen festgelegt und wurde mit dem neuen Gesetz auf 300 Tage erhöht. In Niederösterreich muß ein Buschenschank nach längstens drei Monaten wenigstens vier Wochen zusperren, was eine Höchstausschankzeit von insgesamt neun Monaten bedeutet. Da weder Trauben noch Most oder Wein hinzugekauft werden dürfen, gibt es zahlreiche Hauer, die ihren Buschenschank eine weit kürzere Zeit oder nur wenige Wochen im Jahr betreiben, normalerweise jedes Jahr etwa um die gleiche Zeit. Doch nicht selten gibt es kleine Heurige, die dazwischen aus den verschiedensten Gründen ein oder zwei Jahre überhaupt nicht aufsperren. Damit nicht alle Heurigen einer Gegend oder Gasse zur gleichen Zeit geschlossen oder geöffnet sind, spricht man sich mit den Nachbarn ab, wann jeder aussteckt. Die großen und die Nobel-Heurigen in den bekannten Wiener Weindörfern haben natürlich ganzjährig (beziehungsweise an 300 Tagen) ausg'steckt.

Stammgästen schickt der Hauer rechtzeitig eine Geschäftskarte mit etwa folgendem Text:

Musik, fröhliche Unterhaltung und Geselligkeit einerseits, stilles und hingebungsvolles Genießen des Weines andererseits, stellte der Maler Theodor Breitwieser auf seinem Bild „Heurigenszene" dar (vorhergehende Seite). — Eine Einladung zum Heurigen, wenn er aussteckt, schickt der Weinhauer rechtzeitig an seine Stammgäste (unten).

P. T.
Erlaube mir höflichst bekanntzugeben, daß ich täglich vom
1. April bis *31. Oktober* AUSG'STECKT habe und meinen Original-Eigenbauwein zum Ausschank bringen werde. Zur besonderen Ehre gereicht es mir, Sie mit Ihren werten Bekannten bei meinem Heurigen begrüßen zu können.

Hochachtungsvoll
Buschenschank Kirchner-Pail
1210 Wien-Stammersdorf,
Hagenbrunner Straße 70 – Keller 23 rechts

Überdies sind in allen Weinorten Wiens, ebenso wie in Niederösterreich und im Burgenland, an besonders markanten Verkehrspunkten von den örtlichen Weinbauvereinen Schildertafeln aufgestellt, denen man entnehmen kann, welcher Buschenschank gerade ausg'steckt hat, wie auch dem Anzeigenteil der Wiener Tageszeitungen. Da die meisten Heurigen trotz der erlaubten 300 Tage keineswegs das ganze Jahr über geöffnet haben und nicht jedes Jahr unbedingt an den gleichen Kalendertagen wieder ausstecken, empfiehlt es sich, diese Hinweise zu beachten, insbesondere wenn man einen bestimmten Buschenschank besuchen will, oder sich gegebenenfalls die Telefonnummer zu notieren und vorher anzurufen.

In diesem Buch wollte und konnte ich nicht alle Heurigen Wiens namentlich anführen, und schon gar nicht die Zeiten, zu denen sie ausg'steckt haben, oder alle Telefonnummern. Allein in Wien sind dies jedes Jahr etwa 180, wobei Orte wie Perchtoldsdorf, die ganze Südbahnstrecke, Klosterneuburg und die Orte am Bisamberg, sofern sie nicht zum 21. Bezirk gehören, gar nicht mitgezählt sind. Ein wenig Pioniergeist möchte ich dem Leser überlassen, weiß ich doch aus eigener Erfahrung, wie befriedigend es sein kann, einen besonders schönen oder gemütlichen Heurigen auf eigene Faust entdeckt zu haben.

Eine Weinreise um Wien unternahm um das Jahr 1788 der unbekannte Verfasser der „Reben-Hymne", einem klassisch gewordenen Loblied auf den Wiener Wein:

Ergreift das Glas, ihr lieben Landesbrüder,
Und trinkt euch frohen Mut,
Denn solch ein Wein ist Stärkung für die Glieder
Und Balsam für das Blut.

Zwar wächst er nicht am Neckar noch am Rheine,
Noch wo die Mosel fließt;
Doch glaubt, daß er der edlen deutschen Weine
Der besten einer ist.

In Östreichs Gau sind alter Berge Reihen,
Die jeder Kenner preist,
Die liefern diesen Goldtrank voll Gedeihen
Und voll von Kraft und Geist.

Doch allenthalben ist er nicht zu finden
so edel und gerecht;
Auf mancher Trift, auf manchen feuchten Gründen
Da wächst er elend schlecht.

So gibt es jenseits unsrer Donau Reben,
Da trügt uns wohl der Schein,
Denn ihre aufgeschwollnen Beeren geben
Uns einen matten Wein.

Er zieht aus seinem feuchten, kalten Strande
Kein Feuer, kein Gedeihn,
Drum heißt er insgesamt im ganzen Lande
Nur schlechtweg Donauwein.

Zwar Bisamberg zeigt lauter edle, fromme
Gewächse, wie ihr kennt,
Doch lag's nicht immer jenseits, nur vom Strome
Ward's langsam losgetrennt.

Hier diesseits aufs Gebirg, ihr deutschen Brüder,
Schwebt Gottes Segen her;
Da wächst ein Wein, der ist so treu und bieder
Und aller Tücke leer.

Am Kahlenberg und Nußberg (wohl zu wissen)
Gedeihn die Reben wohl;
Auch die zu Weidling, Klosterneuburg sprießen,
Sind mild und würzevoll.

Der Gumpoldskirchner ist nicht zu verschmähen,
Und der von Mauerbach
Geht, wenn ihr wollt auf Etikette sehen,
Nicht leichtlich einem nach.

Der von der Mauer ist zwar etwas spröde,
Sonst stünd er obenan.
Der Grinzinger ist ohne Widerrede
Ein rechter Ehrenmann.

Doch mit gebührendem Respekt zu melden
So ist der Brunnerwein
Der Obervogt von allen diesen Helden
Und wird es ewig sein.

Im ganzen Land, ihr werten Brüder, findet
Ihr solchen Traubensaft
Wohl schwerlich mehr; schon sein Geruch verkündet
Euch seine Balsamkraft.

Drum frisch und trinkt ihn, diesen Sorgenbrecher
Auf unserer Freunde Wohl,
Und habt ihr sie geleert, die frohen Becher,
So füllt sie wieder voll!

Wie ein schützender Arm legt sich fast um die halbe Donaustadt der letzte Ausläufer der Alpen, der Wienerwald, dessen charakteristisches Finale **Kahlenberg** und **Leopoldsberg** sind, nachdem die Donau den sanft ausschwingenden Hügel des Bisamberges rigoros davon abgetrennt hat. An den Südhängen dieses Nordwalls der Stadt gedeiht seit vielen Jahrhunderten Wiens bekanntester Wein. Hier liegen zwischen Kahlenbergerdorf und Dornbach die schon immer beliebten Wein- und Heurigenorte Nußdorf, Heiligenstadt, Grinzing, Sievering und Neustift. Der Kahlenberg ist das älteste Wahrzeichen Wiens, den Franz Grillparzer, Österreichs Nationalklassiker, besang: „Hast du vom Kahlenberg das Land dir rings besehn, so wirst du, was ich schrieb und was ich war, verstehn."

Steil zur Donau ab fällt der heutige Leopoldsberg, auf dem vermutlich schon die Kelten eine Opferstätte für ihre Götter hatten und die Römer ein Kastell oder doch wenigsten einen Wachturm errichteten. Mons ceticus (Waldberg) nannten ihn die Römer. Um 1100 erbaute der Babenberger Markgraf Leopold III. eine Burg und eine Kapelle, die beide im Laufe der Jahrhunderte mehrfach zerstört und wieder errichtet wurden. Nach der Sage wurde vom Söller der Burg der Schleier der Markgräfin Agnes herabgeweht und an seinem Fundort im Tal das Stift Klosterneuburg von Leopold gegründet, das vermutlich jedoch schon vorher bestand. Damals und bis zum Ende des siebzehnten Jahrhunderts hieß der Leopoldsberg Kahlenberg, beziehungsweise Chalwenperge, Kallenberg, Gallenberg oder Kaltenberg. Der heutige Kahlenberg spielte dagegen in dieser Zeit eine völlig uninteressante Rolle und war hauptsächlich wegen seiner vielen Wildschweine als Jagdgebiet beliebt, weshalb er Sauberg genannt wurde.

Allein durch seine strategische Lage hatte der ursprüngliche Kahlenberg eine höchst wechselhafte Geschichte. 1287/88 zog sich hierhin der Habsburger Albrecht I. zurück, als die Wiener sich gegen ihn erhoben. Um 1500 war die Burg verfallen, um, neu aufgebaut, bald wieder eine wesentliche Rolle zu spielen, doch schon 1529 wurde sie vor den anrückenden Türken endgültig geschliffen. 1679 legte Leopold I. den Grundstein für eine dem inzwischen heiliggesprochenen Babenberger Leopold III. geweihte Kirche, deren unfertigen Bau die Türken vier Jahre später stark beschädigten. Trotzdem versammelten sich hier am 12. September 1683 die Führer des Entsatzheeres zu

Das Kahlenbergerdorf an der Donau mit dem mächtigen Leopoldsberg im Hintergrund malte Rudolf von Alt (links). — Mit Pferden oder Eseln erleichterte man sich im Biedermeier den Aufstieg bei einem Ausflug auf den Kahlenberg (unten: Zeichnung von Moritz von Schwind).

jenem denkwürdigen Gottesdienst vor der Entscheidungsschlacht, die die kaiserlichen und mit ihnen verbündeten Truppen vom Kahlenberg (also dem heutigen Leopoldsberg) herab in den Weingärten zwischen Nußdorf, Grinzing und Döbling gegen die Türken ausfochten.

Weil von hier aus die Hilfe für die bedrängte Stadt gekommen war, gelobte 1693 Leopold I. in St. Stephan die Fertigstellung der Leopoldskapelle auf dem Kahlenberg, der von da an Leopoldsberg hieß.

Den unbewohnten Sauberg (oder auch Schweinsberg) kaufte 1628 Ferdinand II. dem Stift Klosterneuburg ab, um auf ihm den Kamaldulensern eine Einsiedelei zu errichten, die hier 1629 den Grundstein zu einer dem heiligen Joseph geweihten Kirche legten. (Für kurze Zeit hieß der ehemalige Sauberg und spätere Kahlenberg deshalb auch Josephsberg.) Nach der Zerstörung durch die Türken 1683 bauten die Patres Eremitage und Kirche wieder auf, bis beides nach der Aufhebung der Eremitage durch Josef II. (1783) in den Besitz des Hofrates Kriegl kam. Aus den nun von Privatpersonen bewohnten Gebäuden entstand eine kleine Ansiedlung, die 1784 zu Ehren Josef II. den Namen Josefsdorf erhielt.

Die Höhenrücken und Hänge des Kahlengebirges haben aber nicht nur eine politisch-kriegerische Tradition. Schon zu Zeiten Albrecht II. und Otto des Fröhlichen wurden auf dem Leopoldsberg vielerwähnte Minne- und Veilchenfeste abgehalten. Im achtzehnten und neunzehnten Jahrhundert überflügelte den Leopoldsberg der höhere Kahlenberg in der Gunst der Wiener. Dort war schon früh aus dem ehemaligen Gastgebäude der Kamaldulenser-Eremitage ein Wirtshaus geworden. Und im Biedermeier gehörte der Kahlenberg zu den beliebtesten Ausflugszielen der Wiener. Von Grinzing konnte man sogar mit Eseln hinaufreiten. Um die Mitte des vorigen Jahrhunderts bürgerten sich dort berühmte Feste ein, die alljährlich veranstaltet wurden, etwa das Albrecht-Dürer-Fest der Künstler Wiens (ab 1846), oder die Annenfeste der Frau Anna Ziegler mit einer Schönheitskonkurrenz der Wiener Mädchen.

Das bemerkenswerteste Ereignis war aber am 7. März 1874 die Eröffnung der Zahnradbahn auf den Kahlenberg – fünf Wochen später gefolgt von dem nicht minder bedeutenden Datum der Uraufführung der „Fledermaus" im Theater an der Wien. Josef Kühnel beschreibt im Döblinger Heimatbuch die Bahnfahrt:

„Die Fahrt bergauf wie bergab beträgt 1½ Stunde. Von Nußdorf aus führt sie am südwestlichen Talgehänge am Schreiberbach entlang. Durch Obstgärten und Weingelände windet sich der Zug langsam zur Höhe. Je höher der Zug emporklettert, desto freier wird der Ausblick, bis endlich bei der Haltestellte 'Krapfenwaldl' (331 m Seehöhe) das Weichbild der Stadt zu überblicken ist. Von der Haltestelle ab umfährt sie in einer großen Schleife die Wildgrube und gewinnt in halbstündiger Fahrt, an einzelnen Landhäusern und an dem Schöpf- und Elektrizitätswerk des Hotels vorbeidampfend, die Endstation Kahlenberg."

Bis 1922 war diese erste Zahnradbahn Österreichs in Betrieb, und in der Zahnradbahnstraße in Nußdorf steht noch heute der Talbahnhof an der Endhaltestelle der Straßenbahn. Auf dem Kahlenberg selbst entwikkelte sich unweit des Hotels nach dem Ersten Weltkrieg ein kleiner Vergnügungspark mit Ringelspiel, Hutschen (Schaukeln), Schießstätte und Holzbuden, im Volksmund bald als Kahlenberger Prater bezeichnet. Sogar einen Buschenschank gab es in den zwanziger Jahren am nördlichen Abhang, etwas unterhalb der Stefaniewarte.
Unterhalb von Kahlenberg und Leopoldsberg liegt heute das größte Weingelände Wiens diesseits der Donau. Inmitten dieser Weinberge, Eingeweihten seit Jahren bekannt, finden sich auch zwei Buschenschenken, von deren Gärten man die schönsten Ausblicke genießen kann. Beide haben nur im Sommer und auch da nicht ständig ausg'steckt. Wandert man von Nußdorf die Kahlenberger Straße hinauf, so findet man kurz hinter der Abzweigung Eichelhofweg den Buschenschank Sirbu. Von dessen Garten hinter dem Holzhaus aus hat man über die Weinberge hinweg bei schönem Wetter einen weiten Blick auf Donau und Kahlenbergerdorf, während sich linker Hand Leopoldsberg und Kahlenberg erheben.
Geht man die Kahlenberger Straße weiter hinauf, um sich dann rechts hinüber zur Eisernenhandgasse zu wenden, so liegt bald bergab auf der linken Seite, gleich nach der Weberhütte, der Buschenschank Hirt, den man über die Eisernenhandgasse schneller noch vom Kahlenbergerdorf erreicht. Auch hier breitet sich unter schattigen Bäumen zwischen Nußberg und Leopoldsberg die ganze Weite des jenseitigen Donauufers aus und an einem warmen Sommerabend ein stimmungsvolles Lichtermeer. Noch vor wenigen Jahren saß man dann – in Ermangelung elektrischen Stroms – im stimmungsvollen Schein aufgesteckter Fackeln und genoß den nicht soeben dem Kühlschrank entnommenen resch geschmackigen Wein.
Das kleine, verschlafene **Kahlenbergerdorf**, von den Wienern bezeichnenderweise Kahlenbergerdörfel genannt, läßt nicht ahnen, daß es bereits 1200 Jahre Geschichte hinter sich hat. Vielleicht gab es sogar schon in römischer Zeit, als hier an der Donau die Straße von Zeiselmauer nach Wien und Carnuntum entlangführte, eine kleine Ansiedlung. Mit dem Durchzug der Kreuzritter wuchs Ansehen und Bedeutung des Ortes, der in Urkunden aus dem fünfzehnten Jahrhundert auch als Städtchen aufscheint, wozu wohl der lebhafte Salzhandel auf der Donau beitrug. Erst die Pestjahre 1679 und 1681 reduzierten wieder die dichte Bevölkerung, und zwei Jahre später verwüsteten die Türken den Ort. 1805 flohen bis auf 206 alle Einwohner vor den Franzosen, und 1890 zählte das Kahlenbergerdorf erst wieder 486 Bewohner.
Biegt man von der Straße nach Klosterneuburg ab, so beginnt am Eingang des Dorfes heute die 1795 Kilometer lange Alpentransversale, ein Wanderweg von etwa 700 Stunden, der vom Wienerwald über die Niederen Tauern, Großglockner, Dolomiten, Ortler, Bernina, Wallis, Mont Blanc, Vanoise, Queyras, Haut Ubaye, Albes Maritimes bis nach Nizza führt. Nicht ganz so weit hat es der Heurigen-Wanderer, der bereits nach wenigen Schritten bergauf am St.-Georgs-Platz vor der Kirche des heiligen Georg steht. Noch 1980 gab es hier nebeneinander drei kleine Heurigenlokale. Jetzt findet man gegenüber dem Pfarrplatz nur noch den Dworschak, der als einer der letzten Heurigen des Kahlenbergerdörfels noch regelmäßig an den meisten Wochenenden und an Feiertagen aussteckt. Ein anderer wurde verkauft, und beim dritten starb – kinderlos – der Besitzer. Von den wenigen Wienern, die die stillen Winkel des Kahlenbergerdorfes schätzen, bleiben manche bereits weiter vorne in zwei Weinschenken hängen, die einstmals auch echte Heurige waren, oder auch in dem Restaurant an der Donau, um den Blick, nicht zuletzt auf den kleinen Hafen, zu genießen. Hinter der St.-Georgs-Kirche beginnt übrigens die Eisernenhandgasse, die zum Buschenschank Hirt hinaufführt.
Ist das Kahlenbergerdorf eine Art geographischer Appendix des neunzehnten Bezirks, der mit den städtischen Verkehrsmitteln nicht zu erreichen ist, so sind die Weinorte Döbling, Heiligenstadt, Nußdorf und

Grinzing heute so aneinandergewachsen, daß sie sich auch als Heurigengebiete nicht immer genau trennen lassen. Da gehört der Feuerwehrwagner, einer der beliebten und trotzdem urgemütlichen Nobelheurigen Wiens, in der Grinzinger Straße 53 bei der Abzweigung der Sandgasse, sowohl zu Heiligenstadt als auch schon zu Grinzing.

Früher dagegen fuhr man mit dem Stellwagen von Wien aus durch die einzelnen Orte Oberdöbling, Unterdöbling, Heiligenstadt bis nach Nußdorf hinaus. Schon hundert Jahre vor dem Biedermeier waren diese Orte von den Wienern als Sommerfrische und Ausflugsziel sehr geschätzt. In Küchelbeckers „Allerneueste Nachricht vom römisch-kaiserlichen Hofe nebst einer ausführlichen historischen Beschreibung der Stadt Wien und der umliegenden Orte“ aus dem Jahre 1730 heißt es von Nußdorf, es sei „ein sehr schönes, großes und wohlgebautes Dorf, an der Donau gelegen, welches das Ansehen eines kleinen Städtchens hat und wegen der lustigen und angenehmen Situation (Lage) billig zu ästemieren (schätzen) ist. Denn auf der anderen Seite sieht man nichts als Weinberge, und auf der anderen fließt der breite Donaustrom vorbei. Dieses ist daher die Ursache, warum viele große Herren und vornehmen Leute zu Wien allhier Häuser haben bauen lassen und sich im Sommer daselbst aufhalten. Überdies wird es auch von vielen anderen, die sich divertieren (zerstreuen) wollen, besucht und werden allhier die kostbarsten Collationen (Gelage, Schmausereien) gegeben, und Sonntag läuft jedermann vollends hinaus, um sich zu erlustigen und einen guten Rausch zu holen.“ Und Döbling wird beschrieben als „ein Dorf, allwo ebenfalls verschiedene hübsche Häuser sind und woselbst öfters die größten Schmauserein angestellt werden.“

Kein Wunder, daß die sich rasch ausdehnenden Orte auch zum Lieblingsaufenthalt vieler österreichischer und deutscher Maler, Schriftsteller und Musiker wurden. Grillparzer, der in jungen Jahren oft seine Großmutter in ihrem Haus in Döbling besuchte, liebte es, über die Hänge des Kahlenbergs, durch Nußdorf und Heiligenstadt zu wandern, wobei er, der sonst kein großer Trinker war, seine Ausflüge gern in einem der dortigen Heurigengärten beschloß; wenn er schon Wein trank, dann am liebsten seinen „Kaltenberger“. In Döbling beschlossen Ferdinand von Saar und Eduard von Bauernfeld ihr Leben. – Friedrich Schlegel, Wilhelm von Humboldt, Johann Gabriel Seidl und viele andere weilten während ihrer Wien-Aufenthalte

Das romantische Kahlenbergerdörfel (links). — Bis 1922 existierte die erste Zahnradbahn Österreichs (Mitte). Weniger attraktiv war dagegen die drangvolle Enge, wenn man im Zeiselwagen zum Heurigen fuhr (unten).

Beethoven (rechts) wohnte 1817 beim ,,Mayer am Pfarrplatz" (Mitte). — Etwas weniger bäuerlich schaut es heute beim Buschenschank Urban in der Traminergasse aus (unten).

hier, und Heinrich Hoffmann von Fallersleben schildert in seinen Lebenserinnerungen einen Ausflug, den er 1827 nach Nußdorf und Grinzing unternahm.
Von den Heurigen-Partien, die der weinlustige Franz Schubert mit seinen Freunden unternahm, ist an anderer Stelle die Rede (siehe „Leute und Herrschaften").
Nicht übergangen werden können die Wohnungen Beethovens im neunzehnten Bezirk, in denen er zwischen 1802 und 1824 lebte. Keiner ihrer zahlreichen Berühmtheiten mußten die Wiener so viele Gedenktafeln widmen wie ihm, wobei noch nicht einmal alle Häuser, in denen der Komponist für kürzere oder längere Zeit wohnte, eine solche Tafel erhalten haben. Allein zwischen Oberdöbling und Kahlenberger Straße hat er in diesen Jahren wenigstens acht verschiedene Wohnungen bezogen. Erwähnt wurde bereits das Beethoven-Haus in der Probusgasse 6, wo er 1802 das „Heiligenstädter Testament" schrieb und an der zweiten Fassung des „Fidelio" sowie an seiner 4. Symponie arbeitete. Hier findet man heute ein Museum, das an den Komponisten erinnert. Eine Besichtigung läßt sich unschwer mit einem Heurigen-Besuch verbinden, denn nur wenige Häuser weiter sind der Buschenschank Muth (Nummer 10) und der Buschenschank Welser (Nummer 12) als gemütliche und gepflegte Heurige mit Musik durchaus zu empfehlen. Prominente aus Politik und Wirtschaft bevorzugen jedoch den Zimmermann ums Eck, in der Armbrustergasse 5, dessen gepflegte reinsortigen Bouteillen-Weine auch über Wien hinaus einen guten Ruf genießen. Am anderen Ende der Probusgasse stößt man auf den Heiligenstädter Pfarrplatz, der ohne die dort reichlich parkenden Autos zu den anmutigsten Plätzen Wiens zu zählen ist. Hier findet man auf Nummer 2 einen der schönsten und bestgeführten Nobelheurigen: Für Einheimische und viele fremde Gäste ist der „Mayer am Pfarrplatz" längst zu einer festen Institution geworden. Auch in diesem romantischen alten Haus hat 1817 für einige Wochen Beethoven gewohnt und Teile der „Eroica" und der 9. Symphonie komponiert. Das mag einer der Gründe sein, warum Sänger und Musiker aus der ganzen Welt, wenn sie in Wien sind, sich selten einen Heurigen-Abend beim Mayer am Pfarrplatz entgehen lassen. Dem heutigen Besitzer Franz Mayer schrieb 1964 die Sängerin Lotte Lehmann ins Gästebuch: „Beethoven möge mir verzeihen, daß ich so viel Wein getrunken habe. Aber es war wunderschön!" Und Walter Slezak, der davon etwas ver-

stand, schrieb: „Der schönste – der beste Heurige in ganz Wien!" Die Mayers lassen sich am Pfarrplatz bis ins Jahr 1683 zurückverfolgen, wie auch die übrigen alten Familien dieser Gegend. Alle Grund- oder Kirchenbücher vor dieser Zeit fielen der Zerstörung während der Türkenbelagerung anheim.
Im Sommer 1808 wohnten Beethoven und Grillparzer gleichzeitig in dem einstöckigen Haus Grinzinger Straße 64, wenige Schritte entfernt vom Haus Nummer 66, wo sich der Buschenschank Wanderer, „Kürassier-Hengl", befindet. Mit einem Spaziergang durch die heutige Springsiedelgasse konnte Beethoven den schattigen Weg am Schreiberbach erreichen, den er besonders liebte, weshalb er den Namen Beethovengang bekam und ihm dort, kurz vor der Kreuzung mit der Kahlenberger Straße, an einem Platzl (das natürlich Beethovenruhe heißt) 1863 ein Denkmal in Form einer überlebensgroßen Metallbüste errichtet wurde (Anton von Fernkorn).
Der besonders an heißen Sommertagen angenehm kühle Spazierweg durch den Beethovengang, wo dem Meister das Singen der Vögel und Rauschen der Blätter vielleicht zu manchem Motiv der Pastorale inspirierte, das er dann, Wand an Wand mit Grillparzer, in der Grinzinger Straße am Klavier notierte, dieser Lieblingsweg Beethovens führt bis zur heutigen Eroicagasse. Es sei denn, man hat das Glück, daß auf Nummer 12 der Buschen ausg'steckt ist, und man kann beim Cech auf ein Viertel rasten. Die Eroicagasse überquerend gelangt man in die Zahnradbahnstraße und hier alsbald zu zwei traditionsreichen Heurigen, dem Schübel-Auer und dem Kierlinger. Genaugenommen ist ihre Adresse die Kahlenberger Straße, jedoch in ihre großen von Kastanien, Nuß- oder Lindenbäumen beschatteten Heurigengärten gelangt man direkt von der Zahnradbahnstraße.
Als Winzerhaus existierte der heutige „Auerhof" bereits vor der Türkenbelagerung, seit 1711 ist er im Besitz der gleichen Familie. Den echten Nußdorfer Wein beim Schübel-Auer bevorzugt vor allem ein bürgerliches Publikum. Das findet man auch bei den musikalischen und literarischen Matineen, die in dem schönen Garten an den Sonntagen im Juni veranstaltet werden. Auch der benachbarte Heurige ist seit 1787 im Besitz der Familie Kierlinger. Die dekorative 270 Jahre alte Baumpresse im Hof war noch bis zum Jahre 1963 in Betrieb.
Gehört der Kierlinger eher zu den kleinen, ja verträumten Heurigen, so ist der Diem am Beginn der Kahlenberger Straße (Nummer 1) zwar einer von den großen, doch verteilen sich die rund 470 Sitzplätze bei ihm auf immerhin 12 verschiedene Schankräume. Ein echter alter Buschenschank mit einer jahrhundertealten Tradition, ursprünglich ein Freihof des bayerischen Klosters Aldersbach, ist der Diem heute ein reiner Familienbetrieb wie die meisten Heurigen. Schließlich gibt es um die Ecke noch den Heurigen Mandahus (Greinergasse 29) und etwas weiter den Brunner in der Hackhofergasse 7.
Daß Beethoven ein besonders umgänglicher oder gar wie Schubert – fröhlich-geselliger Mensch gewesen wäre, ist nicht überliefert. Sein unentwegter Wohnungswechsel läßt eher das Gegenteil vermuten. Seine Spaziergänge machte er gern allein und kehrte am liebsten in stillen, versteckt kleinen Heurigen-Gärten ein. Daß er bereits mit 56 Jahren an einem akuten Leberleiden starb, behandeln seine Biographen mit dem einem Genie gegenüber gebotenen Taktgefühl und erklären seine zahlreichen Sommeraufenthalte in Döbling, Heiligenstadt und Nußdorf mit der 1781 in Heiligenstadt entdeckten Mineralquelle, von der er sich Besserung und Heilung seines Gehörleidens versprochen hätte. Nach den ersten Anzeichen von Schwerhörigkeit geriet er in eine solche Verzweiflung, daß er 1802 sein „Heiligenstädter Testament" schrieb, und obwohl er 1819 bereits völlig taub war, kehrte er doch wenigstens bis 1824 immer wieder hierher zurück.
Erwartete Beethoven ein Wunder? Schon 1784 war nämlich auf Grund einer Analyse der Mineralquelle bekannt, bei welchen Leiden man sich Linderung oder gar Heilung versprechen durfte: Nervenleiden, Hautkrankheiten und Rheumatismus. Schwerhörigkeit gehörte nicht dazu – wohl aber Leberleiden. Nachdem die Quelle Ende des neunzehnten Jahrhunderts versiegte, ist nicht nur eine Überprüfung der Sachlage durch die Beethoven-Forscher erschwert, sondern endete auch die Karriere Heiligenstadts als Bad. Als Ansiedlung dürfte der Ort schon zu Zeiten des heiligen Severin bestanden haben, der – wie neuere Forschungen ergeben haben – nicht im niederösterreichischen Mautern, sondern hier gestorben sein soll, worauf man die Ortsbezeichnung sanctus locus zurückführt, die allerdings erst im dreizehnten Jahrhundert belegt ist. Zwei Jahrhunderte später ist dann bereits von einem Städtchen (urbicula) die Rede, genannt sancta civitas (heilige Stadt).
Zu allen Zeiten war hier der Weinbau die wichtigste

Erwerbsquelle. Bis eines Tages ein Johann Baptist Burger von seinem Rheuma geheilt wurde durch das Wasser einer Quelle, an der bis dahin die Frauen der Umgebung ihre Wäsche gewaschen hatten, weil dies Wasser angeblich Ausschlag und sogar Wunden schneller heilte. Burger faßte die Quelle, leitete sie in seinen Garten und baute ein öffentliches Badehaus. Bald wurde das Mineralwasser eine Attraktion und sogar in Flaschen nach Wien verkauft. Der Ort, der 1805 aus drei Gassen (Grinzinger Straße, Probusgasse und Hohe Warte mit Armbrustergasse), 62 Häusern und 470 Einwohnern bestand, nahm im neunzehnten Jahrhundert einen ungeahnten Aufschwung. 1819 waren es bereits 70 Häuser, 1822 dann 92 und 1869 sogar 244, in denen 3393 Menschen wohnten. Vor allem in der ersten Hälfte des Jahrhunderts bewirkte der Ruf des Heilbades die Eröffnung immer neuer Pensionen und Gasthöfe. Damals wurde auch das Wagner'sche Kaffeehaus mit Restauration, Garten und Terrasse „Zur schönen Aussicht" eingerichtet, dessen Tor am Pfarrplatz noch heute daran erinnert.

Älter noch ist das angrenzende Nußdorf, wo schon Kelten und Römer siedelten. Seine weit zurückreichende Historie verdankt es nicht nur dem Weinbau, sondern mehr noch der direkten Lage an der Donau und der „Urfahr", dem Recht der Überfuhr ans andere Ufer, das dem Ort während der Kreuzzüge zu einer ersten Blüte verhalf, sowie auch der Fischerei, die jahrhundertelang betrieben wurde. Am 22. April 1854 traf in Nußdorf die Kaiserbraut Prinzessin Elisabeth von Bayern auf einem als Schwan gestalteten Dampfschiff ein, von Kaiser Franz Josef und einer jubelnden Bevölkerung empfangen.

Trotz Donauschiffahrt und Fischerei vernachlässigten die Nußdorfer zu keiner Zeit den Weinbau. 1226 wird erstmals der Nußberg erwähnt und die Tatsache, daß an seinen Hängen die meisten Rieden der Gegend liegen. Und 1372 gründeten die Nußdorfer Weinhauer zusammen mit denen aus Heiligenstadt und Grinzing die erste Weinbruderschaft, deren Satzungen durch den Probst von Klosterneuburg bestätigt wurden. Diese zunftähnliche Verbindung erwarb sich auch im sozialen Bereich, etwa durch die Gründung eines eigenen Spitals, große Verdienste.

Was den guten „Nußberger" betrifft, hatten den größten Grundbesitz hier wie anderswo auch die Kirche und die Klöster. So besaß das Schottenkloster zu Wien 1299 schon zwei Freihöfe in Nußdorf und einige gut gelegene Weingärten das Stift Zwettl. Dieses erbaute in der ersten Hälfte des vierzehnten Jahrhunderts den Zwettlhof in der heutigen Hackhofergasse 17, verkaufte ihn 1535 und erwarb ihn 1606 zurück. Nach einem Brand und langwierigem Wiederaufbau wird der Zwettlhof 1735 endgültig verkauft und kam an verschiedene private Besitzer. Erst 1930 erwarb ihn das Wiener Schottenstift, das heute darin einen Heurigenschank betreibt. 1974 wurde die Kellerschenke, das alte Preßhaus, renoviert und dabei eine alte Presse mit einem 3500 Kilogramm schweren Eichenpreßbaum dekorativ mitverwendet. In den oberen Räumen bilden Stukkaturen, Gemälde und einzelne Möbelstücke aus dem achtzehnten Jahrhundert einen seltsamen Gegensatz zu den einfachen Heurigen-Tischen und -Stühlen. Hier schließt sich ein großer, mit Kastanien- und Nußbäumen bestandener Garten an.

Es ist nicht sehr lange her, da gab es einen originalen Buschenschank direkt an der vielbefahrenen Heiligenstädter Straße, der Ausfallstraße nach Klosterneuburg: Stadtauswärts rechts auf Nummer 154 versteckte sich hinter einer alten, schmucken Zinshausfassade der Höllerl, dessen Nachfolger Ernst Rosinka das Lokal unverändert als Weinschenke (mit Gastronomie-Konzession) übernahm. Beim Hauseingang hinein gelangt man durch das Stiegenhaus in den Hof oder Heurigengarten, zu dem ein gemütliches Schanklokal gehört, dessen Einrichtung und Atmosphäre das ausstrahlen, was vor einigen Jahrzehnten beim Heurigen als nobel gelten konnte. Unverändert wie Ambiente und Personal spielt heute wie damals hier ein Harmonikaspieler Wiener Musik und Heurigen-Lieder. Nur ist jetzt im Gegensatz zu früher das ganze Jahr über (mit Ausnahme von Dienstag und Mittwoch) ab 16 Uhr geöffnet.

Wie den Höllerl in der Heiligenstädter Straße, so vermutet man auch im heute völlig verstädterten **Döbling** wohl kaum noch echte Heurige. Auch hier ist es wieder lohnend, Beethovens Wohnstätten im neunzehnten Bezirk zu rekapitulieren: 1803 und 1804 zwei gassenseitige Zimmer im Parterre des Biederhofes, Döblinger Hauptstraße 92, 1815 Ecke Nußwaldgasse-Silbergasse, 1821 in der Silbergasse 9 und 1822 in der Pyrkergasse 13, damals Alleegasse 135 – alles Adressen, die nicht allzuweit vom heutigen Saarplatz entfernt sind.

Natürlich gab es damals viel mehr Heurige zwischen Unter- und Oberdöbling, das wußte auch ein Kaffeehaus-Besucher wie Ferdinand von Saar, der sich im-

Noch nicht so nobel, doch stimmungsvoll und gemütlich war es zu Anfang des Jahrhunderts bei diesem Heurigen in der Armbrustergasse in Heiligenstadt (oben). — Damals wie heute ist der Nußdorfer Platz für viele Bummler der Beginn manch ausgedehnter Heurigen-Partie (links).

mer wieder in dieser Gegend einquartierte, nicht zuletzt als Stammgast im Salon der Villa Wertheimstein in der Döblinger Hauptstraße 96, in der sich heute das sehenswerte Döblinger Heimatmuseum befindet. Immerhin stecken noch etwa ein halbes Dutzend aktive Weinhauer um den Saarplatz herum aus, nördlich davon in der Paradiesgasse und Iglaseegasse, südlich in der Rudolfinergasse.

Herr Hasenbrein ist eine Erfindung des Dichters H. C. Artmann. Als echtem Wiener, der seine sparsamen, republikanisch erworbenen Sprachkenntnisse mit ererbter monarchistischer Nonchalance verwendet, liebt er den Wein, **Grinzing** und – die ausländischen Gäste, denen er die echten Heurigen-Lieder in ihr heimatliches Idiom übersetzt:

„My motherl was a Weanerin,
Drum like I Wean so much ...

oder

Vendete il mio Quanto,
Io foro in himlio ... “

Hasenbreins Rattenfänger-Flöte ist seine Virginia. „Kein Wiener ohne Wetschiner!“ Mit ihr stellt er sich im frischgebügelten Trachtenanzug während der touristischen Hochsaison unter das Prinz-Eugen-Denkmal, eine Fremden-Attraktion für sich. Während die Touristen ihn und den bronzenen Prinzen bestaunen, zeigt ihnen Hasenbrein, wie ein Wiener seine Virginia entzündet und offeriert seine Dienste als freiwilliger Fremdenführer: „Look here, this is our Prinz Eischeen. He olawäu smokes Witschina like I . . .“ Und mit geübtem Blick kennt er rasch Amis und Pariser, Neger und Preußen auseinander, lädt sie zu einer Fahrt mit dem „Ochtadreiska“ ein und führt sie nach Grinzing: „Now, ladies and tschentlemen, your are in Grinzing. Allons zu Heirichn! Tutto vino, niente birra, owa a Musl, de wos jedn ins Gmiad gehd ... Kummts, Leidln, jetzt gemma boschn!“
Diese Geschichte von Herrn Hasenbrein aus Artmanns Erzählband „Von der Wiener Seite“ (Berlin 1972) ist vielleicht gar keine Erfindung, sondern beruht auf einem originalen Erlebnis des Autors? Irgend jemand muß doch die massierte Ansammlung von Reisebussen, die Legionen ahnungsloser Touristen, nach Grinzing gelockt haben. Heute, wo das „lovely

Zweierlei Vergnügen in Grinzing: Patakys Wundergarten (oben) und Buschenschenken in der Cobenzlgasse im Winter 1938/39 (unten).

Grinzing" die unverwelkbare Schönheit einer Kunststoffblume erreicht hat, wo in der Cobenzlgasse das gleiche babylonische Sprachengewirr herrscht wie in der Rüdesheimer Drosselgasse oder im Münchner Hofbräuhaus, gehört Grinzing neben Venedig zu den „meistgeretteten" Orten der Welt. Doch natürlich kollidieren alle Versuche, die letzten Weingärten und ein wenig wahre Heurigen-Romantik zu erhalten, mit dem gewinnbringenden Devotionalienhandel eines weltbekannten Grinzing-Kults.

Schon im zwölften Jahrhundert war Grinzing ein Weinhauer-Dorf, in dem mehrere Klöster und Bistümer größere Besitzungen hatten. Seinen Namen hatte es von dem Geschlecht der Grunzinger erhalten, die Ludwig der Heilige hier mit einem Gut belehnt hatte. Der letzte männliche Nachfahre dieser Familie, ein Rüdiger von Gründsing, starb 1850. Als Sitz erbauten sie sich auf keltisch-römischen Fundamenten den Trummelhof, das älteste Gebäude Grinzings. Er überstand ein wechselvolles Schicksal von Zerstörung, Wiederaufbau und Umbauten unter den verschiedenen Besitzern. 1835 erwarb ihn Ludwig Jetter vom Reichsgrafen Franz Simon von Pfaffenhofen, um ihn in ein Brauhaus umzubauen. Derzeit soll er wiederum renoviert werden, um in dem Gebäudekomplex an der Cobenzelgasse ein Veranstaltungszentrum mit Bar, Café, Keller und Discothek einzurichten.

Die Entdeckung Grinzings durch die Wiener setzte relativ spät ein. Zu Beginn des vorigen Jahrhunderts war vor allem der Badeort Heiligenstadt, der zudem näher lag, ein gern besuchtes Ausflugsziel. Erst als 1827 zweimal täglich ein Stellwagen zwischen Grinzing und der Stadt verkehrte, bürgerten sich die Heurigen-Partien nach Grinzing regelrecht ein, so daß einige Jahre später sogar zwei Wagen stündlich verkehrten.

1840 wollte sich der angesehene Grundbesitzer F. X. Feller den starken Ausflugsverkehr nach Grinzing zunutze machen und erbaute an der Ecke Cobenzlgasse-Krapfenwaldgasse ein prächtiges Gesellschaftshaus mit Tanzcasino, Bad, Café und Restaurant. Doch die Wiener tranken ihren „Grinzinger" lieber beim Heurigen, und so mußte Feiler sein Etablissement bereits 1847 wieder zusperren. (Entsprechend kurz ist die nach ihm benannte Gasse zwischen Himmelstraße und Cobenzlgasse.)

Mehr Glück hatte da ein anderer geschäftstüchtiger Grinzinger, der Großfuhrmann Kothbauer, der etwa an der Stelle der heutigen Kaasgrabenkirche (Stefan-Esders-Platz) die Schwalbenkapelle erbauen ließ. 1883 erwarb er hierfür eine Mutter-Gottes-Statue, die bis dahin im Hof des Gasthauses „Zum kleinen Sperl", gestanden hatte, einem berühmten Lokal im Bezirk Neubau, in dem unter anderen Bäuerle, Bauernfeld, Grillparzer, Lenau, Lanner und Sauter verkehrt hatten. Diese Schmerzensmutter galt als wundertätig, waren doch im Sperlhaus nie Kinder gestorben und die Bewohner immer sehr alt geworden, und selbst in den Cholera-Jahren 1866 und 1873 war dort niemand erkrankt.

Alsbald pilgerten die Wiener und besonders die Wienerinnen jeden Sonntag nach Grinzing zur Schwalbenkapelle in den Kaasgraben, wo der Kothbauer auch einen gut florierenden Heurigen-Schank eröffnet hatte. Beides erfreute sich eines so lebhaften und intensiven Zuspruchs, daß es immer wieder zu Ausschreitungen kam und die Kapelle Anfang dieses Jahrhunderts behördlich geschlossen werden mußte, „denn wer nur einmal den Trubel mit angesehen hat, der wird zugeben, daß ein Gotteshaus nicht mitten in eine tollbelebte Weinwirtschaft gehört", meinte ein Zeitgenosse. 1909 wurde dann mit dem Bau der heutigen Kirche begonnen.

Zwar gibt es in Grinzing eine Himmelstraße, das Schicksal des Ortes war jedoch im Laufe der Jahrhunderte keineswegs „himmlisch": 1484 wurde die ganze Ansiedlung durch die Truppen des Matthias Corvinus, 1529 durch die Türken und 1604 durch eine verheerende Feuersbrunst zerstört. 1679 starben zwei Drittel seiner Bewohner an der Pest, und 1683 richteten die Türken neuerlich große Verwüstungen an, notgedrungen auch das Entsatzheer, das eine hier von den Türken errichtete Festung vom Krapfenwaldl und Cobenzl aus im Sturm nahm. Als Grinzing 1809 das plündernde und brandschatzende Heer der Franzosen überstanden hatte, konnten seine Einwohner wieder aufatmen.

Die in Grinzing beginnende Himmelstraße führt auf ein nördlich von Sievering gelegenes Plateau des Pfaffenberges, eines Vorberges des Hermannskogels. Hier baute sich 1784 Hofrat Binder von Kriegelstein eine schloßartige Villa mit Park, als er die Herrschaft Obersievering übernahm. Seit der Mitte des vorigen Jahrhunderts erfreuten sich die Meierei und ein Restaurant „am Himmel" eines regen Zuspruchs, die erst nach dem Ersten Weltkrieg aufgelassen wurden. Zwischen den beiden Weltkriegen erwarb sich Grinzing seinen weit über Wien und Österreich hinausreichenden Ruf als Heurigen-Mekka. Zahlreiche Wiener Heurigen-Filme (die zum Teil in Sievering gedreht wurden) trugen zur Popularität Grinzings bei, daß noch heute ahnungslose Touristen meinen, nur hier seien die berühmten Wiener Heurigen zu finden. Es gab da aber auch schon andere Vergnügungsstätten, wie den Gastgarten des Brauhauses St. Leopold, das exotisch anmutende ungarische Blumenparadies „Patakys Wundergarten“ während der dreißiger Jahre in der Grinzinger Straße oder die berühmte Trummelhofbar. Trotzdem blieb der Ort noch nach dem zweiten Krieg von den echten Heurigen, den Buschenschenken, beherrscht, von denen es damals etwa 60 gegeben hat. Heute existieren davon nur noch gut ein Drittel. Einige erwarben inzwischen Gastgewerbekonzessionen, um ihr Lokal erweitern und ständig offen halten zu können. Aber auch neue Restaurants eröffneten und glichen sich dem neuen gefragten Heurigen-Stil an.

Das Publikum, das Abend für Abend aus allen Teilen der Welt hierher kommt, macht keinen Unterschied zwischen Buschenschank, Heurigen oder Restaurant, rennt spornstreichs durch jedes verlockend geöffnete Tor, oft ohne die reizvollen und romantischen Innenhöfe, von denen es in Grinzing besonders viele gibt, zu beachten. Eine halbe oder eine ganze Stunde gibt der Reiseleiter vielleicht Zeit, um den Besichtigungs- und Vergnügungspunkt „Grinzing“ auf der Liste des Sight-Seeing-Programms abzuhaken, so daß manche in kürzester Frist hastig zwei oder drei Viertel eines guten Grinzingers hinunterkippen (oder, wenn sie Pech haben, irgend eines anderen Weines, der gut oder schlecht, aber auf keinem Fall in dieser Gegend gewachsen ist).

Von der Grinzinger Kunstblume „Heuriger“ bleiben selbst die richtigen Buschenschenken, insbesondere jene im Zentrum des Ortes, nicht verschont und sehen sich als Nobelheurige in Konkurrenz mit Wienerwald und aufgemascherlten Weinschenken.

Wer Musik und laute Fröhlichkeit sucht, der wird auch bei den Buschenschenken in der Sandgasse, der Cobenzlgasse oder Himmelstraße das Vergnügen finden, das er erwartet, auf jeden Fall aber einen echten und meist guten „Grinzinger“, etwa beim Bach-Hengl (Sandgasse), einem der vielen eingesessenen Hengl in dieser Gegend, der so heißt, weil sein Häusl ursprünglich am Bach lag, oder beim Hengl Karl, beim Reinprecht oder Muhr in der Himmelstraße und schräg gegenüber vom Bach-Hengl in der Sandgasse beim Ruckenbauer Franz und Ruckenbauer-Schneider. Wer es ein wenig ruhiger haben will, sollte sich einen Buschenschank in den stilleren Randbezirken suchen, die es erstaunlicherweise noch gibt. Etwas gesetzter geht es da schon beim Berger (Himmelstraße 29) zu, einem besonders typischen und gemütlichen Buschenschank, zeitweise mit Musik, in einem der ältesten Häuser Grinzings mit einem wunderschönen Innenhof. Keine Musik gibt es etwas weiter beim Wiegel (Himmelstraße 20), der von Mai bis Ende Oktober geöffnet hat, oder beim Fugger (Cobenzlgasse 31), der nur zweimal im Jahr für etwa drei Wochen aussteckt. Durchaus lohnend ist es, die Cobenzlgasse noch etwas weiter hinaufzugehen bis zum Obermann (Nummer 102) oder bei der reschen und sympathischen Friedl Schöll und ihrer Tochter Gabriella ein oder auch mehrere beschauliche Viertel zu trinken. Im Gegensatz zum Ort selbst finden motorisierte Besucher hier sogar einen Parkplatz.

In jedem Fall empfiehlt es sich, auf der „Aus-g'steckt“-Tafel an der Endhaltestelle der Straßenbahnlinie 38 nachzusehen, welcher dieser kleineren Heurigen derzeit geöffnet hat. Gleich ums Eck, in der Langackergasse 5, kann man sich beim Rauscher in einer hier ungewohnt urig kargen Gemütlichkeit in die Zeiten vor den Touristen-Invasionen zurückträumen, die kaum hundert Meter entfernt ahnungslos vorbeiwallen.

Was es mit dem berühmten „Grinzinger“, der bereits mehrmals erwähnt wurde, auf sich hat, erklärt vielleicht am besten die Geschichte des Hofrates Demeter von Görög, der um die Mitte des letzten Jahrhunderts als Besitzer des Lößhofes lebte. Dieser eigenwillige, weitgereiste Wein-Narr züchtete auf seinen 14 Joch Weingärten in mühevoller, jahrelanger Arbeit die besten Reben und Sorten aus Frankreich und Spanien, aus Portugal und Korfu, von der Mosel und der Etsch, vom Libanon und afrikanischen Südkap, um das Ergebnis mit den ebenfalls angebauten einheimischen Sorten zu vergleichen. Doch die kunstreichste Pflege und Kelterung konnte die beherrschende Kraft des heimischen Bodens nicht überlisten; was herauskam, war weder Mosel- noch Kapwein, sondern immer wieder „Grinzinger“.

Grinzing und den „Grinzinger“ will nun die 1976 gegründete Vereinigung der Freunde Grinzings retten. Wichtigstes Anliegen ist es, die zunehmende Verbauung und „Einbetonierung“ des ehemals ländlichen

LISL KATZBERGER
WALZENGASSE 11
NEUSTIFTGASSE 27
SCHMID
BRUNNERGASSE 14
HEINZ TONI
NEUSTIFTGASSE
BRODL
BRUNNERGASSE 11
SOMMERBAUER
Hochstrasse
Ing. Karl Jüttner
NEUSTIFTG. 5 - FR. JOS. STR. 6
DISTL
BRUNNERGASSE 32
HOCHSTR. 12
XANDL u. HANNELORE RADEL
Walzeng. 9
Walzengasse 40
Sommerbauer
Sonnbergstr. 14
Spiegelhofer
NEUSTIFTGASSE
H. u. L. Kothleitner
WEGBACHGASSE 1
Lohmer's
RODAUN · Pfitznerg. 8
KARL SOMMERBAUER
HOCHSTR. 78A
WALZENGASSE 31
ADOLF MARIA NOWAK
WIENERGASSE 54
Ludwig Nigl
Hochstr. 73
J. Hummelberger
KUNIGUNDBERGG. 8
Mohrenberger
BEATRIXG. 20
Karl Zechmeister
HOCHSTRASSE 64
Karl Sommerbauer
SEMLERGASSE 4
Nigl
ALFRED SCHLOSSER
HERZOGBERGSTR. 257
Werderitsch
AM GOLDBIEGLBERG
Nigl
SPIEGELHOFER
KOTINEK
HOCHSTR. 97
MAYER
BRUNNERG. 38
Spiegelhofer
Hochst.
RUPP
HOCHSTRASSE 34
ZECHMEIST
Hochstr. 129
Josef Wölflinger
KRAUTGASSE 12

Grinzing
Kaiser Josef II
Ausg'steckt
Lier
WILDGRUBE 44
Maly
SANDGASSE 8
Oppolzer
HIMMELSTRASSE 22
Rockenbauer
SANDGASSE 12
Wiegel
HIMMELSTRASSE 20
Schmidt
COBENZLGASSE 38
Berger
HIMMELSTRASSE 29
Wolf-Köller
Rode
HIMMELSTRASSE 4
Amon
SCHREIBERWEG 63
Schöll
COBENZLGASSE 106
Bach-Hengl
SANDGASSE 9
Hengl
SANDGASSE 7
Weingut-Cobenzl
AM COBENZL 96
Wagner
Kuckenbauer
SANDGASSE 6
Reinprecht
COBENZLGASSE 22
GEMEINDE
GRINZING
2000 JAHRE
Wein-

Winzerlieder - heuriger Wein Erfreu

erz-sind Sonnenschein

Weinhauerdorfes zu verhindern. Eine Wiedererweiterung des in den letzten Jahrzehnten immer kleiner gewordenen Weingeländes soll die Werbung für die „Grinzinger Weinstockmitgliedschaft“ bringen: Für derzeit 2000 Schilling oder 300 Mark können Grinzing-Freunde in aller Welt einen Quadratmeter Weinland in Grinzing mit einem Weinstock erwerben. Neben einem „Grinzinger Grund und Boden Zertifikat“ und der Mitgliedschaft in der Vereinigung sind die Rendite für diese neu geworbenen Bürger von Grinzing zwei Viertel Gratis-Wein pro Jahr vom „Eigenbau“. Ein blauer „CDG“-Autoaufkleber auf gelbem Grund kennzeichnet die Grinzing-Freunde (Corps diplomatique Grinzing? nein, Club der Grinzinger) auf allen Straßen – und ist doch nichts als kostenlose Touristenwerbung. So geraten die vom Grinzinger Weinhauer Franz Hengl initiierten Rettungsversuche unter der Hand den Grinzing-Freunden immer wieder zur Publicity-Werbung für das „lovely Grinzing“, bei der die internationale Top-Prominenz aus Politik und Show-Geschäft als Weinstockbesitzer freundlich lächelnd mitspielt. Ob dieser Klatschspalten-Rummel die Reste von dörflichem Charakter und echter Heurigen-Stimmung rettet? Der sehnlichste Wunsch der baustoppenden Grinzing-Retter ist bezeichnenderweise der Bau einer Großgarage für die wachsende Zahl der ausländischen Reisebusse und Autos. Neben Grinzinger Freiheitsakademie, Grinzinger Faschingsgilde und Grinzinger Schrammelkonservaterium, neben Geist, Gaudi und Geigenspiel, neben der Vermarktung und dem Ausverkauf eines (selbst) falsch verstandenen Image, verkümmert jede wirkliche Heurigen-Atmosphäre. Immer mehr leidenschaftliche Heurigen-Geher wandern ab.

Zwischen Grinzing und Neustift im Tal des (heute eingewölbten) Arbesbach liegt der lieblichste Heurigen-Ort Wiens: **Sievering**. Generationen von Malern suchten und fanden in Sievering ihre Motive, allen voran Ferdinand Georg Waldmüller und Rudolf von Alt. In den rund zwanzig Buschenschenken rund um den „Malerwinkel“ ist seit dem Auszug des Zitherspielers Anton Karas, den nach dem Krieg hier der Produzent des Films „Der dritte Mann“ entdeckte (Karas wurde mit der Melodie des Harry-Lime-Themas weltberühmt), die Heurigen-Musik verpönt. In den Sieveringer Gärten sitzt man lieber still und gemütlich beim Heurigen. Kaum einer der Weinorte Wiens konnte so viel von seinem romantischen Charakter eines Hauer-Dorfes bewahren wie Sievering. Von bayerischen Ansiedlern um 800 gegründet, ist der Ort nach dem Lehnsgeschlecht derer von Sufringen (es sind auch andere Schreibweisen überliefert) benannt. Trotzdem geistert immer wieder die Legende durch die Literatur, die den heiligen Severin, um den es zeitweise, jedoch viel später auch hier einen Kult ab, mit dem Ortsnamen in Verbindung bringt. Trotz seiner waldbeschützten tiefen Tallage, die allerdings auch den Wein immer etwas später reifen läßt als in den umliegenden Ortschaften, hatte Sievering unter den beiden Türkenbelagerungen und der Franzosenbesetzung stark zu leiden. 1663 und 1713 starben viele Einwohner an der Pest, und 1843 legte eine Feuersbrunst mehr als ein Drittel aller Wohnhäuser in Asche.

Als die anderen Orte der Gegend gegen Ende des achtzehnten Jahrhunderts als Sommerfrische und Ausflugsziel bei den Wienern in Mode kamen, fand das relativ kalte und feuchte Klima von Sievering nicht so viel Anklang. Auch noch im neunzehnten Jahrhundert entstanden hier nur wenige Villen und Sommerhäuser. Dazu lag Sievering abseits der weit besser ausgebauten Straßen nach Heiligenstadt, Grinzing oder Neustift. Sehr spät, erst 1839, wurde zwischen Wien und Sievering ein regelmäßiger Stellwagenverkehr eingerichtet, der allerdings nicht ganz so regelmäßig funktionierte, vor allem, wenn nach starken Regenfällen die Fuhrwerke im Schlamm der heutigen Sieveringer Straße steckenzubleiben drohten.

Wie das ursprüngliche Döbling, besteht auch Sievering aus zwei Ortsteilen, deren Eigenständigkeit noch heute deutlich ist. Dazwischen steht verbindend die Sieveringer Pfarrkirche, die vor genau 650 Jahren als Andreaskapelle errichtet wurde. Erst nach der Jahrhundertwende wurde das stadtnähere Untersievering nach und nach verbaut und erhielt sein vorstädtisches Ansehen. 1922 schrieb Dr. Franz Schwarz im Döblinger Heimatbuch: „Es wäre im Sinne des Heimatschutzes zu wünschen, daß Neubauten in diesem Bezirksteil nur im Landhausstil errichtet würden, damit nicht das ländliche Aussehen von Obersievering durch geschmacklose Neubauten verunziert werde, wie es leider schon zum Teil geschehen ist.“ Mehr als diese warnenden Worte hat wohl die beengte Lage von Obersievering die einschneidensten Veränderungen verhindert.

Die ansässigen Buschenschenken verteilen sich gleichmäßig auf Unter- und Obersievering. An der Gabe-

Nur wenig hat sich seit den zwanziger Jahren in Sievering verändert: „Malerwinkel" und Innenhof in Obersievering (oben), Ausg'steckt-Buschen in Untersievering (rechts).

lung Sieveringer Straße/Windhabergasse, seit dem Ausbau der letzteren beide ab hier Einbahnstraßen in verschiedener Richtung, steht als Wahrzeichen des Ortes ein Denkmal des „Motzl", eines Sieveringer Originals, über den im Kapitel „Leute und Herrschaften" mehr zu lesen ist. Daneben befindet sich eine der drei Tafeln, nach denen man sich orientieren kann, welcher Buschenschank derzeit ausg'steckt hat. Die beiden übrigen befinden sich in der Sieveringer Straße in der Höhe der Nummer 161 und bei der Abzweigung zur Agnesgasse.

Kurz vor der Gabelung Sieveringer Straße/Windhabergasse liegt rechterhand der Buschenschank Schreiber, der zwei bis drei Mal im Jahr für etwa drei Wochen aussteckt. Noch kleiner und urwüchsiger ist der Buschenschank der Frau Greiner in der Sieveringer Straße 145, der nur an den Wochenenden geöffnet ist.

Nur freitags und hauptsächlich für ihre alten Sieveringer Stammgäste steckt schräg gegenüber am Ende der Windhabergasse Christine Muhr im elterlichen Weinhauerhaus aus. Ihre Mutter Käthe Schachinger war über viele Jahrzehnte die „Kronenmutter" Sieverings, bei der die Winzerkrone Sieverings das Jahr über im Schankraum hing. Sie war eine der letzten, die noch viel über die alten Sieveringer „Geschichten" und Bräuche zu erzählen wußte.

Bei der Endstation der Buslinie 38 A beginnt der Ortsteil Obersievering, der in dem kleinen, engen Tal des Arbesbach liegt. Den hier vielleicht stimmungsvollsten Buschenschank in dem zweigiebeligen Hauerhaus Sieveringer Straße 251 hat sein Besitzer leider vor einigen Jahren aus Altersgründen geschlossen.

Doch noch stehen dem Besucher einige der alteingesessenen, gepflegten und angenehm ruhigen Buschenschenken offen. Glücklicherweise hat in Sievering der Massentourismus noch nicht Einzug gehalten, durch den sich etwa in Grinzing oder Neustift manch verträumter Buschenschank zum stets geöffneten Großheurigen entwickelt hat. So spricht man sich ab, wer wann aussteckt: An den geraden Monaten (Februar, April usw.) sind in der Regel der Granninger (Sieveringer Straße 231) und der Mantler (Nummer 269) geöffnet; in den ungeraden Monaten ist dagegen beim Koller (Nummer 269 a) und in Untersievering beim Braunsperger (Nummer 108) ausgesteckt. Der Buschenschank Haslinger (Agnesgasse 3) hat fast das ganze Jahr ausgesteckt, wie auch der der Familie Nikisch (Sieveringer Straße 172), außer im August und Dezember.

Nicht mehr gibt es den originellsten Buschenschank Kirch, in Untersievering, der, weil er nur um Ostern aussteckte, der „Oster-Kirch“ genannt wurde. Solche Spitznamen findet man in den meisten der Wiener Weinhauer-Orte. Sie sind darauf zurückzuführen, daß bei der Geburt von mehreren Söhnen die Namen alteingesessener Hauer-Familien im Ort immer verbreiteter wurden. Um sie auseinanderzukennen, gab man ihnen mit der Zeit Beinamen, die sich auch vererbten.

Auf solche Weise erklären sich Namen wie „Feuerwehr-Wagner“ in Heiligenstadt oder die hier und in Grinzing verbreitete Hengl-Dynastie, die Bach-Hengl, Dampf-Hengl, Palais-Hengl (die im Beethovengang eine besonders großartige Villa bewohnten) oder der Kürassier-Hengl (heute Buschenschank Wanderer). Bei den weitverzweigten Grinzinger Familien Ruckenbauer und Rockenbauer gab es (und gibt es teilweise noch) den Frackerl, Rochus, Engländer und den kleinen und großen Rockenbauer. In Sievering sind es etwa die Fischer, Schreiber, Redl oder Schachinger. Der „weiße“ Redl erhielt seinen Namen, als er schon in jungen Jahren ergraute. Mit den Häusern vererbt werden die Namen „Drei-Kugel“-Schachinger und Schreiber „Johannes“, dessen Haus neben der Statue des „Johann“ Nepomuk steht. Weitgehend vergessen sind heute die Spitznamen, die sich die Bewohner der einzelnen Weinorte gegenseitig gaben. Käthe Schachinger kann sich noch an einige erinnern. Da nannte man die Nußdorfer an der Donau „Wosserrazzen“, die Unterdöblinger „Fisolentandler“, die Oberdöblinger „Krimineser“, die Grinzinger „Blunzenstricker“ (man sagte ihnen nach, daß sie das leuchtende Kupferdach ihrer Kirche mit der Blunzen angestrichen hätten), die Neustifter „Püsslinger“ (von Pilzling = Herrenpilz) und die Sieveringer „Bachblunzer“.

Beim Gasthaus „Zur Agnes“ in Obersievering beginnt die Agnesgasse, die nach **Neustift am Walde** hinüberführt. Hier sind übrigens gleich am Beginn zwei Buschenschenken, wo der Wein beim Detter ganz sicher einen Besuch lohnt. Der Hügel des Hackenberges, über den heute zwischen Weinbergen die asphaltierte Agnesgasse führt, war in früheren Zeiten nicht ungefährlich. Bis zum Beginn des achtzehnten Jahrhunderts mußten die Neustifter am Sonntag diesen beschwerlichen Weg zur Sieveringer Kirche nehmen. Da gab es oft Klagen, denn an sehr kalten Wintertagen kam es vor, daß sich die Kirchgänger hier oben einer Rotte hungriger Wölfe erwehren mußten. Noch bevor die Agnesgasse auf die Krottenbach- und Rathstraße trifft, zweigt rechts die zwischen den Weinbergen nach Salmannsdorf führende Mitterwurzergasse ab. Bei der Nummer 20 ein wenig bergauf kommt man zum Zimmermann, einem 1979 hübsch renovierten Buschenschank, hinter dessen mit alten Obstbäumen bestandenem Garten ein kleines Spielparadies für Kinder liegt. An manchen schönen Tagen kann man auch mit einem Eselswagen vom Beginn der Agnesgasse sich hierher kutschieren lassen.

Die Neustifter Heurigen liegen fast alle an der Verlängerung der Krottenbachstraße, die sich als Rathstraße, Neustift am Walde und Hameaustraße durch den Ort in Richtung Höhenstraße zieht. Von diesen fast zwanzig Buschenschenken rechts und links der Straße, haben praktisch alle einen Garten, der im Sommer zu ein, zwei Viertel einlädt, meist in Hanglage mit alten Obst-, Kastanien- oder Nußbäumen. Rechts der Straße findet man die Heurigen Bachmann, Rieger, Haunold-Pichler, Ferschel, Wolff oder Hanslik, links den Zeiler, das Presshaus Huber, den Eischer, der die prächtige Neustifter Winzerkrone aufbewahrt, den Wilfinger und den Rath. Von der Rathstraße geht links der Hauerweg hinauf zum Zeiler, bei dem es sich draußen, auf den großen Obstgarten hinabblickend, ebenso angenehm sitzt wie in dem von einer alten Holzpresse beherrschten Schankraum. Bereits am Vormittag sperrt am Ortsende rechts der Friseur-Müller seinen Buschenschank auf (mit Ausnahme des August). Mittags wie abends kann man bei ihm die wechselnden Spezialitäten von Stelzen über Gansl bis zum Schweinslungenbraten in Blätterteig probieren. Wer eher Süßes zum Wein liebt, ist beim Wolff in der Rathstraße 46 richtig, einem ehemaligen Konditor.

In den letzten Jahren hat Neustift einen deutlichen Aufschwung genommen, nicht zuletzt durch die wachsende Zahl von Touristen, die hierher kommen, so daß einige Heurige modernisiert, umgebaut und erweitert wurden, nicht immer zum Vorteil und zur Freude mancher Gäste, die beim Heurigen lieber urige Atmosphäre und behagliche Gemütlichkeit suchen. Einiges davon eingebüßt haben z.B. der Wolff in der Rathstraße 30 oder der architektonisch zwar wohlgestaltete, aber stark vergrößerte Nobelheurige

Durch die Währingerstraße, wo nach der Jahrhundertwende die letzten Buschen verschwanden (unten), durch den noch dörflichen Weinhauer-Ort Neustift (rechts) und bis nach Salmannsdorf am Dreimarkstein, wo immer mehr Villen zwischen den Bauernhäusern entstanden, fuhr einst der Stellwagen (Mitte).

Fuhrgassel-Huber, der innen wie im Garten jeweils bis zu 600 Gäste unterzubringen vermag.
Noch vor hundert Jahren dachten die Neustifter gar nicht daran, solche Zugeständnisse an den Fremdenverkehr zu machen. Damals gehörten Neustift, Salmannsdorf und Pötzleinsdorf zu den beliebtesten Sommerfrischen der Wiener, und der Ruf nach besser ausgebauten Straßen und Verkehrsverhältnissen war unüberhörbar. Doch die Neustifter hatten wenig Interesse, ihr sauer verdientes Geld für die Wiener Gäste solcherart zu investieren. So lehnte 1870 der damalige Bürgermeister Rath das Ansinnen mit den Worten ab: „Mir ham die Wiener net g'rufen. Wer net will, soll halt daham bleiben. De an Wein trinken wollen, de kemman schon aussa, nachtragen tuan ma'n eahna net!"
Hinweis-Tafeln, wer gerade ausg'steckt hat, findet man in der Rathstraße 54, am anderen Ende des Ortes Ecke Keylwerthgasse-Sommerhaidenweg, sowie auf der Pötzleinsdorfer Höhe in der Khevenhüllerstraße. In der hier oben bei der Biegung der Khevenhüllerstraße abzweigenden kleinen Strehlgasse liegt versteckt der Buschenschank Nierscher Heinrich, „Reh-Nierscher" genannt, weil der Ökonomierat Nierscher jahrelang ein zahmes Reh im Garten hielt. Sein Wein muß schon in früheren Zeiten besonders gut gewesen sein, denn als 1928 die Strehlgasse erstmals gepflastert wurde, soffen seinem Vater die Pflasterer in diesem Sommer den gesamten Keller leer, wobei ihr Lohn in diesen Monaten gerade für die Zeche ausreichte.
Mit dem Schicksal Neustifts weitgehend verbunden war immer auch der kleine Weinhauerort **Salmannsdorf** zwischen Hameaustraße und dem Dreimarkstein. Im neunzehnten Jahrhundert und zu Beginn des zwanzigsten entstanden dank seiner Lage und Beliebtheit hier viele Villen und Landhäuser, die zwar den Dorfcharakter, nicht jedoch die Idyllik sehr veränderten. Verdankt das schon um 1100 als Clainzing belegte Neustift seinen Namen indirekt dem Pfarrer Andreas Plank aus Gars, der 1414 die Besitzrechte dem von ihm gegründeten Dorotheerstift als „neue Stiftung" vermachte, so wird dieser Ort erstmals 1279 urkundlich als Dorf eines Salmannes erwähnt, also eines adeligen Freien, der die Salung (rechtskräftige Übertragung eines Besitzes) vornehmen durfte.
Da man früher fälschlich Salmannsdorf mit dem Sultan Soliman, dem türkischen Belagerer von 1529, in Verbindung brachte, stimmt keineswegs, was der

Wiener Notar Dr. Anton Feistl in eine Tafel am Haus Dreimarksteingasse 12 einmeißeln ließ:

In Salmannsdorf, so wird gesagt,
Und zwar von hier war's, wo Soliman
Im Kampf um Wien den Plan erdacht,
Wie man es nicht gewinnen kann.

Zum Andenken nun daran
Hat auch das Volk etwas geplant
Und nach dem Namen Soliman
Den Ort hier Salmannsdorf genannt.

Einst ein vielbesuchter Heurigen-Ort, winkt heute nur noch selten in oder um die Dreimarksteingasse der Buschen. Selbst der noch vor wenigen Jahren bekannte Emminger, von dessen Garten man einen herrlichen Blick aufs Krottenbachtal genießen konnte, sperrt nur noch selten und für geschlossene Gesellschaften auf. Einen Sommer lang wohnte Schubert im Haus Dreimarksteingasse 6, wo der Hauer Josef Kainz einen Buschenschank betrieb (siehe „Leute und Herrschaften"), und im berühmten Strauß-Häusl auf Nummer 13 schrieb der sechsjährige Johann Strauß Sohn seinen ersten Walzer „Erster Gedanke". Hier hatte Vater Strauß für einige Sommer Mutter und Söhne bei der Verwandtschaft einquartiert, während er selbst in Wien blieb. Angeblich hat der kleine Johann damals noch einen zweiten (verschollenen) Walzer komponiert unter dem Titel „Die Salmannsdorfer".

Auch Arthur Schnitzler liebte diesen verträumten Ort, wo er einen Teil seines Romanes „Der Weg ins Freie" spielen ließ. Er schrieb daran, als er 1905 Salmannsdorf gegenüber am Sommerhaldenweg in Neustift eine Sommerwohnung gemietet hatte.

Noch um die Jahrhundertwende war der heutige achtzehnte Bezirk eine der wichtigsten Heurigen-Gegenden Wiens. Vom Gürtel angefangen, zogen sich die Heurigen hin durch **Währing, Weinhaus, Gersthof** bis nach **Pötzleinsdorf.** Inzwischen schließen sich an das verstädterte Währing Gersthof und Pötzleinsdorf als ruhige, gutbürgerliche Wohnviertel an mit komfortablen Miethäusern und hübschen Villen. Der letzte verbliebene Buschenschank ist kurz vor der alten Pötzleinsdorfer Kirche links der Leopold Huber.

Ein passionierter Buschenschenker war hier auch der Polizeibeamte Dr. Rudolf Brandstetter, der (neben dem weißen) einen vorzüglichen Rotwein in seinem hinter einer Villa versteckten Schanklokal und Garten ausschenkte. Bei ihm hing noch die Hauerkrone, die er selbst in den dreißiger Jahren gebunden hat und von deren Nüssen längst das Gold abgeblättert ist. Der Neustifter Leopold Huber übernahm 1985 den Pötzleinsdorfer Heurigen, eines der schönsten alten Weinhauerhäuser im Ort, von Franz Nierscher, der inzwischen den traditionsreichen Buschenschank Tschippan in der Weidlinger Hauptstraße 190 (bei Klosterneuburg) renovierte und neu eröffnete.

In den gemütlichen Huber-Innenhof wächst, beherrschend, eine mindestens 250 Jahre alte Akazie hinein, deren schräger Stamm jahrelang mit den Köpfen vieler scheidender Gäste Bekanntschaft machte, bis man die Besucher mit einem mehr praktischen als schmucken Blumenkübel zwang, ihn zu umgehen. Daß Napoleon 1809 an diesen krummen Stamm sein Pferd band, ist sicher mehr eine hübsche Legende als wahrscheinlich. Wie einst Salmannsdorf, war auch Pötzleinsdorf eine typische Weinhauer-Gemeinde, woran zwar keine Weingärten mehr, aber noch einige der alten Häuser in der Pötzleinsdorfer Straße erinnern. Im neunzehnten und beginnenden zwanzigsten Jahrhundert wurden hier zahlreiche Landsitze und Herrschaftsvillen gebaut, auch entlang der Straße nach Gersthof, zu deren beiden Seiten sich damals Felder, Wiesen und Weingärten dehnten. Seine Glanzzeit erlebte der kleine Ort, als 1797 der Bankier Baron Johann Heinrich Geymüller das Mitte des siebzehnten Jahrhunderts erbaute Schloß kaufte, ausbauen und mit einem ausgedehnten englischen Park am Hange des Schafberges versehen ließ. Er führte ein gastliches Haus, in dem unter anderen auch Grillparzer verkehrte. Noch großzügiger lebte sein Sohn, der Ferdinand Raimund als Vorbild für seinen „Verschwender" diente und der schließlich bankrott aus Wien floh, wo er steckbrieflich gesucht wurde.

Die Gegend um dieses heute noch recht idyllische Pötzleinsdorf mit dem Kirchenplatz vor dem zweihundert Jahre alten Kirchlein zum „heiligen Ägydius" muß einstmals recht wild gewesen sein. Denn angeblich erhielt der Ort seinen Namen nach dem Bewohner einer längst verschwundenen Ritterburg auf dem Schafberg, der hier mit bloßen Armen einen jungen Bären (Petz – Pezili) gefangen und auf seiner Burg abgerichtet habe. Später wurde aus dem urkund-

Das Strauß-Häuserl in Salmannsdorf, wo Sohn Johann seinen ersten Walzer schrieb (oben). — Weit städtischer war damals bereits Hernals, wo der Buschenschank Gschwandner schon zum „Grand Etablissement“ und einer der beliebtesten Vergnügungsstätten Wiens arriviert war (rechts).

lich 1112 erstmals erwähnten „pezelinesdorf“ der heutige Name.
Sehr viel jünger ist Gersthof, das seinen Namen von einem Gorig (Georg) Gerstler herleitet, Bauer in der Hagenau, wie die Gegend damals hieß, der 1435 hier für das Dorotheerstift, das Weingärten in der Hagenau besaß, dienstbar war. An der Stelle des Gerstlerhofes (Gersthofer Straße 123) steht heute das Gersthofer Schloß. Noch vor dem Zweiten Weltkrieg gab es in der Gersthofer Straße mehrere Heurige, die einer nach dem anderen schlossen, zum Teil erst in den fünfziger und sechziger Jahren.
Hierhin hatte sich nach der Jahrhundertwende das bis dahin blühende Heurigen-Leben und -Treiben von Währing und Weinhaus verlagert. Der Ursprung des kleinen Weinhaus, das bald im größeren Währing aufging, soll ein Weinkeller oder Preßhaus am Nordabhang der späteren Türkenschanze (Türkenschanzpark) gewesen sein, von dem damals die Weingärten bis zur Gentzgasse hinabreichten. Schon der Name Türkenschanze läßt ahnen, welches Schicksal die Weinhauer von Weinhaus und Währing 1683 getroffen haben muß. Der Zeitgenosse Adam Kraus notiert im März 1684: „Explico, unser ganzes Gebirge (Weinberg) ist dermaßen abgeödet, verwüstet und verderbt, daß weder Weinstock noch Weinstecken mehr vorhanden und weilen auch das ganze Währing in Aschen liegt, ist derzeit gar keine Hoffnung, daß sich jemand weder um einen Weingarten noch Haus annimmt.“
Man nahm sich aber doch an, so daß es im neunzehnten Jahrhundert in der Gentzgasse (damals noch Herrengasse) und der Währinger Straße weit mehr Heurige als Gasthäuser gab. Das änderte sich mit der Eingemeindung 1892; in der Folge verschwand ein Buschen nach dem anderen.

Bereits viel früher verschwand der Weinbau aus **Hernals,** für dessen Bürger er im Mittelalter die Haupterwerbsquelle gewesen war. Der Ort an der bei Dornbach entspringenden Als (oder dem Alserbach) hatte ursprünglich einem Herrengeschlecht gehört (Herren von Als) und war 1587 an den Freiherrn von Jörger zu Lehen gegeben worden, unter dem es bis zu seiner Ächtung 1620 eine Hochburg der Protestanten war. Im Zuge der Gegenreformation errichtete das Domkapitel zu St. Stephan hier 1639 ein Heiliges Grab, zu dem ein Passionsweg führte. Obwohl sich die Hernalser schon weitgehend auf Ackerbau umgestellt hatten, gab es nahe dem Kalvarienberg zu protestantischen wie katholischen Zeiten zahlreiche Buschenschenken. Im achtzehnten Jahrhundert dominierten dann Gartenkulturen, die Hernals als besonders noble Sommerfrische beliebt machten. Die damals noch vorhandenen Buschenschenken fanden bei den vornehmen Wienern nicht so viel Anklang wie die nobleren Kaffeehäuser und Vergnügungsetablissements. Kein Wunder, daß einige bekannte Heurigenlokale, wie Stalehner und Gschwandner, sich bald zu noch bekannteren Gasthäusern und Vergnügungsstätten mauserten. Der Buschenschenker Johann Weigl, der für sein „Weigeleum“ in der Hernalser Hauptstraße 33 als der höchste Heurige Wiens Reklame machte, übernahm später den Dreher-Park bei Schönbrunn (siehe „Beim Heurigen“). Eine grundlegende soziale Umschichtung erfolgte nach der Eingemeindung von Hernals mit der einsetzenden Industrialisierung.
Die letzten „Hernalser“ Heurigen findet man heute in **Dornbach**. Wer mag, kann von der Gersthofer Straße über die Czartoryskigasse zum Schafberg spazieren. Hier oben, am Alsegg (eigentlich Alseck), einem Höhenrücken, der Gersthof und Pötzleinsdorf von Dornbach scheidet, hat man einen weiten Blick über das westliche Wien nach Süden. Etwas unterhalb ziehen sich bis zur Alszeile hinunter die letzten großen Weingärten Dornbachs. Hier wächst der resche und süffige „Alsegger“, den man etwa siebenmal im Jahr jeweils nur eine Woche lang beim „Pfarrer in Dornbach“, einem Geheimtip Wiener Heurigen-Professionals, verkosten kann.
In diesen wenigen Wochen sind die drei alten Kellergewölbe unter dem Pfarrhaus am Rupertusplatz meist bis auf den letzten Platz besetzt, und Pater Eberhard, der hier die Agenden des Leitgebs wahrnimmt, hat alle Hände voll zu tun. Weingärten und Buschenschank gehören seit Jahrhunderten dem Salzburger Benediktinerstift St. Peter, dem auch die Pfarrkirche seit ihrer Grüdung vor 850 Jahren inkorporiert ist.
Schon im elften Jahrhundert erhielt das Stift in dem um 800 von bayerischen Siedlern gegründeten Dornbach zwei Edelhuben von einem Grafen. Dem Stift gehörte bald fast ganz Dornbach, und im achtzehnten Jahrhundert zahlten auch 21 Häuser in Hernals den Zehent an St. Peter. 1207 ist hier schon die Tradition des Buschenschanks belegt: Jeweils zu Weihnachten, Ostern und Pfingsten schenkte der Untervogt des Stiftes zu „Tornbach“ 14 Tage lang den „Pönwein“ (Bußwein) aus. Heute ist ein Besuch beim Pfarrer von Dornbach höchstens insofern eine Buße, als – wie

Verschwunden sind zahlreiche Pilgerstätten der Weinbeißer, wie der Grünbeck in Hernals (ganz unten) oder der Urbisch in Dornbach (rechts), oder zum Nobelrestaurant verwandelt, wie die 10er-Marie in Ottakring (unten).

zu Zeiten unserer Großväter – hier die Luft schwer und das schmale kalte Buffet leicht wiegen.
Hängt bei Pater Eberhard der Buschen nicht vor der Tür, so gehen die Dornbacher zur St.-Anna-Kirche, wo sie unweit der Trambahnschleife in der Dornbacher Straße 120 beim Buschenschank Drechsler einkehren und einen reschen und g'schmackigen »Alsegger« verkosten können. Von März bis Oktober kann man hier jeweils am Wochenende oder an Feiertagen im schattigen Garten (oder auch drinnen) sitzen.

Ein wahrer, leidenschaftlicher Heurigen-Geher weiß **Alt-Ottakring** heute mehr denn je zu schätzen. Kein Fremder wird vermuten, wieviel ungebrochene Heurigen-Tradition in diesem auf das scheußlichste versaniertem Ortsteil hier lebte. Die Ansiedlung geht bis ins neunte Jahrhundert zurück und gehörte immer (bis 1848) zum Klosterneuburger Stift. Im Gegensatz zu dem Ottakring vorgelagerten, viel später entstandenen Ort Neulerchenfeld (siehe „Beim Heurigen"), konnte zumindest der alte Ortsteil bis vor hundert Jahren weitgehend seinen Dorf-Charakter erhalten, der inzwischen mit den meisten Weingärten auch verschwunden ist.
Mehr als andere Gegenden haben die Heurigen in Alt-Ottakring ihr Stammpublikum, das keineswegs nur aus dem eigenen sechzehnten Bezirk hierher pilgert. Nicht zufällig kann sich die in der Ottakringer Straße gelegene „10er-Marie" als „ältester Heuriger Wiens" bezeichnen. Hier kehrten Kenner ein wie Schubert, Johann Strauß und Kronprinz Rudolf oder später Emerich Kalman, Josef Weinheber und viele andere. Jetzt ist die 10er-Marie ein Prominenten-Beisl mit aufgemascherltem Heurigen-Ambiente. Ihren Namen erhielt sie übrigens schon vor 1743 nach einer hübschen Tochter des Besitzers.
Gerade noch ein halbes Dutzend Buschenschenken lassen sich zwischen Sandleitengasse und Gallitzinberg finden. Einige andere sind in den letzten Jahren zu gastronomischen Weinschenken mit Heurigenambiente mutiert. Die alten Weingärten wurden verkauft oder verbaut und der Schankwein kommt nun aus Niederösterreich und dem Burgenland. Die letzten Buschenschenken liegen heute in der Johann-Staud-Straße 51 (Herrmann) oder der Liebhartstalstraße, etwa der gemütliche Rath (16 – 18) oder der Friedreich (20 – 22), wo man vom Stüberl im ersten Stock eine herrliche Aussicht auf Wien hat. Als letzten in der heute villenbesetzten Wilhelminenstraße blieb der Koller (116).
Echte Ottakringer Heurigen-Atmosphäre hat der etwas schwierig zu findende Buschenschank Schmid Adolf, noch vor der Bahnlinie in der Paltaufgasse 22, ein gemütlicher Keller in einem sonst wenig bemerkenswerten Zinshaus.
Zur Einstimmung einer Heurigen-Partie durch Alt-Ottakring sollten literarische Geister zu Weinhebers „Wien wörtlich" greifen. Leider kann seine „Alt-Ottakringer Pilgerfahrt" nicht mehr als Führer dienen, denn die Kaspar, Haimböck, Wagner, Stritzl, Völkel, Türk stecken schon lange nicht mehr den Buschen hinaus, und die 10er-Marie – siehe oben. Schon vor fast einem halben Jahrhundert dichtet Weinheber in den Versen „Alt-Ottakring" voller Wehmut:

Da und dort ein Tor
hat noch breiten Schwung,
Buschen grün davor
lädt wie einst zum Trunk,
und im Abend wird
längst Vergangnes nah,
spielt ein Bursch gerührt
Ziehharmonika.

Eine ganz andere Geographie als zwischen Nußdorf und Ottakring empfängt den Heurigen-Wanderer, wenn er sich nach dem Süden Wiens wendet. Das erste Ziel ist das Weinland zwischen **Mauer, Atzgersdorf, Rodaun** und **Kalksburg.** Südliches ahnen läßt die behäbige Dörflichkeit von Mauer, hinter jedem zweiten oder dritten Hauerhaus in der Maurer Langen Gasse vermutet man einen Gutsherren-Hof. Auch der Wein hat hier weniger von der reschen Spritzigkeit des Nußberges oder Alseggers und dafür schon ein wenig vom südlichen Feuer der Thermenlinie, ein Wein, an den man sich erst gewöhnt und der sich seine eigenen, dann aber bedingungslosen Liebhaber herangezogen hat.
In Mauer – und fast nur mehr hier finden sich die etwa zwanzig Buschenschenken dieses Gebiets – scheint man anders und aus anderen Gründen beim Heurigen zu sitzen als im Nordwesten Wiens. Hier sind die stillen, einsamen Genießer und Weinbeißer keine Seltenheit. Hier ist das warme Buffet noch rar und das Essen zum Wein tatsächlich Nebensache (siehe „Stelzen, Salzgurken und Liptauer"). An einem warmen Sommernachmittag empfindet man die Schwermut, die über den oft breiten Höfen und Gärten liegt und wie sie auf die Menschen hier übergeht.

Vom Frühling unter den Praterbäumen träumt da ein achtzigjähriger Pensionist, den es nach einem Leben in der Leopoldstadt tagtäglich von seinem nahe gelegenen Pensionistenheim zu zwei, drei Viertel in die Maurer Lange Gasse verschlägt, zum Neuwirth (Nummer 18), Weindorfer (37), Lentz (78), Lindauer (83), Grausenburger (101) oder Edelmoser (123). Wohl die Hälfte aller Buschen von Mauer und Umgebung findet man in dieser Einbahngasse, weshalb man mit dem Wagen am besten von der Rodauner Straße aus hereinfährt.
Nicht weit von hier sind auch die meisten übrigen Heurigen zu finden: Hauptplatz, wo auch eine große „Ausg'steckt"-Tafel steht, Endresgasse, Jesuitensteig und Dreiständegasse, wo sich eine zweite Tafel an der Endhaltestelle der 60er-Linie befindet. Etwas abseits liegen der Buschenschank Friedrich in der Heudörfelgasse 44, das Rosenweingut Trösch-Hofinger in Kalksburg (Zemlinskygasse 72), der Heiß in Rodaun (Kaiser-Franz-Josef-Straße 52) und der Schellenbauer in Atzgersdorf (Breitenfurter Straße 316). Alle Buschenschenken in Mauer und Umgebung haben nur zeitweise ausg'steckt, einige, wie der Lohmer in der Rodauner Maireckergasse 5, sogar nur ein- oder zweimal im Jahr. Und – hier fast selbstverständlich: den nächsten Heurigen mit Musik findet man erst in Petersdorf.

Gehen die Weinorte im 23. Bezirk (Mauer, Atzgersdorf, Rodaun und Kalksburg) ineinander über, so kommt man, wenn man ganz in den Südosten, nach **Oberlaa** und **Unterlaa** fährt, regelrecht in ein Dorf, auch wenn man sich hier noch immer im ausgedehnten zehnten Wiener Gemeindebezirk befindet.
Fährt man die Laaer-Berg-Straße stadtauswärts, liegt bald links der 256 Meter hohe Laaer Berg. Hier entfaltet sich an den Wochenenden im Sommer in einfachen Wirtshäusern, an Schießbuden und Ringelspielen ein reges Leben im „Böhmischen Prater", einem reizvoll antiquierten, kleinen Vergnügungspark, in dem sich nach dem Beginn des Jahrhunderts die hier neu eingewanderten Arbeiter aus Böhmen vergnügten. Wenig mehr zu sehen ist von der ehemaligen „Filmstadt" am Laaer Berg, in der 1925 die Außenaufnahmen zu einigen historischen Monumentalfilmen gedreht wurden. Dafür breitet sich heute am Laaer Berg ein großzügiger Erholungspark aus. Geblieben sind am Osthang auf der anderen Seite einige der Weingärten der Hauer von Oberlaa. Im Ort selbst gibt an der Kreuzung von Laaer Berg-Straße und Ober-Laaer-Straße eine Tafel Auskunft, welcher der knapp ein Dutzend Buschenschenken von Oberlaa (und Unterlaa) derzeit geöffnet sind.
In den letzten Jahren ist Oberlaa als „Grinzing von Favoriten" bei den Wienern in Mode gekommen, was die touristisch attraktive Verschönerung und Vergrößerung eines Heurigen zum Weinschank in der Liesingbachstraße belegt. Hier und vor allem in der Ober-Laaer-Straße hängen die meisten Buschen vor den Toren, stehen auch die meisten und ältesten Häuser der ehemaligen Straßendörfer Ober- und Unterlaa, und der dazwischen fließende Liesingbach bewahrt die dörfliche Geruhsamkeit, die allein durch den jährlich stärker werdenden Verkehr in der Laaer-Berg-Straße-Leopoldsdorfer Straße gestört wird.
Da in der Regel mehr als die Hälfte der Heurigen geschlossen sind, herrscht in den übrigen Buschenschenken ein geruhsames, familiär heiteres Leben und Treiben, das fröhliche Grinzing ist hier ebensoweit entfernt wie das schwermütige Mauer.
Zu loben gilt es den Wein, wie er hier in den meisten Buschenschenken zu verkosten ist. Der Laaer-Berg-Heurige, ein gemischter Satz oder Kellerverschnitt wie anderswo auch, wird für meinen Geschmack unterschätzt. In ihm treffen sich alle drei Wiener Heurigen-Regionen, mischen sich südliche Fülle und nördliche Würzigkeit mit einer spritzigen Säure, die über das Donautal hinweg bis hierher den Einfluß des „Bisamberger" ahnen läßt.
Nachprüfen kann man diese Behauptung etwa beim Wieselthaler Franz (Ober-Laaer-Straße 71), wo man unter dem Nußbaum im Hof gern ein Viertel länger sitzen bleibt, als ursprünglich geplant, oder gegenüber im Buschenschank Gradwohl (Nummer 66), gelobt wegen der Fleischlaberln der Frau Gradwohl, beim betriebsameren Frauneder-Stutz (Ober-Laaer-Straße 73), beim Wieselthaler Karl (Ober-Laaer-Straße 120), beim Berger (Friedhofstraße 13) oder in der Liesingbachstraße beim Pinther (25), Bruckner (49) oder Manhardt (51).

Dort, wo zwischen Wiener Neustadt und Wien die in den Wienerwald übergehenden Ausläufer der Alpen gegen die Ebene im Osten zu abbrechen, in einem der wärmsten Gebiete Mitteleuropas, dessen heiße Quellen schon die Römer schätzten, wächst ein säurearmer, schwerer, herber Wein. Das Rebenland dieser Thermenregion reicht entlang der **Südbahn**, also der

Eisenbahnstrecke nach dem Süden, vom Wiener Bekken bis nach Baden und Vöslau. Die durch das warme Klima bedingte Vollreife der Trauben machte von all diesen bevorzugten Orten Gumpoldskirchen zum bekanntesten Weinort Österreichs. Fremde Gäste aus nah und fern und vor allem die ausflugsfrohen Wiener förderten in den meisten Orten einen heute lebhaften Buschenschankbetrieb.

Die Weinstraße im Süden Wiens beginnt eigentlich bereits in Mauer und führt über das von Hofmannsthal, der Dichterin und Malerin Maria Grengg und vielen anderen zum Aufenthalt erkorenen Rodaun über die Wiener Stadtgrenze nach **Perchtoldsdorf** und von dort über **Brunn am Gebirge, Maria Enzersdorf, Mödling, Gumpoldskirchen, Pfaffstätten** nach **Baden, Soos und Bad Vöslau**. Den Rückweg nimmt die Südbahn-Heurigen-Partie traditionellerweise über **Traiskirchen** und **Guntramsdorf** auf der anderen Seite der Bundesstraße 17.

Mit Wien noch in vieler Hinsicht verbunden ist „Petersdorf" oder, wie es amtlich heißt, Perchtoldsdorf, die größte Marktgemeinde von Niederösterreich mit über 15 000 Einwohnern. Hier gibt es so viele Heurige, daß „die Eichhörnchen von einem Buschen zum nächsten springen können". Von den rund 220 aktiven Weinhauern steckt die überwiegende Mehrzahl wenigstens einmal im Jahr aus. Die Landpartien der Wiener in die Petersdorfer Umgebung enden meist in der wein-berühmten Hochstraße und deren näherer Umgebung, etwa der Beatrixgasse, wo sich die Heurigen in großer Zahl finden, oft noch heute in den typischen Winzerhäusern.

Trotz des städtischen Treibens im Zentrum des Ortes wird Perchtoldsdorf durch seine zahlreichen romantischen alten Winkel und Gassen geprägt, insbesondere einem der schönsten niederösterreichischen Marktplätze mit der beherrschenden gotischen Pfarrkirche und ihrem charakteristischen Turm. In den häufig bergansteigenden Gassen im Westen und Südwesten des Ortes entstanden nach der Jahrhundertwende zahlreiche Villen, zwischen denen man gelegentlich auch einen Buschen winken sieht.

Im neunzehnten wie im zwanzigsten Jahrhundert bevorzugten das stadtnahe Petersdorf viele Künstler als ständigen oder gelegentlichen Wohnsitz. Maler wie Ferdinand Georg Waldmüller, der hier seine berühmte „Perchtoldsdorfer Hochzeit" schuf, Musiker wie Hugo Wolf und Schriftsteller wie Karl Hans Strobl und Alois Th. Sonleitner zog es nach Petersdorf.

Stimmung und Fröhlichkeit beim Wein genießt mancher Wiener ebenso gerne, wie ländlich stille Abgeschiedenheit, die damals — wie hier und da noch heute — so mancher Hof eines alten Hauerhauses zu bieten hatte.

Eine besondere Attraktion ist der traditionelle Perchtoldsdorfer Hütereinzug am ersten Sonntag nach St. Leonhard (6. November), der bis ins fünfzehnte Jahrhundert zurückgeht: 1422 fand man den Hüter Thomas von unbekannten Traubendieben in einem Weingarten so übel zugerichtet, daß ihm der rasch herbeigerufene Bader des Ortes kaum noch eine Woche zu leben gab. Doch der Hüter erholte sich überraschend schnell und konnte zu Leonhardi wieder erstmals in die Kirche humpeln. Deshalb beschlossen die Hüter der Umgebung, am kommenden Sonntag vom Pfarrer einen Dankgottesdienst zu erbitten und formierten sich aus diesem Anlaß erstmals zu dem festlichen Zug.
Der Umzug wird von drei Reitern in Hauertracht angeführt, gefolgt von der Musik und der Hüter-Pritschen, einem mit Weinlaub und Trauben schwer behängten Buschen, der oben in einer Krone zusammenläuft und 60 bis 70 Kilogramm wiegt, die von einem einzigen Burschen getragen werden. Dieser wird flankiert von zwei Hauern mit Standarten. Danach kommen die Hüter mit dem Hütervater und zuletzt die Weinhauer mit Freunden und Gästen. Unter Glockengeläut bewegt sich der Zug zur Kirche und zum Pfarrhof, wo dem Pfarrer zum Dank für den Gottesdienst ein großer Korb mit Trauben und Wein überreicht wird. Nachdem vor dem Rathaus Gstanzeln gesungen wurden, begibt sich der Zug zum Hütervater, und das eigentliche Weinfest beginnt.
Der Heurigen-Ausflug in den Süden muß nicht immer notwendigerweise nach Gumpoldskirchen führen. Dieses Zentrum des Weinbaugebiets, das sich nach dem Abt Gumpold von Passau nennt, der hier um 1140 nachweislich Weingärten hatte, besitzt – beginnend am Schrannenplatz – einen sehr lehrreichen Wein-Wanderweg, der etwa eine halbe Stunde durch die Weingärten führt. Doch nicht nur in diesem ebenso hübschen wie reichen Weinhauer-Ort findet man zahlreiche Buschenschenken. Einen stillen Garten, wo man ein Viertel des kraftvollen, vollmundigen Heurigen verkosten kann, oder eine gemütliche Hauerstube findet sich in jedem, auch dem kleinsten Ort an der Südbahn, aber auch in den von ihrem Image als Kurorte geprägten Bad Vöslau und Baden.
Neben dem üblichen Heurigen wird gerade hier vielfach auch reinsortiger Wein ausgeschenkt, besonders in den größeren Weingütern und Stiften, wie dem Lilienfelder Hof in Pfaffstätten oder dem Schottenstift in Maria Enzersdorf. Leicht zu findende Hinweis-Tafeln an den jeweils markanten Punkten der Orte vereinfachen die Suche nach einem geöffneten Buschenschank.

Unvollkommen wäre die breite Geschmackspalette der Wiener Weine ohne die spritzige Säure des leichten „Bisambergers" und „Brünnerstraßlers". Ausflüge in das Gebiet auf der anderen Seite der Donau gegenüber von Klosterneuburg schätzen die Wiener seit vielen Jahrzehnten. Der größere Teil dieser Weinregion gehört als Großlage Bisamberg-Kreuzenstein zum niederösterreichischen Weinbaugebiet Falkenstein. Die Weingärten von **Stammersdorf, Strebersdorf** und **Groß-Jedlersdorf** im 21. Bezirk bilden das größte zusammenhängende Weinbaugebiet in Wien.
Der Wein aus Stammersdorf und vom Bisamberg ist keineswegs eine „junge" Entdeckung. Hier wurde schon vor 900 Jahren Wein angebaut (und vielleicht auch schon ausgeschenkt). Einer der ersten bekannten Liebhaber des „Bisambergers" war der Kupferstecher Merian (1650 gestorben). Seither zog es immer wieder Künstler in die abgeschiedene Stille dieser Dörfer, etwa den Dichter Joseph Freiherr von Eichendorff, den Musiker Kaspar Schrammel, den Vater der zwei berühmten Brüder des Schrammel-Quartetts, oder den Bildhauer Anton Hanak.
Nirgendwo in Wien trifft man auf so kleinem Raum so viele Heurige wie in Stammersdorf. Von den hier aktiven fast 50 Weinhauern, die etwa 30 Prozent des gesamten Wiener Weins keltern, haben in den Sommermonaten die meisten ausg'steckt.
Den leichten, bukettreichen Stammersdorfer Heurigen mit seinem spritzigen Säuregehalt kann man in rund 25 Buschenschenken in der Stammersdorfer Straße verkosten. Einige wenige findet man darüber hinaus auch in den schmalen Seitengassen des Ortes. Hier kann man sich – ausgehend von der Endstation der 31er-Linie – beispielsweise vom Reinbacher in der Herrenholzgasse durch das langgestreckte Weinhauerdorf hindurchtrinken (was sich Achtelweise empfiehlt, wenn zu viele ausg'steckt haben): vom Urban (Nummer 123) angefangen rechts und links die Stammersdorfer Straße hinauf. Durch die geöffneten Tore erblickt man malerische Höfe und schattige Gärten. Bei einigen Buschenschenken gibt es gerühmte Spezialitäten am Buffet oder besondere reinsortige Weine (wie die spritzig leichten beim Olszewski, die es zu verkosten lohnt). Und schließlich gelangt man über den Buschenschank Klager Leopold (18) und Klager

Beim Hütereinzug in Perchtoldsdorf (unten), in abgelegenen Buschenschenken (links) oder in der Kellergasse in Stammersdorf (ganz unten) ist noch heute viel Vergangenheit gegenwärtig.

Franz (14) zur Hagenbrunner Straße. Es lohnt sich, diese ein paar Schritte hinaufzugehen, um in einem der kleinen urigen Heurigen der Stammersdorfer Kellergasse noch ein, zwei Achtel drüberzustreuen.
An sommerlichen Wochenendabenden herrscht hier ein ungemein lebhaftes Treiben, das trotzdem durchaus gemütlich wäre, könnte man die Kellergasse endlich für den Durchgangsverkehr sperren. Früher saß man hier noch direkt vor den gedrungenen Kellern rechts und links, über denen bereits die Weingärten beginnen. Doch inzwischen mußten die einladenden Tische und Holzbänke vor dem zunehmenden Autoverkehr weggeräumt werden. Sie wurden nun oberhalb der Keller auf Terrassen oder in einem fast verwunschen wirkenden Laubengarten wie beim Buschenschank Kirchner-Pail (Hagenbrunner Straße 70) aufgestellt.
Ganz oben, wo die ruhigere Strebersdorfer Kellergasse in die Hagenbrunner Straße mündet, findet man einen Parkplatz. Ein paar Meter weiter biegt links die Senderstraße ab. Ein angenehmer Spazierweg führt hier vorbei an Gärten, Rebhängen und zwei weiteren Buschenschenken, dem Kauffert und dem Klein, hinauf zum Bisamberg-Sender und Magdalenenhof. Und hier und da hat man einen schönen Blick auf Wien.
Zwar führen viele Wege nach Rom und auch ein anderer zum Muck, jedoch ist der durch die Hagenbrunner Straße – wegen diesem oder jenem Stehachtel – der angenehmste. Etwa in der Mitte bei der Nummer 46 erklettert man links ein kleines Wegerl, das hinauf in die Weingärten „In den leeren Beuteln“ führt, und erreicht, bevor man auf die Strebersdorfer Kellergasse trifft, rechts den Muckschen Weingarten. Von den Heurigen-Bänken vor dieser kleinen Hütte inmitten der Weinberge blickt man im Frühsommer über blühende Mandelbäume hinunter auf Wien. Was der Muck sonst zu bieten hat, „dichtete“ ihm ein Heurigen-Geher ins Gästebuch:

So manchen Buschen in Strebersdorf
besuchte ich beim Wandern,
und da ich bin ein Schmetterling,
ging ich stets zu einem andern.
Und wenn ihr Freunde fraget mich,
was ist nun dein Ergebnis?
Dann sag ich: Hier beim Hauer Muck
ist alles ein Erlebnis.

Daß die erste Vorhut des busreisenden Massentourismus gelegentlich auch nach Stammersdorf vordringt, stört noch nicht den urwüchsigen Heurigen-Charakter dieses Dorfes, wenn es auch so ausschaut, als hätten sich die ersten Stammersdorfer Buschenschenken bereits für ein spezielles Fremdenverkehrspublikum herausgeputzt.
Ganz unter Stammgästen und Einheimischen wird man sich bei fast allen Heurigen in Strebersdorf und Groß-Jedlersdorf wiederfinden, deren Wein- und Buschenschenken denen von Stammersdorf in keiner Weise nachstehen und durch ihr überwiegend einheimisches Publikum manchmal von echter fröhlicher Volkstümlichkeit erfüllt sind. Einige beschäftigen an Wochenenden sogar Musiker, die weit weniger falsche Heurigen-Sentimentalität verbreiten, als manche von Grinzing oder Nußdorf.
Die im Vergleich zu Stammersdorf sehr viel kleinere Zahl von Buschenschenken in Groß-Jedlersdorf und einige mehr in Strebersdorf finden sich darum auch längst nicht so massiert wie dort. In Groß-Jedlersdorf liegen die meisten in der Jedlersdorfer Straße oder der Amtsstraße. Eine Tafel am Bernreiterplatz gibt Auskunft, wer gerade geöffnet hat.
In Strebersdorf stehen mehrere Tafeln, zwei davon in der Rußbergstraße in Höhe der Beer-Hofmann-Gasse und am Strebersdorfer Platz. Die meisten Heurigen sind in der Langenzersdorfer-, Strebersdorfer- und Rußbergstraße.
Wer den Weg über die Stadtgrenze hinaus nicht scheut, fährt von Floridsdorf die Prager Straße in Richtung Korneuburg. Der erste Heurigenort nach Strebersdorf ist Langenzersdorf, gefolgt von Bisamberg. Fünf Kilometer hinter Korneuburg biegt man rechts ab nach Leobendorf. Von hier oder bereits von Bisamberg aus erreicht man die kleinen malerischen Ortschaften Stetten und Kleinrötz, ebenfalls mit mehreren Buschenschenken, sowie die gleichfalls nahegelegenen Heurigen-Orte Klein-Engersdorf, Enzersfeld, Königsbrunn und Hagenbrunn. Von den rund 30 Hagenbrunner Buschenschenkern genießt der Wannemacher einen guten Ruf bei eingeweihten Wienern.
Eine Weinreise rund um Wien kann nicht an der Stadtgrenze enden. Die Wiener selbst fahren zum Heurigen nach Perchtoldsdorf und Gumpoldskirchen, nach Langenzersdorf und Hagenbrunn, die alle im angrenzenden Niederösterreich liegen. Zu diesem Bundesland gehört auch die Stadt **Klosterneuburg** auf der anderen westlichen Seite der Donau. Am Donauufer nur wenige Kilometer von Wien entfernt, trennen diesen traditionsreichen Ort von der österreichischen Metropole Kahlenberg und Leopoldsberg.

Und doch ist kaum ein Name so eng mit der Geschichte des Weinbaus in Wien verbunden wie Klosterneuburg. Das liegt nicht an den dortigen Buschenschenken, von denen es auch in Klosterneuburg einige gibt (Alter Hof, Schredermühle, Pfalzhof Weinmayer am Rathausplatz oder den Gruber in der Agnesstraße), aber die meisten Wiener überlassen sie den Einheimischen, bleiben auf ihrer Seite des Wienerwaldes und kehren in Weidling oder Kritzendorf ein, die zum niederösterreichischen Klosterneuburg gehören. Doch mit Klosterneuburg meint man auch und vor allem das Chorherrenstift der Augustiner, das seit 850 Jahren besteht und bis vor 130 Jahren als Grundherr zahlreicher Wiener Rieden und Freihöfe den Weinbau hier beherrschte. Kein Ort zwischen Kahlenbergerdorf und Ottakring, in dem das Stift in diesen Jahrhunderten nicht teil- oder zeitweise (über Alt-Ottakring sogar ununterbrochen) die Grundherrschaft ausübte. Noch 1817 besaß das Stift 3336 Joch (etwa 1920 Hektar) Weingärten, von denen ein großer Teil im heutigen Wien lag. 1980 sind davon „nur" noch rund 90 Hektar geblieben, von denen 31 Hektar zu den besten Rieden am Fuße von Kahlenberg, Leopoldsberg und Nußberg im Wiener Stadtbereich gehören.
Kein Wunder, daß das Stift um 1450 im Volksmund den Beinamen „zum rinnenden Zapfen" erhielt, weil kein Zapfen eines Weinfasses in den drei Kellerstockwerken je trocken werden konnte. In diesen kilometerlangen und bis zu 30 Meter tiefen Kellern lagern angeblich noch heute über 800 000 Flaschen Wein aller, auch der ältesten Jahrgänge, für Weinkenner und -liebhaber ein Wert, von dem man nicht abschätzen kann, wie weit er an die jahrhundertealten großen und berühmten Kunstschätze des Stiftes heranreicht. In der Stiftskirche, der heute noch den Ort beherrschenden Klosterburg, ist das Grab des Babenbergers Leopold, dem das Stift wenn nicht die Gründung so doch sonst viel zu danken hat. Er verlegte den Hof von Melk hierher. 1486 wurde Leopold III. heilig gesprochen und der Namenspatron Niederösterreichs. Sein Fest am 15. November ist einer der bedeutenden Höhepunkte im Jahresablauf der Klosterneuburger – und das nicht nur im kirchlichen Sinn. Vom Leopoldi-Tag in Klosterneuburg, der jedes Jahr in die „Sturm"-Zeit fällt, meinte schon Friedrich Schlögel lakonisch: „Man soff viel!" und „Zu Ehren des Schutzheiligen wurde nämlich die eigentliche Schatzkammer des Ortes: der Klosterkeller, meist schon vormittags, gleich nach Finalisierung der obliegenden

Warum soll man nicht das Angenehme mit dem Nützlichen verbinden? So geriet manche dieser Wallfahrten, die in Wien nicht wenig beliebt waren, unter der Hand zur Weinreise oder Heurigen-Partie in die Umgebung der Stadt. Und wer nicht gut zu Fuß war, der konnte vielleicht einen der im achtzehnten Jahrhundert noch nicht sehr regelmäßig verkehrenden Vorfahren der Zeiselwagen benutzen.

Kirchenpflichten gestürmt . . ." Den Rausch nannte man „Leopoldischweigl", das schlechte Wetter, das mit Regelmäßigkeit den Prozessionsweg der weißgekleideten Wiener Mädchen in eine Schlammgrube verwandelte, Leopoldi-Wetter.
Im neunzehnten Jahrhundert kam das „Fasslrutschen" in Mode, ein Brauch, der noch heute im November täglich Hunderte von Einheimischen und vor allem Fremde anzieht, denen nach dieser fröhlichen Rutschpartie angeblich ein Wunsch in Erfüllung geht, den jungen Mädchen nach einem Ehemann, jungen Frauen nach einem Kind. Anlaß dieses Fasslrutschens ist das 1704 gebaute „Tausendeimerfaß", das mit 4,80 Meter Länge und 3,84 Meter Höhe in der Tat 1000 Eimer oder 56 000 Liter aufnehmen kann. Daran knüpft sich die Legende von einem Klosterwirt, der behauptete, kein Pantoffelheld zu sein, solange er nicht auf Geheiß seiner Frau über dieses Faß herunterrutschen würde. Die junge Klosterwirtin war jedoch heimliche Zeugin dieser Beteuerung. Sie verweigerte sich ihrem Mann, bis er schließlich versprach, einmal über das Faß zu rutschen – aber nur spät nachts und heimlich. Unten angekommen, tauchten plötzlich die von seiner Frau benachrichtigten und vorher versteckten Zeugen auf, die nun sein „Pantoffelheldentum" mit eigenen Augen gesehen hatten.
Seit 170 Jahren ist das „Tausendeimerfaß" im „Stift zum rinnenden Zapfen" leer, ein Umstand, der den Ambitionen jedes wahren Heurigen-Gehers zuwiderläuft, kann doch für ihn nur das Trinken Anlaß zur (eventuellen) Gaudi sein, und nicht umgekehrt.
In Klosterneuburg endet diese Wiener Weinreise, die sich bereits – notwendigerweise – an der Südbahn und am Bisamberg Übergriffe nach Niederösterreich erlaubt hat. Nicht an der Stadtgrenze enden müssen deshalb die Heurigen-Ausflüge der Wiener. Der Buschenschank ist seit Jahrhunderten in allen Weingegenden Österreichs ein gern geübter Brauch. In den Weinbaugemeinden Niederösterreichs wird man (mehr oder weniger) in den meisten Orten auf den ausg'steckten Buschen stoßen, der sich längst auch in der Steiermark und im Burgenland weiter verbreitet hat. Der Wiener hat jedoch keinen Grund, wegen einiger Viertel weit über die Grenze seiner Heimatstadt hinauszureisen, denn im gemischten Satz des Heurigen zwischen Nußdorf und Oberlaa, zwischen Ottakring und Stammersdorf begegnen ihm Gaudi und G'mütlichkeit, trinkt er bereits ein Stück der Vielfalt von Wien und Österreich.

Weinkunde für Weinbeißer Allerlei Wissenswertes über den Wein, und wie man mit ihm umgeht

Der Begriff „Weinbeißer“ kann sich mit etwas Phantasie auch jeder des Wiener Dialekts Unkundige erklären: Er bezeichnet einen weinerfahrenen, eher stillen Genießer, der beim langsamen, aufmerksamen Trinken gewissermaßen jeden Schluck „beißt“. Der Ausdruck ist in Wien schon seit langem gebräuchlich, er läßt sich bereits im fünfzehnten Jahrhundert nachweisen, wo uns von einem „Thoman, dem Weinbeißer“ berichtet wird.

Daß man mit „Weinbeißer“ ursprünglich auch einen schneidigen Wiener aus dem Volk oder einen Urwiener bezeichnete, kann man natürlich als jene Überzeugung deuten, nach der der Wiener schlechthin als typischer Weintrinker anzusehen sei. Später wurde hieraus nur „Beißer“ für einen feschen Wiener Hallodri, den man etwas abwertend auch „Pülcher“ (von ursprünglich Pilger) nennt, ein Vagabund, Herumtreiber, Strolch, in Wien auch Fallot, Strizzi oder Strawanzer genannt. Diese Negativ-Bedeutung von „beiß'n“ im Sinne von bösartig hat sich in „Beißzang'n“ oder „Bißgurn“ (mittelhochdeutsch: bizgurra = bissiger Gaul) für ein bösartiges, zänkisches Weib bis heute gehalten.

So bissige Deutungen haben allerdings mit dem Weinbeißer unserer Tage nichts mehr zu tun. Er ist ein Genießer, ein Liebhaber, dem es nicht primär ums Verkosten geht. Wenn er, wie der Kenner, den Wein nach Farbe und Bukett geprüft hat, läßt er jeden Schluck langsam und genußvoll über die Zunge rollen. (Weinbeißer heißt übrigens auch ein Lebkuchen in Biskottenform, der mit Zucker übergossen ist und zum Wein gegessen wird. Er fehlt an keinem Heurigen-Buffet, das auf sich hält.)

Nach seiner Wirtschaftsstruktur war Österreich, historisch gesehen, immer ein Weinland und ist es in seinen östlichen Bundesländern heute noch. Bis vor 400 Jahren wurde Wein im gesamten Gebiet, auf dem sich heute die neun Bundesländer befinden, angebaut. Auf die heutige Ausdehnung des Staates bezogen, war die Rebanbaufläche etwa zehnmal so groß wie heute. Bis auf einzelne Weingärten verschwindenden Ausmaßes ist der Weinbau jedoch in Kärnten, Vorarlberg, Tirol, Salzburg und Oberösterreich verschwunden. Dazu trugen Veränderungen des Klimas und des Geschmacks, vor allem aber das große Weingartensterben nach 1872 bei, als mit kalifornischen Reben die Reblaus in Österreich eingeschleppt wurde.

Die Reblaus, 1865 in Südfrankreich entdeckt, kam

1868 mit amerikanischen Reben, welche die 1860 gegründete Weinbauschule von Klosterneuburg einführte, nach Österreich, wo sie zwar den importierten Reben nichts anhaben konnte, jedoch bald die weitverzweigten Wurzeln der heimischen Rebsorten angriff und zum Absterben brachte. Um die rasche Ausbreitung der Reblaus in Österreich zu stoppen, wurde 1882 sogar der „Handel mit bewurzelten Reben jeder Art“ bei Strafe verboten. Trotzdem war die Verseuchung, der man anfangs noch mit der Rodung ganzer Weinberge Einhalt zu bieten hoffte, nicht mehr aufzuhalten. Zahlreiche kleinere Weinbaubetriebe gingen zugrunde, viele Weinbauern verarmten, und im Gebiet um Gumpoldskirchen fiel 1900 sogar die gesamte Ernte aus.

Erst dem berühmten Förderer des österreichischen Weinbaus August Wilhelm Freiherr von Babo (1827–1894), dem ersten Direktor der Klosterneuburger Weinbauschule, gelang es, eine wirksame Methode gegen die Reblaus zu finden: Er pfropfte europäische Rebsorten auf reblausimmune amerikanische Unterlagsreben auf; doch es bedurfte langwieriger Züchtungsversuche, bis man die für die heimischen Böden und das hiesige Klima geeigneten Sorten gefunden hatte, so daß es jahrzehntelang immer wieder zu schweren Rückschlägen kam.

Als sich der österreichische Weinbau etwa zu Beginn des Zweiten Weltkrieges von dieser Katastrophe erholt hatte, waren vor allem um Wien und einige andere Städte große Teile der ehemaligen Weingärten längst parzelliert und verbaut. Heute beträgt die Weinanbaufläche in ganz Österreich etwa 70 000 Hektar (davon nur 660 Hektar im Bundesland Wien). Zwischen 1930 und 1950 war sie dagegen nur wenig mehr als halb so groß. So hat der Weinbau eigentlich erst nach dem Zweiten Weltkrieg wieder an Bedeutung gewonnen.

Mit dem Kampf gegen die Reblaus setzte in Österreich erstmals eine systematische Schädlingsbekämpfung ein. Hand in Hand gingen damit andere ertrags- und qualitätssteigernde Veränderungen. Die wichtigste war die 1923 von Professor Dr. Lenz Moser aus Rohrendorf vorgenommene Umstellung auf die sogenannte Hochkultur, deren Durchsetzung in Österreich allerdings fast ein halbes Jahrhundert dauerte. Im Gegensatz zur Stock- oder Pfahlkultur werden hier die Rebstöcke bedeutend weiter auseinander gesetzt und an ausgespannten Drahtrahmen höher gezogen. Dabei erleichtern ein Reihenabstand von 3 bis 3,50 Meter und eine Stammhöhe von 1,20 bis 1,40 Meter die freiere Entfaltung des einzelnen Rebstocks und die bessere und leichtere Bearbeitung auch mit Maschinen. Heute wachsen 83% aller österreichischen Weine in Hochkulturen, etwa 16% in Mittelkulturen und nur noch 1% in der herkömmlichen Pfahlkultur. Die mit Abstand größten Weinbaugebiete liegen in Niederösterreich, wo sie flächenmäßig einen Anteil von 60% der gesamten österreichischen Weinanbaufläche ausmachen. Die restlichen verteilen sich auf das Burgenland (35%), Teile der Steiermark (4%) und Wien (1%). Wirtschaftspolitisch sind diese vier Regionen in 14 Weinbaugebiete aufgeteilt, von denen acht in Niederösterreich, drei in der Steiermark, zwei im Burgenland liegen. Die 14. Weinbauregion, Wien, teilt sich auf in die Gebiete Wien-West (Kahlenbergerdorf, Nußdorf, Heiligenstadt, Grinzing, Sievering, Neustift, Salmannsdorf, Dornbach und Ottakring), Wien-Nord (Stammersdorf und Strebersdorf) und Wien-Süd (Mauer, Rodaun und Oberlaa).

Da sich die geographischen und klimatischen Bedingungen, aber auch die Verkehrsmöglichkeiten und die Wiener Heurigengeher nicht unbedingt an diese wirtschaftspolitisch bedingte Einteilung (und Begrenzung) halten, dehnen wir hier den Bereich des „Wiener Weins“ und des „Wiener Heurigen“ großzügig auf einige Teile der angrenzenden Weinbaugebiete aus (siehe auch Kapitel „Heurigen-Geographie“). Alle genannten Zahlen, etwa der Wirtschaftsstatistik, beziehen sich jedoch auf diese politische Einteilung und lassen beispielsweise die Heurigengebiete der Thermenlinie oder den Bereich Bisamberg (über Stammersdorf/Strebersdorf hinaus) oder Klosterneuburg notgedrungen unter den Tisch fallen. Ähnliches gilt auch für die Wein- und Buschenschankgesetzgebung, die Landesgesetze sind, aber in ihren wesentlichen Teilen in Wien, Niederösterreich und dem Burgenland übereinstimmen.

Aus der oben erwähnten Tatsache, daß Österreich ein Weinland sei, folgt naturgemäß, daß der Österreicher ein Weintrinker ist. Doch gibt es, wie man weiß, zwischen Weintrinker und Weintrinker ebenso vielstufige Unterschiede, wie zwischen Gourmet und Gourmand. Selbst Österreicher vertreten nicht selten die Überzeugung, man stoße hierzulande auf wenige Weintrinker, die einem differenzierten Qualitätsbewußtsein folgen. Ich glaube dagegen, die reinen Gourmets unter den Weintrinkern sind in Österreich

genauso häufig oder genauso selten anzutreffen, wie in anderen Weinländern und -gegenden. Zumal in den östlichen Landesteilen kann man den Bewohnern wohl kaum ein grundlegendes Qualitätsbewußtsein für Wein absprechen. Wenn es ihnen schon nicht angeboren ist, so wachsen sie doch nicht selten mit dem Wein auf; eine nahezu pädagogische Aufgabe, die vor allem dem Heurigen obliegt.

Am deutlichsten wird das durchaus eigenständige Weinbewußtsein des Österreichers beim Verkosten nichtösterreichischer Weine, die er keineswegs grundsätzlich trotz seines unleugenbaren Hanges zum Chauvinismus verschmäht, von denen er aber doch nur einige Sorten und Qualitäten eindeutig den heimischen Gewächsen vorzieht. Seinem mitteleuropäischen Temperament am angemessensten sind auch hier die mittelschweren, lebhaften oder süffigen Weine.

Daß der Österreicher seinen Wein vorwiegend beim Weinbauern kauft und weit weniger in der Weinhandlung oder im Geschäft, mag ebenfalls für ein bestimmtes Qualitätsbewußtsein sprechen, wenn dies auch nicht überbewertet werden soll, schwört hierzulande doch fast jeder darauf, daß er bei „seinem" Weinhauer den besten Wein bekomme. Auch belastet die Besteuerung des Weins gerade in Österreich die Preise im Handel und in der Gastronomie ganz erheblich.

Schließlich kommt noch die Vielfalt der österreichischen Weine hinzu, die nicht selten vehement vertretene Vorlieben für eine bestimmte Gegend unter den Weinliebhabern entstehen läßt. Gerade um Wien herum wachsen ja höchst unterschiedliche Weine, die allesamt unter den Wienern selbst ihre Anhänger und zum Teil leidenschaftlichen Verfechter finden. Ist es da nicht fast selbstverständlich, daß zum Kauf des Weines auch dessen Verkostung gehört? Schon das alleine würde die große Anzahl von Buschenschenken rund um Wien hinreichend erklären.

Das besonders in Deutschland verbreitete Vorurteil vom undifferenzierten Wiener Weintrinker mag aber noch einen anderen Grund haben. Und der liegt eben wieder beim Heurigen. Vielfach bauen nämlich auch heute noch die kleineren Weinhauer mit Buschenschankbetrieb in ihren Weingärten verschiedene Sorten, jedoch mit annähernd gleicher Reifezeit an, die auch gemeinsam geerntet und verarbeitet werden. Dieser sogenannte „gemischte Satz" ist nicht zu verwechseln mit dem Verschnitt, bei dem der Wein selbst mit einem anderen Wein, mit Most oder Traubensaft vermischt wird. Das Verschneiden, etwa zur Erhöhung bestimmter Qualitäten, ist eine höchst heikle und komplizierte Angelegenheit, die große Erfahrung voraussetzt und keinesfalls mit dem ungesetzlichen „Panschen" verwechselt werden darf. Das „Taufen" des Mostes durch Beigabe von Wasser oder Zuckerwasser gehört seit Urzeiten zu den schlimmsten und verwerflichsten Kellervergehen und wurde im Mittelalter zum Teil mit Todesstrafe geahndet. Selbst heute ist es in allen Weinländern grundsätzlich verboten und wird mit Freiheitsentzug bestraft.

Der bis zur Mitte des vorigen Jahrhunderts allgemein übliche Anbau des gemischten Satzes ist also keine Frage der qualitativen Reinheit, sondern der Sorten-Reinheit. Heute werden allerdings auf den großen Weingütern und für Export und Flaschenverkauf überwiegend reinsortige Weine hergestellt, die dementsprechend ausgeprägten Sortencharakter aufweisen. Die Weine bestimmter Rieden (Lagen) in manchen Gegenden Niederösterreichs, des Burgenlandes und um Wien verdanken dagegen ihren ausgeprägten Charakter gerade dem hier immer noch angebauten (oder im Keller „verschnittenen") gemischten Satz.

Mit dem Weingott Dionysos (griechisch) oder Bacchus (lateinisch) verbinden sich zahlreiche antike Weinmythen, in denen auch der Ziegenbock eine Rolle spielt. Eine weit weniger mythische als natürliche Überlieferung verbinden die Weinhauer in Österreich mit dem Ziegenbock. Danach verirrte sich dieser einst im tiefen Gebüsch, und als ihn nach langem Suchen sein Hirte dort wiederfand, sah er, daß sich der Bock ganz mit Trauben angefressen hatte, die ihm noch aus dem Maul hingen. Der Hirt kostete nun selbst von den ihm unbekannten Beeren, und sie schmeckten ihm so sehr, daß er mehr davon aß, so lange, bis er berauscht war. Von da an wurden die Reben auf ordentliche Art und Weise angepflanzt; es entstand der Weinhauerstand.

Einleuchtender ist jene Version, nach der die Ziegen mit Vorliebe die zarten Sprossen der wilden Reben fraßen und diese durch den natürlichen „Beschnitt" von Jahr zu Jahr größer und trächtiger wurden. So zeigten die gefräßigen Ziegen den Vorfahren der österreichischen Weinhauer, wie man den Wein kultiviert.

Ihren heute gebräuchlichen Namen bekam diese von den Ziegen angeknabberte Rebe erst 1735 durch den schwedischen Naturforscher Carl von Linné: *vitis sil-*

vestris oder (europäische) wilde Waldrebe, eine der drei Arten der *vitis vinifera L.* Aus ihr wurden die bereits sehr früh bekannten Sorten und Arten, beispielsweise der Traminer, kultiviert. Noch heute findet man die *vitis silvestris* vereinzelt in Dalmatien und den Donauauen. An der Entstehung der meisten modernen Sorten der Kulturrebe ist dagegen die *vitis caucasica* beteiligt, die rund um das Schwarze Meer, im Iran und bis nach Turkestan und Kaschmir verbreitet ist.
In Österreich werden heute fast 40 Weinsorten angebaut, von denen einige jedoch bedeutungslos oder bereits im Aussterben sind. Drei Viertel der Sorten sind Weißweine, deren Anbaufläche fast 85% ausmacht; denn obwohl etwa im Burgenland und in bestimmten Gegenden Niederösterreichs und der Steiermark zum Teil einige hervorragende Rotweine gekeltert werden, ist Österreich überwiegend ein Weißweinland. Wie ja auch der Begriff Heuriger fast ausschließlich den jungen Weißwein bezeichnet.
Nach dem österreichischen Weingesetz sind nicht nur die Bezeichnungen bestimmten Qualitätskriterien unterworfen. Es ist auch ein Qualitätsverzeichnis festgelegt, nach dem für die Herstellung von Qualitätsweinen nur bestimmte Rebsorten zum Anbau freigegeben sind. Alle hier nicht genannten Sorten dürfen zwar trotzdem angebaut, aber nicht als Qualitätswein bezeichnet werden. Seit Ende 1978 sind danach 19 Weißwein- und sieben Rotweinsorten zugelassen.
Gerade bei manchen kleinen Weinhauern mit Buschenschank, die in Einzelfällen ihren Wein noch in Pfahlkulturen anbauen, findet man gelegentlich ältere Rebsorten, die zumeist im gemischten Satz angebaut werden. Schon aus diesem Grund sollen nachfolgend auch einige nicht freigegebene Sorten genannt werden, wenn sie auch meist nur in sehr geringen Quantitäten vorkommen.
Folgende Rebsorten sind nach der Weinverordnung des Bundesministeriums für Land- und Forstwirtschaft für die Herstellung österreichischer Qualitätsweine zugelassen:

Weißweine
Bouvier
Frühroter Veltliner
Goldburger
Grüner Veltliner
Jubiläumsrebe
Müller-Thurgau
Muskateller
Muskat-Ottonel
Muskat-Sylvaner
Neuburger
Rheinriesling
Roter Veltliner
Rotgipfler
Ruländer
Sylvaner
Traminer
Weißer Burgunder
Welschriesling
Zierfandler

Rotweine
Blauburger
Blauer Burgunder
Blauer Portugieser
Blauer Wildbacher
Blaufränkischer
St. Laurent
Zweigeltrebe

Unberücksichtigt bleiben jedoch inzwischen völlig ausgestorbene Sorten, wie Bodenseetraube, Liverdon, Müllerrebe oder Kleinweiß, deren Namen auch kaum noch bekannt sind.
Von den in Österreich angebauten Weißweinsorten, die hier – wie nachfolgend die Rotweine – in der Reihenfolge ihrer Häufigkeit angeführt werden, muß zu allererst der **Grüne Veltliner** genannt werden, der in dieser Verbreitung (30,9% aller in Österreich erzeugten Weine) nur hierzulande anzutreffen ist, eine Art „Nationaltraube". Gelegentlich findet man auch noch den Namen Manhards- oder Mouhardrebe, ebenso wurde er früher Grünmuskateller genannt, obwohl er mit der Muskatellertraube nichts gemein hat. Dagegen ist er mit dem Rotgipfler verwandt, weshalb er noch heute im Burgenland gelegentlich Weißgipfler heißt, und zwar analog dem Rotgipfler nach seinen weißbehaarten Triebspitzen. In Niederösterreich nennt man ihn gelegentlich auch „Grüner", in der Gegend um Langenlois „Weißer".
Beliebt bei den Hauern aller österreichischen Weingebiete, ist er in Niederösterreich die führende Sorte. Dort werden auch die besten Qualitäten erzielt. Dank seines natürlichen Kohlensäuregehalts ist er als ein rescher Heurigenwein vor allem in und um Wien, aber auch an der Brünner Straße und in der Wachau be-

sonders beliebt. Kaiser Augustus soll ihn bereits bevorzugt und aus dem rätischen Teil Tirols bezogen haben. Seiner Herkunft nach ist er wahrscheinlich ein Kind Niederösterreichs, obwohl die Abstammungsfrage durch die verschiedenen Veltliner-Bezeichnungen (Roter, Frühroter, Rotweißer, Brauner Veltliner), die zum Teil mit ihm gar nicht verwandt sind, eher schwierig ist, selbst wenn die Weinhauer aus Poysdorf im Weinviertel seine Entdeckung allein für sich beanspruchen.

Der Grüne Veltliner liebt einen mittelkräftigen, nicht zu trockenen und nicht zu feuchten Boden und gedeiht vorzüglich auf Löß und verwittertem Urgestein. Schon der (falsche) Name Grünmuskateller deutet auf sein fruchtig intensives Bukett. Sein Geschmack, der eine große Bandbreite hat, ist dank der angenehmen Säure frisch und spritzig, und sein Nachgeschmack hat nicht selten das berühmte „Pfefferl". Er schmeckt meist jung am besten, wobei große Weine ihre prägnante Würzigkeit noch nach drei bis fünf Jahren entwickeln.

Für Anfänger beim Heurigen ungefährlicher ist der **Müller-Thurgau**, der von dem aus dem Kanton Thurgau stammenden Botaniker Professor Hermann Müller 1882 in Gelsenheim gezüchtet wurde. Seit 1925 findet man ihn auch in Österreich, wo er heute überall verbreitet ist (9,8% Anteil) und auf 44 ha auch in Wien wächst. Vermutlich ist er eine Kreuzung aus Riesling und Sylvaner (in Deutschland: Silvaner) oder zweier Rieslinge.

Der Müller-Thurgau reift rascher als der Grüne Veltliner, was ihn neben seiner hohen Ertragsmenge bei den Hauern beliebt macht, eignet sich aber durch einen meist niedrigen Fruchtsäureanteil nicht für längere Lagerung. Obwohl er hierzulande nur selten den harmonischen Charakter des fränkischen Müller-Thurgau erreicht, schmeckt er, jung getrunken, mild fruchtig und zeichnet sich durch ein ausdrucksvolles, blumiges und liebliches Bukett aus. In guten Jahren und bei bestimmter Behandlung lassen sich hier hervorragende Prädikatsweine erzielen; so ist beispielsweise der berühmte „Ruster Ausbruch" vorwiegend ein Müller-Thurgau.

Einen Anteil von 8,1% hat der **Welschriesling**, der vor allem im Burgenland und in der Steiermark wächst. Trotz seines Namens kommt er nicht aus Italien, wo er unter der Bezeichnung „Riesling italico" bekannt ist, sondern aus der Champagne, dort ist er allerdings heute ebenso verschwunden wie am Neckar und Rhein. In diesen Gegenden hieß er bereits Wälschriesling und wanderte von dort in die Steiermark und nach Ungarn. Botanisch ist er übrigens mit dem berühmten (weißen) Riesling, der in Österreich zur Unterscheidung Rheinriesling heißt, in keiner Weise verwandt.

Als spätreifender Wein ist der Welschriesling eher anspruchsvoll und bevorzugt windgeschützte Südlagen und lockere, nährstoffreiche Böden. Trotzdem gilt er, jung getrunken, nur als eine solide Mittelqualität, fruchtig, feinwürzig und mit einer angenehmen Säure. Die vor allem im Burgenland in guten Jahren gezogenen Auslesen, Beeren- oder gar Trockenbeerenauslesen, gehören jedoch zu den österreichischen Spitzenweinen. Als Buschenschankwein im Burgenland ist er sehr verführerisch und süffig.

Wachsender Beliebtheit erfreut sich der **Weiße Burgunder** oder Weißburgunder (Pinot blanc), der hier gelegentlich noch unter seinem alten Namen Weißer Klevner (Klävner) vorkommt, obwohl er 1874 offiziell in Weißer Burgunder umbenannt wurde, um so seine Zugehörigkeit zur berühmten Burgunder-Familie zu dokumentieren. Er ist nämlich durch Mutation aus dem Pinot gris (Grauburgunder), der hierzulande Ruländer heißt, entstanden und dadurch auch mit dem Pinot noir (Blauburgunder) verwandt. In Frankreich liefert der Pinot blanc beispielsweise den Chablis, und der Weißburgunder in Österreich wird bevorzugt ebenfalls als Prädikatswein angebaut. Sein Anteil am österreichischen Gesamtanbau ist auf 3,4% gestiegen und verteilt sich mit Schwerpunkt Burgenland immer mehr auf alle Weinbaugebiete. In Wien sind es bereits 51 Hektar.

Als Heurigenwein wird der Weißburgunder schon deshalb nicht ausgeschenkt (höchstens gelegentlich im gemischten Satz), weil er langsam ausbaut und in der Regel doch drei Jahre lagern sollte. Zum Anbau geeignet sind warme, nicht zu steile Lagen mit nährstoffreifen, tiefgründigen und trockenen Böden. Meist voller als der Grüne Veltliner, kennzeichnen ihn eine vornehme Blume und ein eleganter Körper mit rassiger Säure.

Mit dem **Morillon** wächst speziell in der Südsteiermark eine Spielart des Weißen Burgunder, der in jungen Jahren neutral schmeckt, später – und sogar noch nach 20 oder 30 Jahren – etwa ab dem fünften Jahr durch seine Geschmacksfülle und ein harmonisches Bukett zu überraschen vermag.

Eine österreichische Spezialität und mit einem Anteil

von 3,3% nur hier verbreitet, ist der **Neuburger,** der in Niederösterreich (Wachau, Thermenlinie), im Burgenland und in Wien (ca. 20 ha) gern angebaut wird. Bedingt lagerfähig und von kleineren Hauern oft im gemischten Satz angebaut, gehört er ebenfalls zu den beliebten Buschenschankweinen.

Seiner Herkunft nach ist er angeblich ein Findling. Danach wurden 1850 von den Weinhauern Christoph Ferstl und Franz Machendl bei Oberarnsdorf einige unbekannte Reben aus der Donau gefischt und am Tausendeimerberg oder auch Burgberg bei Spitz angebaut. Hier erhielt er anfangs den Namen Burgrebe. Andererseits wird von einem „Neuburger Wein" bei Krems bereits im fünfzehnten Jahrhundert berichtet, und in einem Dokument der Gemeinde Weißenkirchen aus dem Jahr 1645 taucht ebenfalls ein „guter neuburger Wein" auf. Mit diesem nämlich bedankten sich Bürgermeister und Rat von Weißenkirchen bei „General Major und Obrist zu Roß Johann Robert Duglaß", einem schwedischen Kommandanten, daß er in diesem Jahr des Dreißigjährigen Krieges den Ort vor Plünderung geschützt habe. Ob der Kremser Neuburger, der Neuburger von 1645 und der Findling von 1850 die gleiche Rebsorte waren, kann nur Vermutung bleiben. Daß die Klosterneuburger inzwischen ebenfalls den Neuburger für sich reklamieren, legt vor allem der Name nahe.

Die Neuburger Rebe, die aus einer zufälligen Kreuzung von Sylvaner mit Weißburgunder entstanden sein dürfte, eignet sich gut für steile, hohe und sehr trockene Lagen; sie ist nur sehr blüteempfindlich. Der bei den Weintrinkern sehr beliebte Wein hat eine zarte, feine Blume und einen mild fruchtigen, häufig nußartigen Geschmack.

Als Riesling oder Weißer Riesling ist der **Rheinriesling** in allen mitteleuropäischen Weinländern bekannt und gilt als internationale Spitzensorte, was der Rieslingrebe auch die überschwengliche Bezeichnung „Königin der Reben" eingebracht hat. Die danach „edelste Rebe der Welt" war vielleicht schon den Römern bekannt und kommt vermutlich aus dem Rheingau. Belegbar und möglicherweise identisch sind im fünfzehnten Jahrhundert in der Gegend von Worms die Bezeichnungen Rusling (Rus = dunkles Holz), Rißling und Rissling. Auch die Herkunft von „reißen", was auf die Säure des Riesling deuten würde, könnte möglich sein. Die abenteuerliche These, daß er ursprünglich sogar aus der Wachau stamme, in die er später vom Rhein her wieder eingeführt worden wäre, gründet sich auf die Tatsache, daß es in Weißenkirchen ein uraltes Ried mit dem Namen Ritzling gibt. Angeblich hat ihn nach 1600 bereits das Bistum Salzburg aus Deutschland importiert und in eigenen Weingärten in der Südsteiermark angebaut. Nachweislich wurde Riesling aber erst 1840 von einem Johann Baumgartner in Gumpoldskirchen angebaut. Der Rheinriesling gedeiht am besten in warmen Lagen, die eine erhöhte Luftfeuchtigkeit aufweisen (Flußtälern), und liebt trockene, durchlässige, am besten steinige Verwitterungsböden, weshalb er vor allem in Deutschland, dem Elsaß und in Österreich – hier mit einem Anteil von 2,4% – angebaut wird. Am häufigsten bei uns ist er in der Wachau, in Klosterneuburg und Wien (ca. 60 ha) anzutreffen. Die spätreifenden Trauben der Rieslingrebe bringen meist nur einen relativ geringen Ertrag, eignen sich aber für besondere Lesarten und Prädikatsweine, die sich durch beste Lagerfähigkeit auszeichnen. Im Geschmack fruchtig, mit angenehmer Säure, hat der Riesling ein vielgerühmtes, edles Bukett, das sich wenigstens zwei Jahre nach der Flaschenabfüllung noch stärker ausprägt.

Im Anbau rückläufig ist der **Frühroter Veltliner** genannte Malvasier, der weniger mit dem (Grünen) Veltliner verwandt ist als mit dem Zierfandler (der auch Spätrot heißt). Die noch mit 2,3% im österreichischen Anbau vertretene Rebsorte heißt nach dem berühmten ersten Direktor der Klosterneuburger Weinbauschule auch Rote Babotraube. Die Herkunft ist ungewiß, möglicherweise deutet sie nach Italien, wo der Malvasier als Malvasia rosso bekannt, aber nicht mit der toskanischen Malvasia-Traube (Chianti) verwandt ist. Die Verbreitung erstreckt sich von Niederösterreich, vor allem um Gumpoldskirchen, bis ins Burgenland.

Der frühreifende Wein ist anspruchslos und gedeiht auch auf trockenen, kargen Böden. Dafür ist er relativ extraktreich und würzig, aber mit einem wenig ausgeprägten Bukett. Mit seinem niedrigen Gehalt an Fruchtsäure sollte er jung getrunken werden. Als Heurigenwein trifft man ihn in Gumpoldskirchen. Durch seinen meist niedrigen Alkoholgehalt ist er gegenüber mancher anderen Sorte von empfindlichen Gemütern vorzuziehen.

Kein Heurigenwein, obgleich eine österreichische Spezialität, ist dagegen der **Muskat-Ottonel**, der 2,2% der Anbaufläche einnimmt. Er wächst überwiegend im Burgenland, in kleinen Mengen auch in Niederösterreich. Im Volksmund heißt er „Feinschmeckerter" – im Gegensatz zum „Grobschmeckerten", dem Muskateller, aus dem er durch Mutation entstanden sein dürfte, wenn ihm auch gelegentlich eine Ähnlichkeit mit dem Gutedel nachgesagt wird. Er stammt aus dem Vorderen Orient oder aus Frankreich, wo er an der Loire seit Mitte des vorigen Jahrhunderts vor allem als Tafeltraube angebaut wird. Diese recht empfindliche Sorte benötigt warme, windgeschützte Lagen und fruchtbare, tiefgründige Böden. Der Muskat-Ottonel hat ein kräftiges, aber nicht aufdringliches Muskatbukett. Er ist mild, hat einen ausgeprägten Muskatgeschmack, dem man vor allem bei Prädikatsweinen gern eine Restsüße läßt. Dieser Feinschmeckerte ist etwas für spezielle Liebhaber und ein Schlußwein bei der Weinverkostung, das, was man einen „Drübersteuer" nennt.

Zu den ganz alten und edlen Rebsorten gehört der **Traminer**, unter dem man heute den Roten Traminer versteht. Das Rot bezieht sich lediglich auf die Farbe der Traube dieses Weißweins. Eine besonders aromaintensive Spielart hiervon ist der Gewürztraminer. Wie der Name sagt, stammt die Sorte aus dem Südtiroler Ort Tramin, auch wenn das vielfach noch in der heutigen Literatur bestritten wird. Als im neunzehnten Jahrhundert der sehr viel ertragreichere Vernatsch aufkam, hat er neben anderen Rebsorten hier auch den Gewürztraminer stark zurückgedrängt, so daß die (falsche) Meinung aufkam, diese Rebe sei in Tramin erst (oder doch erst wieder) nach dem Ersten Weltkrieg angebaut worden. Eine beherrschende Position konnte sie allerdings im Rotweinland Südtirol nicht wieder erreichen.

Von Südtirol und Italien kam der Traminer nach Deutschland, ins Elsaß und in die Schweiz sowie nach Österreich und Jugoslawien. Gerade im südsteirischen Grenzbereich erreicht der Traminer besondere Qualitäten, wird überdies im Burgenland und in kleineren Mengen auch im Weinviertel und sogar in Wien angebaut. Insgesamt hat er in Österreich einen Anbauanteil von 1,7%. Regional erhielt er in Österreich die Namen Christkindltraube, Rotedel, Edeltraube, Ranfollza und seltsamerweise Roter Nürnberger (in der Steiermark).

Die nur mittelreichen, aber qualitativ guten Ernten sind auf warmen, anspruchsvollen Böden (Ton, verwittertem Vulkangestein) am ehesten zu erzielen. Seinem feinen, sehr aromatisch ausdrucksvollen Bukett entspricht die spezielle Traminerwürze im Geschmack dieses schweren Weines. Wenn er nicht zu säurearm gerät, kann man ihn, länger lagernd (wenigstens 3 Jahre), langsam ausbauen lassen.

Von den folgenden Weißweinen, deren Anteil in Österreich weniger als 1% beträgt, ist noch am häufigsten der **Bouvier** anzutreffen, und zwar überwiegend im Burgenland, wo er zu einem großen Teil als Tafeltraube angebaut wird. Seine Heimat liegt jedoch in der Südsteiermark bei Radkersburg (im heutigen Jugoslawien), wo die Trauben zuerst um 1900 von dem Züchter Clotar Bouvier sen. angebaut wurden. Die Bouviertrauben reifen besonders früh, so daß ihr Sturm bereits schon ab Ende August ausgeschenkt wird. Der extraktreiche, milde Wein hat einen feinwürzigen, muskatähnlichen Geschmack, hat aber häufig zu wenig Säure, weshalb er jung getrunken wird.

Verhältnismäßig selten ist in Österreich auch der **Ruländer** (0,5%), der nach seinem eigentlichen Namen Pinot gris hier auch Grauer (oder Roter) Burgunder heißt, und gelegentlich Edelklevner, oder Roter Klevner. (Im Elsaß und in der Schweiz wird er fälschlich auch Tokayer genannt.) Den Namen Ruländer bekam die aus Burgund stammende Traube von dem Kaufmann Johann Ruland aus Speyer, der diese Rebe 1711 in einem aufgelassenen Weingarten fand, wieder anbaute und in Deutschland bekannt machte. Nach Österreich (und Ungarn) kam der Ruländer jedoch schon früher durch die weinbauenden Zisterziensermönche, auf deren Kutte die Namen Grauer Mönch (um den Plattensee), Kapuzinerkutte, Mäuschen hinweisen. Bei den Zisterziensern taucht diese Rebe erstmals Anfang des vierzehnten Jahrhunderts in Thallern (bei Gumpoldskirchen) auf. Heute findet man sie meistens im Burgenland und in der Südsteiermark. Am besten gedeiht der Ruländer auf vulkanischem Gestein und Lößboden, wo er die warmen Lagen bevorzugt. Der alkoholreiche, kraftvolle Wein hat ein zartes Bukett, jedoch wenig Säure.

Zwei, nur in Österreich bekannte, hervorragende Rebsorten sind der **Rotgipfler** und der **Zierfandler**, die den Weltruhm des Gumpoldskirchner Weines begründet haben, weshalb sie auch fast ausschließlich nur noch dort angebaut und häufig miteinander verschnitten werden. Der Rotgipfler ist dem Grünen Veltliner verwandt, dessen Triebspitzen hell und nicht, wie beim Rotgipfler, rötlich sind und der deshalb gelegentlich auch Weißgipfler genannt wurde. Anderseits bezeichnete man früher den Rotgipfler auch als Weißen Reifler.

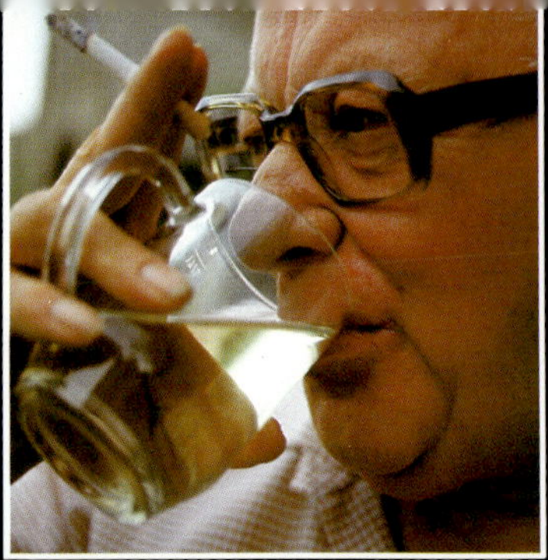

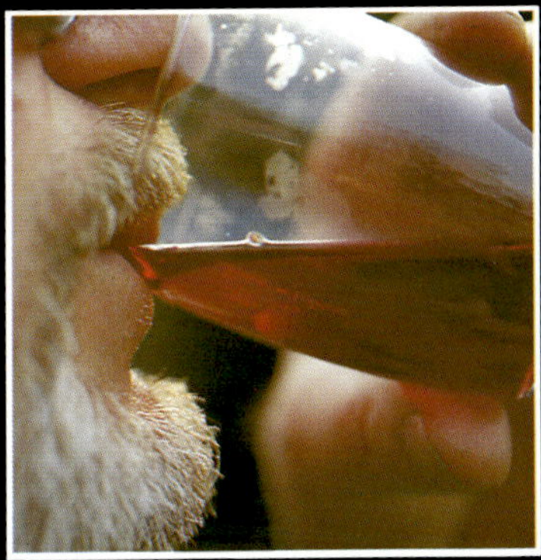

Der Rotgipfler braucht erstklassige Lagen, hat ein charakteristisches Bukett und einen kräftigen, an Bittermandeln erinnernden Geschmack mit ausgeprägter Säure. In einigen Buschenschenken Gumpoldskirchens wird er auch sortenrein gekeltert ausgeschenkt, wo man nicht versäumen sollte, ihn als Heurigen zu probieren. Durch seinen hohen Säuregehalt ist er als Flaschenwein gut lagerfähig, besonders als Spät- oder Auslesen gibt es hervorragende Qualitäten.

Eleganter und feiner noch ist der Zierfandler mit seinem harmonischen und körperreichen Bukett und einer feinen Säure. Als Verschnitt mit dem Rotgipfler ergibt er die Gumpoldskirchener Spezialität „Spätrot-Rotgipfler"; denn häufig wird der Zierfandler auch Spätrot genannt, weil sich seine Trauben in der Hochreife rötlich verfärben.

Die Herkunft der alkoholreichen Zierfandler-Traube ist ungeklärt. Obwohl die Bezeichnung Zierfandler Mitte des achtzehnten Jahrhunderts in der Wachau für eine Sylvaner-Traube auftaucht, dürfte sie eher mit dem Grünen Veltliner verwandt sein. Der früher bedeutende Anbau des (grünen) **Sylvaner** ist heute in Österreich weniger wichtig, ist doch diese Rebsorte im Weingarten recht arbeitsintensiv. Am ehesten findet man Sylvaner noch im Kremser Raum, von wo aus er sich seinerzeit nach Deutschland ausbreitete. (Dort hieß er früher deshalb auch Österreicher oder gelegentlich Zierfandler.) Die Heimat des Sylvaners (in Deutschland Silvaner) liegt in Siebenbürgen in Rumänien, dem ehemaligen Transsylvanien. Schnellreifend ergibt der Sylvaner einen milden, süffigen Tischwein mit zartem Bukett. In Österreich wird er heute meist mit anderen Sorten verschnitten.

Verwandt ist der Sylvaner mit dem **Muskat-Sylvaner** oder Sauvignon blanc, aus dem man in Bordeaux die süßen Sauternoweine keltert. In Österreich findet man ihn noch in der Steiermark, in geringeren Mengen auch im Burgenland; doch sein Anbau ist eher rückläufig. Der alkoholreiche Wein hat, jung, ein rauchig würziges Bukett und entwickelt später das charakteristische Muskat-Aroma. Seine Qualität ist stark vom jeweiligen Jahrgang abhängig.

Ebenfalls immer seltener geworden ist der (gelbe) **Muskateller**, eine der ältesten Traubensorten, die Plinius der Ältere um 60 n. Chr. als Uva Apiana erwähnt. Die Römer übernahmen sie bereits aus Kleinasien und führten sie als Muscadelle aus Ägypten ein. Früher tauchten auch die Namen Weihrauchtraube und Weyrer auf.

Der Muskateller liebt warme und kräftige Böden, am besten einen steinigen oder sandigen Untergrund. Wegen seiner Vorliebe für warmes Klima kommt er nur in der Südsteiermark und teilweise in der Wachau vor, wo er um 1400 bereits in der Gegend um Dürnstein angebaut wurde. Liebhaber schätzen sein ausgeprägtes Muskat-Bukett und seinen aromatischen, weinigen Geschmack. Da er spätreifend und sehr fäulnisanfällig ist, muß er bei Nässe häufig früher gelesen werden, so daß es bei Muskatweinen ebenfalls sehr auf den Jahrgang ankommt.

Um keine Muskatellerart handelt es sich dagegen beim Roten Muskateller, wie gelegentlich noch der **Rote Veltliner** genannt wird – analog zu der früher irreführenden Bezeichnung Grüner Muskateller für den Grünen Veltliner. Ebenso mißverständlich nennt man den Roten Veltliner in manchen Gegenden auch Großen Traminer. Vielmehr ist er tatsächlich mit dem Grünen Veltliner verwandt. Ähnlich wie der ebenfalls verwandte Rotgipfler früher auch Weißer Reifler geheißten hat, nennt man hier und da noch den Roten Veltliner – Roten Reifler. (Noch zu Beginn des neunzehnten Jahrhunderts kannte man daneben auch die Sorten „Reifler" und „Kolbenreifler" als Massenträger, bei denen man jedoch nicht weiß, ob es sich um mindere Spielarten des Veltliner handelte.) Nach Johann Kaspar Schiller, dem Agronomen und Vater des Dichters Friedrich Schiller, stammt der Rote Veltliner aus Norditalien; allerdings nennt er ihn in seinen 1766 erschienenen „Ökonomischen Beiträgen" nur „Veltliner". Heute wird diese Rebsorte in sehr geringem Ausmaß in der Gegend von Krems und Langenlois angebaut.

Diese ertragreiche Sorte ist nämlich sehr blüte- und frostempfindlich, läßt sich jedoch zu einem fruchtigen, fülligen Wein keltern, der mit zunehmendem Alter einen leichten Bittermandelgeschmack bekommt.

Weniger bedeutsam sind die ebenfalls nur noch ganz selten vorhandenen Sorten **Brauner Veltliner** und **Rotweißer Veltliner**, die als Massenträger im Volksmund den Beinamen Todträger haben. Zumal der Braune Veltliner gedeiht nur auf sehr anspruchsvollen Böden, obwohl er lediglich einen einfachen Tafelwein ergibt.

Wenig durchsetzen in Österreich konnte sich eine 1916 von dem hessischen Züchter Georg Scheu kultivierte Rebe, der **Sämling 88**, auch Scheu-Rebe, eine Kreuzung aus Silvaner und Riesling. Dieser Wein hat ein starkes, rieslingähnliches Bukett, das leicht an schwarze Johannisbeeren erinnert, und einen intensiven Geschmack, dem erst eine Restsüße die notwendige Harmonie verleihen kann. In Österreich wird er hauptsächlich zum Verschnitt mit anderen Sorten verwendet. Gute Qualitäten gedeihen eher in Deutschland.

Eine recht alte Sorte, deren Heimat Kleinasien sein dürfte, ist dagegen der (weiße) **Gutedel**, früher auch Moster oder Wälscher genannt. Auch hier findet man die besseren Weinqualitäten meist nicht in Österreich, wo der Gutedel vor allem als Tafeltraube beliebt ist, sondern in Baden (BRD), in der Schweiz und in Frankreich. Ein milder, anspruchsloser Tischwein, der am besten jung schmeckt.

Als Tafeltrauben werden heute beispielsweise noch die **Königin der Weingärten** und die **Perle von Czaba** angebaut. Auch die vermutlich aus Deutschland stammende **Orangetraube**, die es fast nur noch im Burgenland gibt, gehört dazu. Dabei läßt sich aus dieser frühreifenden Traube ein durchaus voller, fruchtiger und burgunderähnlicher Wein keltern.

Neuerdings ist die Orangetraube durch eine Neuzüchtung der Höheren Bundeslehr- und Versuchsanstalt für Wein- und Obstbau in Klosterneuburg wieder zu Ehren gekommen. Durch Kreuzung mit dem Welschriesling entstand die neue Sorte **Goldburger**, die ein feines Bukett und einen vollen, fruchtigen Geschmack sowie guten Säuregehalt aufweist.

1978 wurden zur Herstellung österreichischer Qualitätsweine nicht nur der Goldburger, sondern auch eine zweite Neuzüchtung der Klosterneuburger Weinbauschule zugelassen, die **Jubiläumsrebe**. Obwohl ein Weißwein, ist sie eine Kreuzung aus den Rotweinsorten Blauer Portugieser und Blaufränkisch, aus denen auch die österreichische Rotweinsorte Blauburger entstand. Die frühreifende und ertragreiche Jubiläumsrebe hat ein extrem hohes Zuckerbildungsvermögen, das sie für Prädikatsweine prädestiniert; allerdings sind die Geruchs- und Geschmackscharakteristika dieses alkoholreichen Weines nicht sehr ausgeprägt. Trotzdem wird die Jubiläumsrebe immer häufiger in Niederösterreich und im Burgenland angebaut.

Bedeutsam unter den heute nur noch sehr gering in Österreich vorkommenden Sorten ist der (gelbe) **Furmint**, auch Mosler, Zapfner und Zapfete genannt. Ursprünglich eine Spitzensorte im westpannonischen Raum (Burgenland), wird der Furmint heute hauptsächlich in Ungarn angebaut, wo er u. a. der Grundwein des Tokayer ist. Der ungewöhnlich alkoholreiche, aber keineswegs säurearme Wein kann sich in guten Jahrgängen nicht nur zu einem süßen, sondern auch höchst edlen Wein ausbauen. Früher wurde aus ihm der berühmte Ruster Ausbruch gekeltert. Der Furmint ist sehr haltbar, er sollte möglichst mehrere Jahre lagern.

Gelegentlich noch im Burgenland anzutreffen ist auch die **Mädchentraube**, ein dem Furmint ähnlicher Wein, der in Ungarn unter dem Namen Leanyka bekannter ist und auch in der Tschechoslowakei vorkommt.

Der Vollständigkeit halber seien die sehr selten noch in Niederösterreich unzutreffenden Sorten **Grauer Portugieser**, ertragreicher, durchschnittlicher Wein, und **Grüner Portugieser**, ein milder Tafelwein, der auch Weißer Portugieser oder Weiße Geißdutte heißt, genannt. Beiden Sorten haben ebenso wie die Rotweinsorte Blauer Portugieser vermutlich nichts mit Portugal zu tun, sondern stammen vielmehr aus Österreich (oder Ungarn).

Viele der früher verbreiteten Rebsorten sind heute kaum oder gar nicht mehr bekannt, wenn man sie auch hier und da noch in sehr alten Weingärten findet. Nicht selten handelt es sich dabei um Massenträger, von denen hier schon einige genannt wurden. Noch bis ins neunzehnte Jahrhundert waren sie als Heuriger und Schankwein oder auch als Haustrunk für das Gesinde verbreitet und hießen üblicherweise „Gschnatlwein". Diese Sorten waren etwa Geißduttl, Grobankler, Kleinweiß, Liverdon, Lombarder, Reifler oder Silberweiß und wurden in der Biedermeierzeit von neuen Sorten langsam verdrängt. Auch der Auguster, der bereits im August reift, gehört dazu. Noch viel früher verschwunden ist der Ralfal, ein schwerer, süßer Wein, der hier im Mittelalter sehr verbreitet war.

Weniger vielfältig sind die in Österreich angebauten Rotweinsorten. Die am meisten verbreitete Rebe (4,7% der Anbaufläche) ist der **Blaue Portugieser**, auch (Blauer) Vöslauer. Ob seine Heimat wirklich Portugal ist, wird immer wieder bestritten, weil in dem Land diese Sorte heute nirgends vorkommt. Sie könnte allerdings mit einer dort Mureto genannten Rebe verwandt sein. Angeblich hat sie Johann Freiherr von Fries, Grundherr in Vöslau 1772 von einem Geschäftspartner aus Operto bekommen und hier anpflanzen lassen, weshalb man gelegentlich auch den Namen Operto-Rebe findet. In Österreich ist sie vor

allem in Bereich der Thermenregion verbreitet. Der geringe Alkoholgehalt dieses bekömmlichen Weines hat ihm auch die Bezeichnung „Badener Kurtraube" eingebracht.
Der dunkelrote Wein hat ein feines, neutrales Bukett und schmeckt mild und süffig. Der Blaue Portugieser ist der Heurigen-Rotwein schlechthin, zumal er jung am besten schmeckt. Er wird auch in einigen deutschen Weinbaugebieten angebaut, erreicht dort jedoch meist geringere Qualitäten als in Österreich.
Eine österreichische Spezialität, vor allem im Burgenland vorzugsweise um den Neusiedlersee verbreitet, ist der **Blaufränkische**, auch (Blauer) Limberger oder Lemberger, wie er beispielsweise in Württemberg heißt. Sein Anteil der Anbaufläche in Österreich macht 4,4% aus. Unter Karl dem Großen ist er vermutlich durch Selektion aus verschiedenen Rotweinsorten entstanden. Damals wurden alle qualitativ besseren Weine „fränkisch" – im Gegensatz zu „hunnisch" oder „heunisch" – genannt, weshalb er jedoch nicht unbedingt aus Franken selbst stammen muß, sondern wohl eher aus Frankreich eingeführt wurde. Allerdings hat sich das „fränkisch" auch in anderen Bezeichnungen (Niederösterreich: Schwarzer Fränkischer) und Sprachen erhalten. In Friaul heißt er Frankonia, in Ungarn (um Ödenburg): Kékfrankos, in Kroatien: Crna Frankovka. In der Südsteiermark fand man früher den Namen Mohren-König, im Bereich Baden Mährischer; auch die Namen Schwarzer Gemeiner, Frühschwarzer und Schwarzgrober kamen vor. Die Bezeichnung Bismarckwein in Pöttelsdorf erinnert daran, daß der „Eiserne Kanzler" den Blaufränkischen dieses Ortes zu seinem Lieblingswein erkor und über einen Eisenstädter Weinhändler regelmäßig bezog.
Der Blaufränkische liebt warme, windgeschützte Lagen und tiefe, schwere Kalkböden. Er hat ein feines, fruchtiges Bukett und einen herbwürzigen, samtigen bis rassigen Geschmack. Spätreifend, entwickelt er einen guten Alkoholgehalt, der den Wein bei längerer Lagerung (3 bis 4 Jahre) sich langsam ausbauen läßt. Aus dem Blaufränkischen wurde vor allem früher „Gleichgepreßter" (Roséwein) hergestellt.
In Niederösterreich und im Burgenland verbreitet ist der **St. Laurent** (1,1%), eine aus Frankreich stammende Burgunder-Traube, die etwa um 1870 nach Österreich kam. Der ebenfalls gebräuchliche Namen Sankt-Lorenz-Traube bezieht sich auf den St.-Lorenz-Tag (10. August), an dem die Trauben zu reifen beginnen. Auf leichten kalk- oder tonhaltigen Schotterböden reift er zu einem vorzüglichen, herb-trockenen, fruchtigen Rotwein mit feinem Burgunder-Bukett heran, der gut und gern 2 bis 5 Jahre im Keller liegen sollte, bevor er getrunken wird.
Die edelste in Österreich verbreitete Rotweinsorte (0,6%) ist der **Blaue (Spät-)Burgunder** (Pinot noir, Blauburgunder), den hierzulande seit Ende des vierzehnten Jahrhunderts die Zisterzienser zuerst anbauten. Heute ist er vor allem im Burgenland (Rust, Oggau) verbreitet, wo er warme, lockere und kalkreiche Böden findet. Er hat ein feines Bittermandel-Bukett und einen eleganten, samtig ausdrucksvollen Geschmack. Er gilt als der beste Rotwein Österreichs und sollte wenigstens drei Jahre lagern, ist aber auch über zehn und mehr Jahre haltbar. Gelegentlich findet man die Spielart **Blauer Frühburgunder**, die einen helleren, leichteren, sehr süffigen Rotwein ergibt.
Eine Spezialität, fast nur in der Steiermark, besonders der Weststeiermark, anzutreffen, ist der **Blaue Wildbacher**, noch verbreiteter dort unter dem Namen Schilcher, in dem das „Schillern" des zwiebelfarbigen an Rosé erinnernden Weines anklingt. Er wird bereits im berühmten Weinbuch des Johannes Rasch (1582) erwähnt, wurde möglicherweise jedoch schon in vorrömischer Zeit angebaut. Die neuere Bezeichnung Blauer Wildbacher leitet sich von der Herrschaft Wildbach bei Deutschlandsberg her. Der durch seinen Gerbsäuregehalt frischherbe, spritzige, fruchtige Wein ist gut verträglich und jung und gekühlt zu trinken. In der Steiermark ist er als Heurigen-Wein besonders beliebt. Als Spielarten des Schilcher gibt es den Echtblauen, den Spätblauen, den Schlehenbeerigen oder Schlehenblauen und den Rotblättrigen Wildbacher.
Eine Neuzüchtung der Höheren Bundeslehr- und Versuchsanstalt für Wein- und Obstbau in Klosterneuburg der vierziger Jahre, die sich in den letzten Jahren in Österreich stark verbreitet hat (3,7%), ist die nach dem damaligen Direktor Dr. Fritz Zweigelt (1888–1964) benannte **Blaue Zweigeltrebe**. Diese Kreuzung zwischen Blaufränkisch und St. Laurent findet man heute sowohl in Niederösterreich als auch im Burgenland. Sie ergibt einen dunklen, kräftigen und fruchtigen Rotwein, der sich bei entsprechender Lagerung zu einem mild-herben Wein ausbaut und gelegentlich schon den Beinamen „österreichischer Beaujolais" erhielt. Guter Ertrag, frühe Reife und Widerstandsfähigkeit gegen Fröste machten ihn bei den Winzern sehr beliebt.

Ebenfalls eine Neuzüchtung aus Klosterneuburg ist der **Blauburger**, eine Kreuzung aus Blauem Portugieser und Blaufränkischem, die bereits in Niederösterreich und im Burgenland angebaut wird. Der tiefrote Wein hat ein ausgeprägtes, fruchtiges Bukett, einen milden, vollmundigen Geschmack und ist gut haltbar. Vereinzelt trifft man in den besten Rotweinlagen Österreichs auch den **Cabernet** und **Cabernet Sauvignon** an, zwei Spitzensorten aus Bordeaux, die auch in Kalifornien und Südtirol zu den besten Rotweinen gehören. Der Anbau in Österreich ist jedoch verschwindend gering.

Nicht nur die verschiedenen Rebsorten, sondern überhaupt das Gedeihen und die Güte des Weines sind von Boden, Klima und Wetter abhängig. Hinzu kommt der nicht unbeträchtliche Arbeitsaufwand im Weinberg und die Pflege, die der Winzer seinen Rebstöcken zukommen läßt. Denn gerade der Weinbau ist eine der arbeitsintensivsten landwirtschaftlichen Kulturen. „Der Winzer, ist er nicht dumm, geht siebzehnmal im Jahr um den Stock herum", sagt man in Österreich. Das gilt selbst heute noch, wo es auch für den Winzer moderne Arbeitsgeräte sowie zeitgemäße Düngungsmethoden und Schädlingsbekämpfungsmittel gibt.

Bereits im Winter, wenn der Saft noch nicht ins Holz gestiegen ist, wird der Rebstock beschnitten. Bevor im April die ersten Triebe kommen, wird bereits ein Schädlingsbekämpfungsmittel gespritzt. Etwa im Juni blüht der Wein, und die Traubenreife setzt Anfang August ein.

Zu diesem Zeitpunkt, etwa um den 10. August, zieht der Weinhüter in den Weinberg ein. Dieses bereits im Mittelalter bekannte Amt gibt es zum Teil noch heute, wenn auch die damit verbundenen, traditionsreichen Bräuche nicht mehr leben oder sich doch sehr gewandelt haben. Der Weinhüter hat nicht nur die Aufgabe, Stare und Amseln zu vertreiben, sondern von alters her auch menschliche Traubendiebe zu stellen. Denn während der Traubenreife bis zur Lese ist das Betreten der Weinberge strengstens untersagt. Dies wird beispielsweise durch zwei gekreuzte, in die Erde gesteckte Bretter oder einen längeren „Stecken", an dessen Spitze ein Stroh- oder Krautwisch hängt, angezeigt. In Wien wurde auch eine aus Blech geschnittene Hand auf eine Stange genagelt, woher die Bezeichnung „Zur Eisernen Hand" am Hange des Kahlenberges stammen könnte.

Als Hüter wurden meist von den örtlichen Weinbauvereinen junge und unbescholtene Männer, häufig die Söhne heimischer Winzer, ausgewählt, die aber einen Bürgen beibringen mußten. Bis 1743 waren sie mit „büchsen und rohren" bewaffnet, Instrumente, die sie offenbar nicht selten zum Wildern benutzten. Danach durften sie Ochsenziemer oder auch nur Knotenstöcke tragen. Einen Dieb zeigten sie mit ihrem Kuh- oder ungarischen Ochsenhorn an, mit dem sie sich auch gegenseitig verständigten. Da sie Tag und Nacht in den Weingärten Wache halten mußten, hatten sie an einem markanten Punkt eine kleine Hütte, die innen mit Laub ausgestattet und mit (gestohlenen!) Äpfeln und einem Kranz oder Herz von vergoldeten Nüssen geschmückt war.

Am Tag ihres Einzugs wurde an einem weithin sichtbaren Punkt die „Huetsäule" aufgestellt. Sie war – ähnlich wie der Maibaum – ein frisch entrindeter, heller Stamm, dessen Spitze mit bunten Bändern und Flittern versehen war. Jeder Hüter hatte den Ehrgeiz, seine Huetsäule besonders schön zu schmücken; in Grinzing und Nußdorf verwendete man hierfür auch Disteln und anderes Grünzeug. Mehr noch als beim Maibaum, war der Diebstahl der Huetsäule eine große Schmach, denn dann hatte der Hüter nicht aufgepaßt, was ja seine eigentliche Aufgabe war. Hierin wurde er auch von seinem Bürgen überwacht, der etwa nachts in den Weingarten schlich und, wenn der Hüter nicht auf dreimaliges Rufen reagierte, eine Kerbe in die Huetsäule schnitt.

Auf Traubendiebstahl standen schon im Mittelalter hohe Geldstrafen, die zeitweise der Hüter selbst verhängen konnte. Andere Strafen waren das schmerzhafte „Anhängen" an die Huetsäule oder Spießrutenlaufen durch das Dorf. Tätlich durfte der Hüter jedoch nur aus Notwehr werden. Für Verletzungen von Dieben am Rücken mußte er sich genauso verantworten, wie er für alle Unzukömmlichkeiten während seiner Dienstzeit im Weinberg persönlich geradestehen mußte.

Mit der Lese war sein Amt beendet. Die Huetsäule wurde ausgegraben, und die Mädchen des Dorfes rauften um die Bänder, denn wer die meisten hatte, konnte mit einer baldigen Hochzeit rechnen. Den Nußkranz erhielt die Tochter des Bürgen oder die Liebste des Hüters, der mit den Hauerburschen und Musik durch das Dorf zog und vor jedem Haus, für dessen Besitzer er gehütet hatte, von diesem ausbezahlt wurde.

Während es heute noch in manchen Gegenden die verschiedenen Bräuche und Umzüge zur Zeit der Weinlese gibt, sind die alten Hüterbräuche ausgestorben, die Hüter selbst häufig durch Verbotstafeln, Zäune und kontrollierende und Vögel vertreibende Hubschrauber ersetzt.

Mit der Weinlese wird bei den frühreifen Sorten Ende September begonnen; die Hauptlese fängt erst Mitte Oktober an. Nach dem österreichischen Weingesetz ist jeder Hauer verpflichtet, die beabsichtigte Herstellung von Qualitätsweinen spätestens einen Tag vor Beginn der Hauptlese zu melden, und bis Ende des Jahres auch die geerntete Menge der jeweiligen Rebsorte in Litern. Denn die Qualitätsart richtet sich ja nach der Leseart und der Reife der Trauben, wobei ein Mindest-Mostgewicht vorgeschrieben ist.

In Deutschland wird das Mostgewicht mit der von dem Pforzheimer Mechaniker Ferdinand Öchsle (1174–1852) erfundenen Mostwaage, in Österreich mit der 1869 von Freiherr von Babo konstruierten Klosterneuburger Mostwaage (KMW) gemessen. Während die Öchslegrade das spezifische Gewicht des Mostes angeben, wird mit der Klosterneuburger Mostwaage der Zuckergehalt in Gewichtsprozenten festgestellt. Dabei entsprechen 5 Öchslegrade etwa 1 KMW-Grad. Ein Zuckergehalt im Most von 20% sind also 20° KMW oder 100° Öchsle, die nach der Gärung 13,8° Alkohol ergeben können.

Als Mindest-Mostgewicht sind in Österreich 13° und in besonders ungünstigen Jahren 11° KMW vorgeschrieben. Die daraus gewonnenen Weine dürfen nach dem Gesetz als Tisch- oder Tafelweine bezeichnet werden. Qualitätsweine müssen aus einer der gesetzlich festgelegten österreichischen Weinbauregionen und von einer im Qualitätssortenverzeichnis angeführten Rebsorte stammen. Darüber hinaus muß ihr Most wenigstens 15° KMW aufgewiesen haben. Weißwein muß wenigstens 10,5 Vol. % Alkohol und 4,5 Gramm Säure pro Liter, Rotwein ebenfalls wenigstens 10,5 Vol. % Alkohol und 4 Gramm Säure haben. Kabinett darf sich ein Wein nennen, wenn sein Mostgewicht mindestens bei 17° KMW lag.

Schließlich gibt es „Qualitätsweine besonderer Reife und Lesart", die nach dem österreichischen Weingesetz bestimmte Voraussetzungen erfüllen müssen: Die Trauben für die **Spätlese** müssen vollreif und nach der Lese für diese Sorte geerntet sein; der Most muß mindestens 19° KMW aufgewiesen haben.

Die **Auslese** ist eine Spätlese, bei der alle nicht vollreifen, fehlerhaften und kranken Beeren ausgesondert werden. Das Mostgewicht muß mindestens 21° KMW ausmachen.
Mit einem Mostgewicht von mindestens 25° KMW ist der Zuckergehalt der **Beerenauslese** bereits so hoch, daß dieser Wein eine relativ starke Restsüße behält, also nicht ganz vergoren werden kann, weshalb der Alkoholgehalt bei diesen Weinen nicht stärker ist als bei anderen Weinen. Verwendet werden dürfen nur überreife und edelfaule Beeren aus guten Lagen.
Eine österreichische Spezialität, die das deutsche Weingesetz nicht kennt, ist der **Ausbruch**. Hier sind die überreifen oder edelfaulen Beeren auf natürliche Weise eingetrocknet. Um den Zuckergehalt der rosinenartigen Trauben besser auslaugen zu können, darf ihnen frischgekelterter Traubenmost oder Wein derselben Sorte und Lage zugesetzt werden. Auf diese Weise wird der Saft gewissermaßen „herausgebrochen". Dieser muß beim Ausbruch ein Mostgewicht von mindestens 27° KMW aufweisen. Ausbruchweine, die es nur von guten Jahrgängen gibt, haben im Burgenland an der ungarischen Grenze eine Tradition, die wenigstens bis ins siebzehnte Jahrhundert zurückreicht. Der „Ruster Ausbruch" war schon immer ein seltener, großer Wein. Auch der Tokayer Aszú (Ausbruch) wird ähnlich hergestellt und ist die edelste Art dieses berühmten ungarischen Weines.
Die Krönung der Prädikatsweine ist schließlich die **Trockenbeerenauslese** aus edelfaulen, rosinenartig eingeschrumpften Beeren, deren Mostgewicht mindestens 30° KMW erreichen muß.
Selbstverständlich dürfen Qualitätsweine in keiner Weise versetzt (verbessert, verfälscht) sein. Sie müssen im übrigen im Aussehen, Geruch und Geschmack harmonisch und frei von Fehlern sein. Die schlimmste Sünde, nämlich ein Verbrechen und kein Kavaliersdelikt, ist das Panschen von Wein.

„Der beste Freund, den i nur kenn, den hat der Wirt im Keller. Er hat ein hölzern's Jankerl an und heißt der Muskateller. Gru, gru ..."
So sang seinerzeit der „Gru-gru-Fischer" in Sievering. Die Vorfreude auf den neuen Wein wird nach der Lese durch die Arbeit im Keller kaum geschmälert. Nun hat der Hauer sein Werk getan, und den eigentlichen Rest muß der Wein mit sich selbst ausmachen. Das ist insofern richtig, als die größte Mühe und Plage für den Winzer vorbei ist. Doch nachdem die Unberechenbarkeiten von Witterung und Rebkrankheiten überstanden sind, beginnt jetzt die eigentliche Kunst des Winzers, die Überwachung und Steuerung des werdenden Weines, bei dem jeder Hauer sein „Kellergeheimnis" hat.
Bei den meisten kleinen und mittleren Weinhauern in Österreich wird der aus der Fechsung gewonnene Most noch heute in oft jahrhundertealten Eichenfässern vergoren. Hier und da sind auch noch die alten Holzpressen in Verwendung, vielfach dienen sie allerdings nur als stimmungsvolle Einrichtungsgegenstände im Buschenschank. Das hat schon deshalb eine gewisse Tradition, weil früher und gelegentlich noch heute das Preßhaus gleichzeitig als Buschenschanklokal genutzt wurde, wie etwa an gut besuchten Regentagen beim Leopold Spiegelhofer in Perchtoldsdorf.
Direkt neben den Schankräumen hat in seinem Preßhaus auch Karl Mantler in Sievering eine über Generationen vererbte Presse von 1726, die noch heute benutzt wird, Besuchern, die danach fragen, vorzuzeigen. Und nicht wenig animiert kann man beim Zeiler in Neustift unter einer solchen seinen Heurigen trinken, oder im Zwettlhof (Stift Schotten) in Nußdorf unter einer der größten von ganz Wien.
Vor dem eigentlichen Preßvorgang werden die Trauben gerebelt, von den gerbstoffhaltigen Stielen befreit und „gemaischt", wobei ihnen der Saft herausgequetscht wird, ohne die Kerne zu beschädigen. Um die durch die Sauerstoffzufuhr sich leicht entwickelnden Mikroorganismen zu verhindern, wird die zurückbleibende Maische mit Schwefeldioxyd geschwefelt und etwa 2 bis 5 Stunden stehengelassen, bevor sie gepreßt wird. Der nunmehrige Rückstand ist die „Trester", aus der manche Weinhauer noch einen vorzüglichen Schnaps zu brennen verstehen. Der so entstandene Most wird entschleimt oder vorgeklärt und in schlechten Weinjahren gegebenenfalls „verbessert". Unter welchen Umständen und in welchen Mengen man den Most mit Zucker oder Mostkonzentrat aufbessern darf, darüber gibt es strenge Vorschriften. Bei ausreichendem Mostgewicht wird man darauf im allgemeinen verzichten.
Die Umwandlung von Most in Wein erfolgt bei der nachfolgenden Gärung, die durch im Most selbst enthaltene Hefepilze bewirkt wird. Dabei spaltet sich der Traubenzucker in Alkohol und Kohlendioxyd. Die Gärung, die etwa drei Tage nach der Einbringung des Mostes im Keller beginnt und zehn bis vierzehn Tage dauert, ist das eigentliche Geheimnis des Weines,

selbst wenn dieses naturwissenschaftlich heute durch die Erkenntnisse Justus von Liebigs und vor allem 1880 durch den dänischen Hefeforscher Emil Christian Hansen erklärbar ist. Bei diesem chemischen Prozeß entsteht nicht nur Wärme, der eine Temperaturregelung bis zur Kühlung der Fässer notwendig macht, es entstehen auch Hunderte von zum Teil sehr flüchtigen Stoffen, die letztendlich Bukett und Geschmack des Weines bestimmen. Die Kunst des Kellermeisters besteht nun darin, durch Temperatur- und Druckregelung und durch Zugabe von Schwefel die Gärung zu regulieren oder zu stoppen, damit nicht der gesamte Zucker vergoren wird und der Wein eine bestimmte Restsüße behält. Herb und bei genügendem Säuregehalt entsprechend säuerlich wird der Wein, wenn er ganz durchgegoren ist; mit einer gewissen Restsüße kann er dagegen an Bukett, Fülle und Gehalt gewinnen. Bei einem hohen Zuckergehalt (Spät- und Auslesen) hört die Gärung auch ohne Zutun des Winzers auf, wenn ein Alkoholgehalt von 11 bis 14° erreicht ist. Damit sich der Jungwein schneller klärt und insbesondere damit er haltbar bleibt, muß er nun nochmals geschwefelt werden. Auch hierfür gibt es genaue Vorschriften, die sicherstellen, daß die Schwefelung die Verträglichkeit des Weines in keiner Weise beeinträchtigt.

Im Umgang und in der Behandlung des werdenden Weines liegt das Kellergeheimnis. Hier wie etwa auch beim Verschnitt kann der Hauer sein Können und Weinverständnis zeigen. Das gilt aber auch bereits für den gemischten Satz beim Heurigen. Seit der Umstellung auf Hochkulturen werden in den Weingärten fast nur noch reinsortige Reben angebaut, „gemischt" wird heute meist erst beim Pressen oder vor der Gärung.

In Deutschland ließ kürzlich der Pfälzer Winzer Werner Walter (Edenkoben) sein „Kellergeheimnis" patentieren, nach dem er unter extrem hygienischen und Sauerstoff ausschaltenden Bedingungen seinen Wein ohne jede Verwendung von Schwefelsäure herstellt. Ob dieser „chemiefreie" Wein allerdings auch über Jahre biologisch haltbar ist, muß sich erst noch beweisen. Bisher hatten Weinfachleute eine gewisse Schwefelung für die Haltbarkeit des Weines für unabdingbar gehalten, wobei jedoch in Österreich weit weniger geschwefelt wird als in Deutschland, wo aber auch die meisten „Kater" – nicht anders als in Österreich – nicht von der Menge des Schwefels, sondern der des Weines herrühren.

Wenn der Wein gärt, birgt der Keller nicht nur Geheimnisse, sondern auch Gefahren, die in manchen Fällen sogar zum „Kellertod" führten. Fast jeder langjährige Heurigenbesucher kennt eine der Geschichten, bei der angeblich dieser oder jener Weinhauer selbst seine Kellerstiege im Rausch verfehlt und hinabgestürzt sei und sich den Hals gebrochen habe. Solchen legendären Berufsunfällen nachrecherchierend, konnte ich selbst kein Opfer namentlich feststellen. Eher kommen jedoch selbst heute noch Leute zu Schaden, die unbedacht, leichtfertig und ohne die notwendigen Vorkehrungen während der Gärzeit in den Keller hinabsteigen. Wegen des freiwerdenden Kohlendioxyds, eines schweren, giftigen Gases, muß nämlich gerade um diese Zeit der Keller gut belüftet werden. Da hat es nichts mit Romantik zu tun, wenn der Hauer mit Fackel oder Kerze statt mit der elektrischen Taschenlampe in den Keller hinabsteigt, die im Falle der Gefahr nicht rötlich zu flackern beginnt oder erlischt wie die Kerze. In einigen Kellern lassen die ausgelaufenen Wachsreste auf den Fässern auf ausgedehnte Sturm-Proben des Besitzers mit seinen Freunden vor Ort schließen, eine Vorsichtsmaßnahme, die manchen Kellergästen schon das Leben rettete.

Womit wir beim Sturm, einer von Kennern auch beim Heurigen sehr beliebten Besonderheit sind. Sturm ist der noch gärende, milchig-trübe Wein, in Deutschland meist Federweißer oder auch Sauser genannt. Der letzte Ausdruck ist sicher ähnlich zutreffend wie der österreichische, denn in dieser Form kann der noch nicht fertige Wein eine durchaus gefährliche, zumindest verdauungsfördernde Wirkung haben, ist seine Gärung doch noch nicht abgeschlossen und setzt sich bei entsprechender Menge unter Erzeugung von Kohlensäure auch in getrunkenem Zustand fort. Wer den Sturm liebt, muß die Zeit nutzen, denn die Gärung hört schlagartig von einer zur anderen Stunde auf, und gerade kurz vorher schmeckt er am besten. Der ganz frische Jungwein ist ebenfalls trüb und wird deshalb „Staubiger" genannt.

Für Kenner dererlei Spezialitäten ist die Zeit vor Martini (11. November) das reinste Bacchusfest. Wer Kunde erhält, daß dieser oder jener Heurige gerade einen guten Sturm ausschenkt, darf nicht säumen, ist dies doch die erste Probe, die der Heurige zu bestehen hat. Dabei darf er bis Martini nicht mit dem neuen Wein anstoßen und ihm auch kein „Prost" oder „Wohl bekomms" über die Lippen gehen.

So ist denn auch die Probe des neuen Weins nie vor Martini, dem Tag, an dem früher die „Giebigkeiten" (etwa der Zehent) an den Grundherrn fällig waren. Erst ab 11. November darf man den Heurigen „Heurigen" nennen und wird der letzte Heurige zum „Alten". Zu Martini (oder bald danach) lädt der Weinhauer seine Freunde und Bekannten und als Buschenschenker natürlich die besonderen Stammgäste in seinen Keller, wo feierlich erstmals der junge Wein mit mehr oder weniger echter Kennerschaft verkostet wird, ein Fest meist, das des Weines würdig genießerisch beginnt und fröhlich endet. Dabei können durchaus ein frisch gebratenes Martini-Ganserl oder die Ergebnisse der letzten Schweineschlachtung zur Ergänzung dienen. Wobei das Essen nicht allein aus praktischen Gründen aus dem Keller in höhere Räume verlegt wird. Denn der Keller ist der Tempel des Weinhauers, in dem er – auch wenn er selbst Raucher ist – ungern Zigaretten- oder Zigarrenqualm duldet.

Nahezu ausgestorben wie die Lese- und Hüterbräuche ist heutzutage die Wein-Weihe am Johannestag, dem 27. Dezember. Der in Keller oder Kirche vom Pfarrer geweihte Wein war der Johanneswein oder „Johannzinger" und blieb den bedeutendsten Anlässen vorbehalten. Vor allem aber gibt man am Johannestag ein paar Tropfen des geweihten Weines in jedes Faß im Keller, damit der Wein besonders gut gerate. Seinen Ursprung soll der Johanneswein in einer Legende um den Evangelisten Johannes haben, der danach einen Becher vergifteten Weins getrunken habe, ohne daß ihm der Trunk etwas anhaben konnte.
Überhaupt haben die Heiligen, meist in Verbindung mit den bäuerlichen Wetterregeln, den Weinhauern viel dreinzureden. Danach sind etwa die Eisheiligen Pankratius, Servatius und Bonifatius (12., 13. und 14. Mai) die „echten Weindiebe". An diesen Tagen wie auch am Markustag (25. April), zu Christi Himmelfahrt und zu Peter und Paul (29. Juni) finden vielerorts Bittprozessionen in die Weingärten statt. Den in vielen ländlichen Gegenden üblichen Flurumgang gibt es natürlich auch in zahlreichen Weinorten Österreichs.

Zu den Wein-Heiligen gehören neben Johannes und Martin – in Wien nennt man die erste Weinprobe am 11. November Martiniloben – auch St. Stefan und als Rebenpatrone im Weinberg St. Urban und St. Kilian, die ebenso an Rhein, Main und Mosel als Schutzpatrone der Winzer gelten. Vor allem der Gottesmutter selbst begegnet man auf vielen Tafeln und Bildstöcken inmitten der Weinberge.

Schon zu Kanaan hatte die Jungfrau Maria den Anstoß zum Weinwunder Christi gegeben, der wohl berühmtesten aller Wunderlegenden, die sich um den Wein ranken. Und in der christlichen Mystik begegnet uns das Bild der Mutter Gottes als jungfräuliches Rebenreis mit dem Jesukind als Edeltraube, dessen Blut bis heute sich für die Welt im Weine versinnbildlicht. Daß die Jungfrau selbst ein gutes Gläschen Wein nicht verschmähte, davon berichtet eine Legende, die die Brüder Grimm in ihren Kinder- und Hausmärchen uns als „Das Muttergottesgläschen" überlieferten:

„Es hatte einmal ein Fuhrmann seinen Karren, der mit Wein schwer beladen war, festgefahren, so daß er ihn trotz aller Mühe nicht wieder losbringen konnte. Nun kam gerade die Mutter Gottes des Weges daher, und als sie die Not des armen Mannes sah, sprach sie zu ihm: 'Ich bin müd' und durstig, gib mir ein Glas Wein, und ich will dir deinen Wagen freimachen.' 'Gerne', antwortete der Fuhrmann, 'aber ich habe kein Glas, worin ich dir den Wein geben könnte.' Da brach die Mutter Gottes ein weißes Blümchen mit roten Streifen ab, das Feldwinde heißt und einem Glase sehr ähnlich sieht, und reichte es dem Fuhrmann. Er füllte es mit Wein, und die Mutter Gottes trank ihn, und in dem Augenblick war der Wagen frei, und der Fuhrmann konnte weiterfahren. Das Blümchen heißt noch immer Muttergottesgläschen."

Der bekannteste Wein-Heilige ist jedoch der heilige Urban, auf den Altären vieler Weinorte Österreichs mit Buch und Traube dargestellt, eingeschnitzt auch auf manchem der alten Fässer, die – von Generation zu Generation vererbt – der Hauer aus besonderem Anlaß seinem Sohn oder Erben schenkt. Das Begießen einer Urbanstatue mit Wasser, als Rache an dem Heiligen, wenn es an Urbani (25. Mai) regnete, wurde in früheren Zeiten sogar mit Kerker bestraft. Denn „ist Urbani voller Sonnenschein, gibt es viel und guten Wein". Ist der heilige Martin der Gott der Trinker, so ist St. Urban der Lieblingspatron der Hauer.

Leute und Herrschaften Nachrichten und Geschichten von professionellen und ambitionierten Heurigen-Bummlern

Eines schönen Sommertages erklimmt von der Stammersdorfer Kellergasse heraufkommend eine muntere Partie junger Leute den schmalen Fußweg, der inmitten der Weinberge zur Strebersdorfer Kellergasse hinüberführt. Hier oben, wo man zwischen Reben und Mandelbäumen hinunter auf Wien blickt, gibt es beim „Muck" einen reschen, schön durchgegorenen Bisamberger, den Eingeweihte seit Jahren zu schätzen wissen. Für die fröhliche Gruppe, Studenten vermutlich, ist der Muck offensichtlich nicht das erste, zweifellos aber das endgültige Ziel ihres Ausflugs in den zu erwartenden lauen Sommerabend. Man lacht und scherzt, und die zahlreichen Viertel, die die Tochter des Hauses bis Sonnenuntergang heranschleppt, tun das ihrige, um Witz und Übermut noch anzuheizen. „Herr Muck", ruft schließlich einer, „bring er das Gästebuch!" Und mit lautstarker Heiterkeit wird mit dem Ergebnis der Beratungen des heutigen Tages eine Seite im Muckschen Büchel festgehalten:

„Eben beschlossen
unsre Genossen
ein Kind,
und das g'schwind.
Der Wein macht's auch fein,
das Schweinefleisch dick –
was für ein Glück!
Die Eltern sind happy,
der Vatta heißt Peppi . . ."

Die weinbeschwingten Unterschriften der Paten bleiben von anonymer Unleserlichkeit. Nur noch, daß die „voraussichtliche Mutter" Maria heißt, kann man dem mit Kugelschreiber-Reben verzierten Gesamtkunstwerk entnehmen. Ob das beschlossene Werk Wirklichkeit wurde, entzieht sich unserer Kenntnis. So oder so war's jedoch ohne Zweifel für Paten und zukünftige Eltern ein gelungener Heurigen-Ausflug. Nicht immer endet die Heurigen-Heiterkeit und -Seligkeit so ausgelassen wie hier, doch auch dann offenbar noch weit harmloser und züchtiger, als vor hundert Jahren, als Friedrich Schlögl, Chronist des damaligen Wiener Volkslebens, mit einem melancholischen Biedermeier-Blick zurück feststellte: „Der Heurige ist die Heimat des Dulliä." Der schriftstellernde Beamte und Sittenrichter Schlögl klagt 1875, daß die „vielköpfige Masse" des Volkes meist „Spezifischen Hetz-Tendenzen huldigend" vor die Linie zum Heurigen ströme: „Ein förmliches Ragout von Dirnen in Seidenkleidern oder Cattun, mit Federhut oder Kopftüchel, hat dort seine Stand- und Hauptquartiere, und der Cortége dieser Straßennymphen, aus gewichsten Cicisbeos (Galanen) oder schäbigen Schanis bestehend, schwelgt und schlemmt und lärmt, um mit dem üblichen Raufexcesse die abendliche Production zu beenden. Und um diese Unzierden der Schöpfung drängt sich in festgekeilten Massen das gewisse Vollblut der Gründe mit Kind und Kegel, untermischt mit einigen städtischen Bizen (Strolchen), und gießt in die offenen Schlünde den teuren, häufig miserablen Wein."

Zu Schlögls Zeiten war die Zahl der Heurigen nicht nur erheblich größer als heute, man fand sie vor allem noch viel näher am Stadtkern. In den heute entfernter liegenden Heurigen-Randbezirken der Großstadt ist so ein eindeutig zweideutiges Publikum kaum noch anzutreffen, hat es doch längst die von Schlögl gegeißelten Weinschenken mit den lichtflimmernden und musikkreischenden Etablissements einer gewissen Unterhaltungsgastronomie vertauscht. Bars und Diskotheken wird man in den Heurigengegenden Wiens meist vergeblich suchen.

In einem anderen Sinne jedoch hat es im Publikum beim Heurigen keinen merkbaren Wechsel gegeben. Heute wie damals setzt es sich aus allen Berufs- und Gesellschaftsschichten zusammen, wobei das Zusammensetzen durchaus auch wörtlich gemeint ist. Der Heurige ist kein Ort und keine Frage der Gesellschaft, sondern der Geselligkeit, die jeder Wiener zu schätzen weiß, ob er Graf oder Handwerker, Direktor oder Arbeiter ist. Der Maler Josef Engelhart, Mitbegründer der Wiener Sezession, hielt besonders in seinen frühen Bildern hinreißende Szenen und Typen aus dem Wiener Volksleben fest. Große Beliebtheit bei seinen Modellen, etwa den Fratschlerinnen und Pülcher der Naschmarktgegend, verdankte er nicht zuletzt der Tatsache, daß er sie hier und da zum Heurigen einlud, mit ihnen trank und sang und eine Hetz hatte.

Eine Hetz liebte auch der Schauspieler Werner Krauß, der oft und gern mit Freunden beim Heurigen saß. Unter seinen fröhlichen Mitzechern waren allerdings die wenigsten Schauspieler, die meisten gehörten recht bürgerlichen Berufen an. Eines Abends in Grinzing machten sie sich den Spaß, ständig mit dem Taxi zwischen vier Heurigen hin- und herzufahren, wobei sie bei jedem ein Achtel tranken, um sogleich wieder zum nächsten aufzubrechen. Als sie bei einem

Zu allen Zeiten hatten die Maler und Zeichner, weit mehr als die Dichter, ein besonderes Verhältnis zum Heurigen.
Zahllose Darstellungen, wie die nebenstehende Zeichnung von Vinzenz Katzler (1874), bezeugen dies. Der Maler Josef Engelhardt (oben), dessen Bilder das Wiener Volksleben vor und nach der Jahrhundertwende dokumentierten, machte sich bei seinen Modellen beliebt, indem er sie zum Heurigen einlud.

Buschenschank zum dritten Mal heiter lärmend einbrachen, stellte einer der Gäste trocken fest: „Da san s' ja wieder, die blauen Jungs!" Noch Jahre später nannten sie sich die „blue boys", wenn sie sich zum Heurigen verabredeten.
Einer der „blue boys" war ein kleiner Beamter, der von seinem schmalen Gehalt gerade sich und seine Familie durchbringen konnte. Das Burgtheater kannte er nur von außen. Als Krauß wieder einmal vor einer Premiere stand, wollte er dem Freund eine Freude machen und lud ihn am Abend ein. Dieser wollte sich jedoch nichts schenken lassen, und erst nach langem Zureden erklärte er sich bereit zu kommen, wenn Krauß eine Freikarte habe; zahlen dürfe er ihm nichts – „außer natürlich das Taxi!"
Animiert durch einen Zieharmonikaspieler, begann eines Abends die Runde aus voller Brust Heurigenlieder mitzusingen. Plötzlich erhob sich Krauß, brachte die Freunde mit einer weit ausholenden Gebärde zum Schweigen und rief: „Nicht singen! Beim Heurigen wünschen wir keinen Applaus!"
Während eines Ausflugs in die Wachau kam Krauß zufällig in einen kleinen Ort, wo man gerade ein Weinhauerfest mit Musik und Tanz beging. Der Kapellmeister der Ortskapelle hatte den prominenten Gast erkannt, und in einer Pause kam er mit zwei Viertelgläsern zu ihm an den Tisch, setzte sich ihm gegenüber und schob ihm eines der beiden Gläser mit den Worten zu: „Wissen S' was, Sie san a Künstler, i bin a Künstler, sag ma du zueinander!" Kraus erhob sich, sah seinem Gegenüber ins Auge und sprach mit Burgtheater-Pathos: „Herr Kapellmeister, ich kann mir nichts Schöneres denken."
Ein nahezu leidenschaftlicher Heurigen-Geher war der Schauspieler Hans Moser, dessen Stammlokal meist der Feuerwehr-Wagner in der Grinzinger Straße war. Dabei begleitete ihn seine Gattin Blanca, schon deshalb, um darauf zu achten, daß Moser nicht mehr als das eine – vom Arzt erlaubte – Viertel pro Abend trank. Auch Moser hielt sich brav an das reduzierte Quantum, mußte aber im späteren Verlauf des Abends verdächtig oft hinausgehen, wobei er jeweils an der Schank einen kurzen Augenblick stehenblieb, um unbemerkt das Achtel, das die Wirte, die ihn kannten, dort jeweils hinter der „Budl" (Theke) bereitstellten, in einem Zug auszutrinken. Blanca, die diese List wohl durchschaut hatte, schien das nie zu bemerken.
Oft war Moser auch im Lokal des Komponisten Karl Föderl in der Veronikagasse anzutreffen, dessen „Reblaus" er kreiert hat und gelegentlich, von Föderl am Klavier begleitet, dort sang. Eines Abends, Föderl intonierte die „Reblaus", wollte ihm partout der Text, den er schon hunderte Mal gesungen hatte, nicht einfallen. Moser raunte übers Klavier: „Der Text! Mir fallt der Text net ein." Föderl: „I weiß net." Moser: „Geh, Karl, den Anfang." Föderl: „I weiß net!" Moser zweifelnd: „Den Text von dein' eigenen Lied?" Da singt Föderl leise: „I weiß net – . . . „ Es war der Anfang des Liedes.
Eines Abends beim Heurigen trat eine ältere Dame an Mosers Tisch und bat den Künstler um ein Autogramm. Sichtlich in seinem Privatleben gestört, unterschreibt er rasch den ihm hingehaltenen Zettel. Da sieht er, wie die Dame im Weggehen kopfschüttelnd den Namenszug betrachtet, und hört sie murmeln: „A Schrift is dös ... "
Aus einer gewissen Scheu vor den Folgen solcher Volkstümlichkeit ging Mosers Kollege Paul Hörbiger Zeit seines Lebens nur da und dort zum Heurigen, wo es sich nicht vermeiden ließ. Nicht vermeiden ließ es sich in den vielen Wiener Filmen, in denen er mitspielte. In seinen 1979 erschienenen Erinnerungen meint Hörbiger, er habe vermutlich öfter bei einem Heurigen vor der Kamera gestanden, als John Wayne auf einem texanischen Pferd geritten ist. Während Hans Moser in Heurigen-Filmszenen immer Apfelsaft trank, bevorzugte Hörbiger ungesüßten Tee, „weil man davon nicht so pickige Finger bekommt".
Eric Charell, der Regisseur des Films „Der Kongreß tanzt" (mit Lilian Harvey und Willy Fritsch), wünschte alles so realistisch wie möglich, auch eine Heurigenszene, in der Hörbiger als Heurigensänger „Das gibt's nur einmal, das kommt nicht wieder" singen mußte, laut Drehbuch jeweils mit einem Schluck aus dem Weinglas nach „einmal" und „wieder". Immer wieder mußte die Szene wiederholt werden; einmal war die Musik zu leise, dann zu laut, einmal knarrte ein Brett dazwischen, dann wieder legte Hörbiger zu wenig Schmalz in die Stimme. „Gegen Abend soll es endlich soweit sein. Knarrende Bretter sind beseitigt, quietschende Räder geschmiert, die Kapelle hat die richtige Lautstärke herausgefunden, meine Stimme genügend Schmalz. – 'Achtung, Kamera läuft!' – Ich stelle mich hin, das Glas in der Hand, alles wartet gespannt. 'Das gibt's nu . . . ' Ich schwanke und kann den Text nicht mehr. Aus, Ende. Man trägt mich in die Garderobe, flößt mir literweise

Kaffee ein. Aber es ist zwecklos. Die Alkoholmengen dieses Tages verhindern meine weitere Dreharbeit." – Am nächsten Morgen durfte Hörbiger wieder seinen Tee trinken.

Kein Freund von Traurigkeit war der in Graz geborene Wiener Schauspieler Alexander Girardi. Im Theater an der Wien war er in vielen Operettenrollen der Liebling der Wiener, von denen mancher einem regelrechten Girardi-Kult verfiel, seinen ungewöhnlichen Sprech-Stil, die „Girardi-Sprach'", nachahmte und den berühmten breitkrempigen „Girardi-Hut" trug, den der Künstler in „Fürstin Ninetta" kreiert hatte. Vor allem aber boten sein Witz und sein feuchtfröhlicher und geselliger Lebenswandel Stoff für ungezählte Girardi-Anekdoten. Erst in den letzten Lebensjahren begann er große Gesellschaften zu meiden und lebte eher zurückgezogen. Da ging er wohl auch dann und wann einmal ganz allein auf ein Viertel. An einem schönen Sommernachmittag saß er wieder einmal allein in dieser stillen, ländlichen Umgebung unter einem breiten Kastanienbaum und fütterte mit seinem Grammelschmalzbrot ein einsames Hendl, das sich zwischen die Tische und Bänke in den Garten verirrt hatte. Längst war das Brot verfüttert, doch das Federvieh bewies eine aufdringliche Anhänglichkeit und ließ sich nicht verscheuchen, ja es flatterte auf den Tisch und machte Anstalten, auch noch den Wein mit seinem Gönner zu teilen. Da machte Girardi eine verzweifelte Handbewegung: „Wann'st jetzt nicht gehst, nachher bestell' ich dich zum Nachtmahl!"

Eine seiner letzten Rollen im Herbst 1917, ein halbes Jahr vor Girardis Tod, war der Ferdinand Sauter in der Uraufführung des Dramas „Das Ende vom Lied". Mit diesem Stück hatte der 1965 verstorbene Wiener Dramatiker und Feuilletonist Rudolf Holzer dem unglücklich-verkommenen Dichter- und Säufergenie des Wiener Biedermeier ein theatralisches Denkmal gesetzt.

Von Sauter, der in seinem Leben gewiß mehr Zeit beim Heurigen oder im Wirtshaus verbrachte als daheim, gibt es eine bezeichnende Anekdote: Seinem Stand als kleiner Versicherungsbeamter und seinem ungezwungenen Naturell gemäß kam Sauter praktisch nie in die Salons der damaligen Wiener Gesellschaft. Nur einmal brachten Freunde den Dichter in den Salon der Frau von Scheidlein, in der Hoffnung, daß er dort, wie sonst in geselligen Wirtshausrunden, etwas von seiner poetischen Stegreif-Lyrik zum besten gäbe. Als man dem Gast eine Schale Tee anbietet, meint er:

Auch viele berühmte Nicht-Wiener waren dort zu finden, wo „der Herrgott die Hand hinaussteckt": Ferdinand Sauter (oben) stammte aus Werfen bei Salzburg, Werner Krauß (Mitte, mit seiner Frau Maria Bard) wurde in Deutschland geboren, und Alexander Girardi (links) war ein Grazer.

Der regelmäßige Rausch läßt den Schuster Knieriem die Angst vorm Kometen überwinden. Das zeitgenössische Aquarell zeigt Johann Nestroy in dieser berühmten Rolle seiner Posse „Der böse Geist Lumpazivagabundus".

„Tee trink i nur, wann i Bauchweh hab. Sonst trink i Wein und Bier." Man eilt, um das Gewünschte aus einem nahegelegenen Gasthaus kommen zu lassen, doch Sauter wehrt ab: „Nur nix holen lassen, da wird's warm über die Gassen, so was schmeckt nur im Wirtshaus."

Über den eigenen Lebenswandel spottete Sauter in gereimter Selbstironie:

Immer lustig lebt der Sauter,
treu ist sein Gemüt und lauter,
tausend Hirngespinste baut er,
und sich selber nicht vertraut er,
alles, was er hat, verhaut er,
wie ein Vogel Strauß verdaut er,
wenn oft Selchfleisch ißt mit Kraut er,
schöne Mädchen gerne schaut er,
wie ein Kater dann miaut er.
Leider aber schon ergraut er,
immer mehr und mehr versaut er.

Natürlich bleibt es beim Heurigen wie anderswo nicht aus, daß dieser oder jener Zecher, allein oder in angeregter Gesellschaft, ein oder gar mehrere Viertel über den Durst trinkt. Die sich daraus ergebenden Folgen sollte man jedoch nicht dem Heurigen anlasten, hat doch ein Rausch von jeher zum Weingenuß gehört, und wem das Heute wichtiger als das Morgen ist, wird diese selbstvergessene Beschwingtheit nicht selten als den eigentlichen Höhepunkt eines gelungenen Abends preisen. „Mein' Rausch hab' i jahraus, jahrein, / Es wird doch heut' kein' Ausnahm' sein", meint der Schuster Knieriem in Nestroys „Lumpazivagabundus". Jeden Tag einen ordentlichen Rausch – ist auch regelmäßig gelebt.

Rausch ist nicht immer gleich Rausch, weiß der erfahrene Trinker. Da bieten neben Quantitäts- und Qualitätsunterschieden auch psychologische, mentalitätsmäßige und andere vorbedingende Umstände die breitesten Variationsmöglichkeiten. Der Schottenschulmeister Johannes Rasch widmet in einem der ersten Wein-Fachbücher, 1582 („Von Bau, Pflege und Brauch des Weins"), der „argen Seuche der Trunkenheit" einen längeren Abschnitt: „Es hat auch die Trunkenheit einen großen Unterschied nach den Eigenschaften der Natur. Ein Sanguinikus, der singt, springt, lacht und ist fröhlich; ihn mag man den Kindern vergleichen, die gerne lachen, und mehrteils nicht wissen, warum. Wenn sie das eine Weile getrie-

ben haben, begehren sie zu schlafen, und haben dessen ein völliges Genügen. Die Cholerischen zürnen, toben, hadern, rumoren, greifen zu den Waffen, wollen von niemandem gestraft noch ermahnt sein; man kann sie nicht zu Bett bringen, sie schwätzen viel und sind freudig wie die Löwen. Die Phlegmatici werden matt, träge, schläfrig, unbeweglich und werden in Summe gleich wie die trägen Schweine ... Die Melancholici sind unmutig, beweinen etwa ihre Sünden, abgestorbenen Freunde, das ist ihr trunkenes Elend, werden gleich wie die Affen. Darin aber sind sie alle gleich, daß sie mit der Zunge stammeln, im Schwang einhergehen, und nicht bei rechter Vernunft sind."
Im niederösterreichischen Weinviertel kennt man vier nach Qualitäts- (oder Quantitäts-?) Stufen sich unterscheidende Varianten der Trunkenheit. Der Poysdorfer Weinhauer Leopold Berndl hat sie 1939 in seinen Erinnerungen „.... es wird ein Wein sein" festgehalten: „Im Weinland wird das 'zuviel' in vier Grade eingeteilt. Der erste Grad heißt 'ongstrat' (angestreut), der zweite 'hochgradig', der dritte 'schief aufgeladen' und der vierte 'fix und fertig'. Solche Leute, die mit einem dieser vier Grade behaftet sind, begegnen einem nach der Lese ziemlich oft, und ein jeder will die Geschichte verheimlichen und strengt sich an, schön aufrecht zu gehen, aber es geht nicht! Wenn Männer unsicher gehen oder gar auf der Erde herumkriechen, geht das noch an, weil es eben Männer sind; aber wenn Weiber so unsicher dahergehen oder gar auf der Erde liegen, da hört sich dann allerhand auf."
Einem, bei dem es auf diese Weise „noch anging", begegnete eines Abends der Schriftsteller Johannes Mario Simmel, als er nach einem Besuch in Neustift dort in sein Auto stieg. Beim Aufblenden der Scheinwerfer tauchte über dem Kühler seines Wagens ein fragendes Gesicht auf. Simmel stieg wieder aus, um nötigenfalls dem ihm entgegenkriechenden Mann auf die schwankenden Beine zu helfen. „In welcher Parklandschaft befinden wir uns denn hier?" eröffnete der Betrunkene mit schwerer Zunge das Gespräch.
„In Neustift am Walde. Wo wollen S' denn hin?"
„In die Krottenbachstraße zum Autobus."
„Da kriechen Sie hierherauf aber falsch, da geht's nach Währing."
„O jeh! Da muß ich reversieren." Tat's, und kroch beschwingt wieder bergab.
Nur den ersten, den „ongstraten" Grad, hatte jener Wiener erreicht, der sich nach einem unterhaltsamen Heurigen-Abend von seinen Freunden trennte, um mit dem eigenen Auto noch das kurze Stück von Sievering nach Hause zu fahren, in den 9. Hieb, wie die Wiener ihre Stadtbezirke – abgesehen vom ersten – seit der zum Teil gewaltsamen Neugliederung von 1892 nennen. In der Billrothstraße wird er von einer Polizeistreife angehalten, muß seine Papiere vorweisen und schließlich aussteigen. Es entspinnt sich ein angeregter, aber heiterer, ja freundschaftlicher Wortwechsel über die Zahl der Viertel, die zum Lenken eines Fahrzeuges noch befähigen. Man beschließt zum Test, den Autofahrer mehrmals und jeweils mit verschiedenen Geschwindigkeiten auf dem weißen Mittelstreifen der Straße entlangmarschieren zu lassen. Es klappt vorzüglich. Nun läßt man ihn das gleiche mit erhobenen Armen tun, und anschließend das ganze noch einmal auf einem Bein hüpfend. Als er gerade die Strecke mit ausgestreckten Armen und geschlossenen Augen absolviert, trifft eine zweite Streife mit zwei weiteren „Grünen" ein. „Den müßt's anschaun", ruft ihnen einer der Kollegen zu, „wos der B'soffene noch alles kann!" Und zur Erheiterung seines uniformierten Publikums darf der Unglückliche das ganze Programm wiederholen. Erst dann wird der Getestete mit guten Wünschen und der Warnung, sich nicht doch noch erwischen zu lassen, straflos und erleichtert heimgeschickt.
Anonym, aber „mit den besten Artistengrüßen von der Billrothstraße", läßt der Entronnene am nächsten Tag einen Karton Wein auf die zuständige Polizeiwache schicken.
Bemerkenswert an dieser, schon viele Jahre zurückliegenden Geschichte, ist, neben der menschlichen Verbundenheit, die die Staatsorgane hier mit dem Bürger bezeugten, vor allem die Hetz, die sie dabei zweifellos gehabt haben müssen. Weniger Hetz hatte dagegen jener Polizeiinspektor, dem seine mitfühlende Hilfsbereitschaft das folgende Erlebnis bescherte. Es ist wie die zuvor geschilderte Begebenheit den Heurigen-Erzählungen eines meiner Freunde (mit dessen Einwilligung) entnommen, der mir den Wahrheitsgehalt in beiden Fällen glaubhaft versichert hat.
Als es in Grinzing noch etwas gemütlicher als heutzutage zuging, der malerische Ort aber schon unter akutem Parkplatzmangel litt, stand eines Abends mitten in der Himmelstraße ein breiter amerikanischer Straßenkreuzer, an dessen offener Wagentür sich zwei Herren eisern festhielten, um mit schwerer Zunge voneinander Abschied zu nehmen. Da nahte ein Poli-

Moritz von Schwind zeichnete Franz Schubert mit seinen Freunden Franz Lachner und Eduard von Bauernfeld in Grinzing (oben). Und so hatte der Komponist Anton Bruckner (ganz oben) wohl recht, als er seinen Freunden erklärt, „was ein Schubert-Adagio ist".

zist: „Meine Herrn, der Wogn da is a Verkehrshindernis."
Die Herren gaben dem Herrn Inspektor vollkommen recht.
„Aber Sie sollt'n net foahrn mit dem Wogn!"
Das, so versicherten die beiden, sei auch nicht ihre Absicht gewesen.
„Stehn lass'n kenn' ma ihn a net", resümierte der Inspektor.
Doch die beiden wußten ihm auch keine überzeugende Lösung seines Problems.
„Wo müssen S' denn hin?" suchte der Wachtmeister einen neuen Ansatzpunkt. Inzwischen hatten sich hinter dem Straßenkreuzer drei weitere Wagen gestaut, die ein erfolgreiches Ende der Diskussion notwendig erscheinen ließen.
„Also kommen S', meine Herren, i führ Ihna zur Stadtbahn", beschloß der Inspektor das Gespräch, klemmte sich hinter das Steuer und startete mit dem im Zündschloß steckenden Schlüssel. Unter Beteuerungen, daß dies sehr freundlich, aber nicht notwendig gewesen wäre, man hätte sich ja gerne ein Taxi genommen, bemühten sich die beiden Betrunkenen umständlich auf den Rücksitz. An der Stadtbahnhaltestelle Nußdorfer Straße wurde der Wagen vorschriftsmäßig geparkt, und nachdem alle drei ausgestiegen und der Polizist den Wagen sorgfältig versperrt hatte, fragte er „Und wem von den Heeren darf i den Schlüssel zum Abholen murgen geben?" Da sahen sich die beiden fragend an, und es stellte sich heraus, daß der Wagen keinem von ihnen gehörte.
Der Abschied war nicht besonders herzlich, aber was blieb dem Wachtmeister übrig, als das Auto so schnell wie möglich wieder nach Grinzing in die Himmelstraße zu fahren, wo er bald einen ortsunkundigen Amerikaner entdeckte, der auf der Suche nach einem Gendarmerieposten herumirrte, um den Diebstahl seines Wagens anzuzeigen. Er hatte ihn nur wenige Minuten vor einem Buschenschank stehenlassen, um seinen Freunden, die ihn dort seit einer Stunde erwarteten, mitzuteilen, er müsse noch rasch einen Parkplatz suchen ...
Es muß am Heurigen liegen, daß in Wien manches Vollzugsorgan der Obrigkeit mitunter auch ein halbes Auge zuzudrücken vermag und die menschliche Kontaktbereitschaft oft über eine allzu strenge Auslegung der Gesetze obsiegt. Juristen werden mir bestätigen, daß es sogar einige gesetzliche Vorschriften gibt, deren Anwendung noch nie praktiziert, deren vorgese-

hene Strafe bei Übertretung noch nie verhängt wurde. Auch hier gibt es – bei allem Hang einer bis ins kleinste verwaltenden Bürokratie zur Ordnung – eine gewisse Tradition. Das mag in Österreich und besonders in Wien an der Kompliziertheit der Materie liegen. Es ist erst gut hundert Jahre her, daß mit der Eingemeindung der Vororte vor den Linien auch diese als Grenze unterschiedlicher Besteuerung, zuletzt noch der Verzehrsteuer, fiel. Damals war die gleiche Flasche Wein in der Stadt noch um einige Kreuzer teurer, als beispielsweise in Währing oder Döbling.

Die Währinger Buben machten sich das zunutze, indem sie einen schwunghaften Weinhandel in der Stadt betrieben. Die an den Linien postierten Wachorgane kontrollierten Fuhren, Wagen und Erwachsene und ließen die halbwüchsigen Buben unbehelligt durchschlüpfen. Diese hatten aber nicht selten, unter dem Hemd oder Rock verborgen, in jeder Hosentasche eine Flasche Wein, die sie innerhalb der Linie mit einem Kreuzer Gewinn wieder losschlugen. Waren des Abends bei der Rückkehr nach Währing die Sperrgatter schon geschlossen, so konnte man leicht beim Köpfschen Gasthaus (heute steht dort die Stadtbahnstation Währinger Straße – Volksoper) über den Wall klettern, denn an dieser Stelle war der Wallgraben mit dem Abfall des Gasthauses fast zugeschüttet.

Von Anton Bruckner, dem aus Linz stammenden Komponisten und Organisten von St. Florian, ist folgender Ausspruch überliefert, als man eines Abends im Freundeskreis tiefsinnig über Musik diskutierte: „Aber Leuteln, reds doch nicht so halbert daher! Trinkts in Petersdorf an einem sternhellen Juniabend in an Garten ein Viertel Gerebelten, schauts auf die Glühwürmchen, horchts auf die Grillen – nachher wißts, was ein Schubert-Adagio ist."

Sicher wollte Bruckner Schuberts Kompositionen keine wie immer geartete Heurigen-Mentalität zuschreiben, aber in der Musik des frühvollendeten, bereits 1828 mit nur 32 Jahren gestorbenen Franz Schubert ist viel von der biedermeierlichen Natursehnsucht, der Tanzlust der Wiener und der fröhlichen Heiterkeit, wie sie auch der Wein und der Heurige auslösen, enthalten. Schubert selbst war kein Freund von Traurigkeit und Enthaltsamkeit. Der Schubertianer Franz von Hartmann notierte am 29. Juni 1828, wenige Monate vor dem Tod des Komponisten, in sein Tagebuch: „Mit Enk und Louis, nachdem wir auch Schubert aufgegabelt hatten, nach Grinzing. Alle vier rauschig, mehr oder weniger, besonders aber Schubert. Um 12 Uhr nach Hause."

Lieber als im Café oder Gasthaus traf Schubert seine Freunde zu gemeinsamen Ausflügen aufs Land oder bei Heurigen in Grinzing, wo der Maler Moritz von Schwind ihn mit den Freunden Franz Lachner und Eduard von Bauernfeld in einer Zeichnung festgehalten hat. Neben Schwind, dem Kapellmeister Lachner und dem Dichter Bauernfeld gehörten zu diesem Freundeskreis auch der Dichter Johann Mayrhofer, der Weltmann, Schriftsteller und Schauspieler Franz von Schober und der Maler Leopold Kupelwieser. Seltener hielt Schuberts ältester und treuester Freund, Josef von Spaun, bei diesen feucht-fröhlichen Zusammenkünften mit, bei denen der lustige und mit naivem Witz begabte Schubert immer im Mittelpunkt stand, so daß die ausgedehnteren dieser Feste als „Schubertiaden" bald in ganz Wien bekannt wurden und man Unterhaltungen ähnlicher Art mit Spiel, Tanz und Landpartien in der bürgerlichen Gesellschaft Wiens gern als solche „Schubertiaden" deklarierte.

Eines Tages machte die fromme Anna Hönig, die Braut Schwinds, dessen Freund „Bertl" ernste Vorhaltungen über den lockeren Lebenswandel der Freunde, zu dem man auch ihren Moritzl verleitete. Nachdem er sich das eine Weile schweigend angehört hatte, meinte Schubert trocken: „Wissen S' was, Fräulein, heiraten S' den Papst."

Gelegentlich wollten sich die Freunde nach so einem fröhlichen Abend überhaupt nicht mehr trennen, und so brachte man einander bis in den frühen Morgen immer wieder nach Hause, bis man sich schließlich gemeinsam und improvisiert in der Wohnung eines der Mitzecher zur Nachtruhe begab. Besonders bequem hatten sie es im Sommer 1821, als Schubert zeitweise in Salmannsdorf im Haus Dreimarkstein 6 wohnte, wo er unter anderem das Männerquartett „Ich lobe mir mein Dörflein" schrieb. Das Haus, eines der ältesten des Ortes, gehörte damals einem Weinhauer Josef Kainz, der auch einen Buschenschank betrieb, in dem die Freunde manches Viertel gemeinsam tranken.

„Im Sommer zog es ihn ins Freie", berichtet Schuberts Freund Spaun, „und da geschah es zuweilen, daß er über einen schönen Abend oder über eine liebe Gesellschaft auf eine Einladung selbst in vornehmen Kreisen vergaß, und da gab es dann Verdruß, der ihn aber wenig kümmerte." Und 1825 schrieb Schwind an Schober: „Vor einer Woche war er mit mir bei Hönig, nachdem er schon zehnmal zugesagt und zehnmal nicht gekommen war." In solchen Fällen schrieb Schubert dann wohl auch ein höfliches Billett wie den folgende Entschuldigungsbrief vom September 1827:

„Lieber Herr von Sellier
Ich war hier, um mich zu entschuldigen, daß ich neulich nicht mein Wort hielt! Wenn Sie wüßten, wie unmöglich mir es gemacht wurde, selbes zu halten, so würden Sie mir gewiß verzeihen. In der Hoffnung, Ihre Gewogenheit nicht zu verlieren, verbleibe ich mit aller Achtung
Ihr Ergebenster
Franz Schubert"

Was es ihm „so unmöglich" gemacht hatte, waren nicht selten die weinseligen Freunde und der gemeinsame fröhliche Heimweg, der oft zu allerlei Ulk und Umwegen führte.
Der später so erfolgreiche Lustspieldichter Eduard Bauernfeld, der im Schubertkreis ausgelassen und zu jedem Streich aufgelegt sein konnte, führte dagegen mit Franz Grillparzer beim Wein in Nußdorf stundenlang tiefsinnige Gespräche. Doch wie die meisten Dichter zog Grillparzer das Kaffeehaus dem Heurigen vor. In der Regel traf man im Kaffeehaus neben den schreibenden Künstlern auch Politiker und Gelehrte, während die Maler, Musiker und viele Schauspieler die Weinhäuser und Heurigen aufsuchten.
In beiden zu Hause war Ferdinand Raimund, Schauspieler und Wiener Bühnenklassiker. In jungen Jahren war auch er ein fröhlicher, Gesellschaft und Geselligkeit liebender Leichtfuß, vor dem keine hübsche Wirtstochter und Schauspielelevin sicher war. Als der ehemalige Zuckerbäckerlehrling aus der Vorstadt eben die ersten größeren Erfolge als Schauspieler errang, verliebte er sich in die Kaffeesieder-Tochter Toni Wagner. Die Verbindung zu dem als Frauenheld bekannten und überdies mittellosen Schauspieler war aber gar nicht nach dem Geschmack der alten Frau Wagner, und so wurde Raimunds Antrag von Tonis Vater brüsk abgewiesen. Der fruchtbare Possen-Schreiber Joseph Alois Gleich hatte 1814 als Direktor des Theaters in der Josefstadt Raimund aus der Provinz zurückgeholt und engagiert. Nun, nach einer Affäre mit Gleichs leichtlebiger Tochter Luise, ebenfalls Schauspielerin, zwangen Vater und Tochter 1820 Raimund zu einer ungewollten Ehe, die denn auch knapp zwei Jahre später geschieden wurde.
Heimlich hatte Raimund bald wieder Beziehungen zu Toni Wagner, die 1819 nach dem abgewiesenen Heiratsantrag von ihren Eltern zu Verwandten nach Neustift gebracht worden war, aufgenommen. Auf Spaziergängen in den Rebhügeln zwischen Obersievering und Salmannsdorf trafen sich die beiden Liebenden, so oft es ging. Der heute zum Heurigenschank Zimmermann (Mitterwurzergasse 20) gehörende Garten wurde im Volksmund zu „Raimunds Lieblingsplatzerl" erkoren.
Die rührendste Episode dieser Liebesgeschichte spielte sich am Abend des 10. September 1822 bei der Mariensäule in der heutigen Mitterwurzergasse etwas oberhalb des Heurigenschanks Fuhrgassl-Huber inmitten der Weingärten ab. Hier, wo die Muttergottes ihren Fuß auf eine Schlange setzt, schworen sich damals Raimund und seine Toni ewige Treue bis in den Tod, nachdem sie ihr Bündnis durch die Scheidung des Dichters nicht mehr legalisieren konnten. Romantischen Heurigen-Gehern in Neustift möchte ich auch heute noch empfehlen, das schmale Fuhrgassl (eigentlich: Fahrgasse) wenige Minuten hinauf in die Weinberge zu steigen, um hier vom Promenadenweg zwischen Dreimarkstein und Agnesgasse bei eben dieser Mariensäule, deren Stifter und Anlaß uns unbekannt sind, die herrliche Aussicht auf die Abhänge unterhalb des Dreimarksteins, auf Neuberg und das Krottenbachtal zu genießen.
Jedes Jahr am gleichen Tag trafen sich hier die Liebenden, und sie werden gewiß ebenfalls diese Aussicht bis zur Türkenschanze, die damals noch nicht von Neubauten beeinträchtigt war, genossen haben. Jahre später schrieb Raimund an seine Toni: „Nirgends tritt mir Dein Bild so schön entgegen, als in dem sanften Tale von Neustift, und eine unwillkürliche Schwärmerei ergreift mich stets schon bei dem Gedanken an dasselbe . . . Dieser Herbst erinnert mich wieder an unsere angenehmen Spaziergänge in Neustift, ich habe es neulich schon besucht, und unser Tal blüht noch so schön wie unsere Liebe."
Die Unmöglichkeit einer legalen Verbindung hatte Raimunds Leben grundsätzlich verändert. Der früher lebenslustige, wenn auch oft unglückliche Liebhaber lebte später relativ zurückgezogen, gab als Schauspieler nur noch Gastspiele und widmete sich hauptsächlich seinem literarischen Werk. Im Freundeskreis

wurde er oft melancholisch und sinnierte gern über das Sterben und den Tod, äußerte sogar den Gedanken, seinem Leben selbst ein Ende zu setzen. „Gott sei Dank", meinte jemand einmal bei dieser Gelegenheit und spielte auf einen Versuch Raimunds an, sich in seiner Jugend aus Liebeskummer zu ertränken, „Sind Sie uns am Schluß immer noch am Leben geblieben." – „Ja mei", seufzte der Dichter, „man kann sich doch nicht in einem fort umbringen."

1836 hat er sich dann aber doch umgebracht, indem er sich mit einem Handterzerol eine Kugel in den Kopf jagte, nachdem er der festen Überzeugung war, von einem tollwütigen Hund gebissen worden zu sein. Raimunds Melancholie war aber nicht allein eine psychologische Folge des Heurigen-Besuches, sondern die ihn obduzierenden Ärzte fanden dafür eine „medizinische" Erklärung, als sie seine Leber „widernatürlich groß" entdeckten ...

Wie nahe in Wien Fröhlichkeit und Melancholie beieinander liegen und so gern den Wein und den Heurigen als Katalysator benutzen, bewies hundert Jahre später der Dichter Josef Weinheber, gelegentlich ein unmäßiger Liebhaber des Heurigen, den seine Freunde nicht selten beidseitig gestützt in desolatem Zustand spät abends bei seiner treusorgenden Frau Hedwig ablieferten. Als er sich wieder einmal Viertel um Viertel bestellt und kein Ende finden will, redet man ihm ins Gewissen. „Das verstehts ihr nicht, ich brauch 's halt", verteidigt er sich. „Was? Den Rausch?" – „Na, den Kater, die Zerrüttung!"

Über den Rausch, in Wien präziser „Schwül" genannt, schrieb der Wiener Feuilletonist Rudolf Stürzer, ebenfalls leidenschaftlicher Heurigen-Anhänger (wie Mirco Jelusich berichtet): „Im allgemeinen kann man drei Stadien des Schwül feststellen; das erste äußert sich in einem freien Bekennermute der Menschheit gegenüber, das zweite in einer sanften Erotik und das dritte in einer kohlhaasischen Rechtsucht, die von Laien gemeinhin für Streitsucht gehalten und demgemäß behandelt wird."

Mehr verallgemeinernd stellte Alfred Polgar 1920 fest: „Wenn der Vulkan, auf dem wir foxtrotten, zu speien anfinge – meinen Kenner der Stadt-Psyche –, so wäre das doch nur Wirkung des Heurigen, der auf ihm wächst."

Nicht der Rausch, der Freudenrausch, der Machtrausch und auch nicht der Weinrausch ist das, was man heute beim Heurigen sucht. „Bei an Heurigen hat man kan Rausch!" stellt meine Nachbarin, eine

„Man kann sich doch nicht in einem fort umbringen", meinte der Melancholiker Ferdinand Raimund (oben). Vergessen beim Wein suchte auch Franz Schubert (Mitte), Mittelpunkt eines zechfrohen Freundeskreises, zu dem auch der Dichter Eduard von Bauernfeld gehörte (links, nach einem Gemälde von Moritz Michael Daffinger).

gestandene Mittfünfzigerin, nach dem vierten Viertel in einem kleinen Ottakringer Heurigen fest. Seit dem dritten Viertel führen wir schon unser tiefsinniges Gespräch darüber, was ein Rausch sei. Und ihr Mann erklärt: „Schaun S' – i geh' am Berg und krieg an Rausch – verstehen S', was i mein? Oder mit 'n Auto auf der Autobahn – wann 's frei is." Ja, gewiß, auch vom Wein kann man natürlich einen Rausch bekommen, aber das ist schon das letzte Stadium, jenes, das der Poldl aus Poysdorf „fix und fertig" nennt. Beim Heurigen, da bekommt man ein „Schwül" oder ist „ongstrat", aber nur höchst selten „hingstrat", einigen wir uns nach dem sechsten Viertel. Der Herr Chef will zusperren, und einer in unserer Runde ist bereits sanft am Tisch entschlummert. Als wir auf der stillen Gasse laut und herzlich voneinander Abschied nehmen, sind wir in den drei, vier Stunden unserer Bekanntschaft die besten Freunde geworden. Nur beim Heurigen kann man spontan so eine rückhaltlosehrliche Freundschaft schließen, von Mensch zu Mensch über zwei Viertel hinweg; keine Verbrüderung, denn der Wein verbindet mehr als er verbündet. Selbst die größten weltanschaulichen oder politischen Meinungsverschiedenheiten vermögen nicht zu trennen, was ein Gott Bacchus zusammenfügt. Was macht es dabei schon aus, wenn sich die solcherart herzlich geschlossene Freundschaft über diesen einen Abend hinaus nicht verwirklicht.

Nirgends ist der Wiener so zu Hause, so souverän und selbstsicher wie beim Heurigen. Darum ist auch die Verbundenheit, die der Wiener beim Heurigen empfindet, keine nach dem Motto „Einigkeit macht stark". Und doch hat er das Bewußtsein, nicht allein zu sein, kann seine Freude und sein Elend dem Nachbarn mitteilen, wie er es von diesem erfährt. Hier weiß er, wie Raimunds Valentin: „Das Schicksal setzt den Hobel an und hobelt alle gleich!"

Helmut Qualtingers „Herr Karl" weiß um diese Verbundenheit, die den Wiener Schicksals- wie Sternstunden überstehen läßt, beispielsweise den „Anschluß" Österreichs im Jahre 1938: „Naja – des war eine Begeisterung ... ein Jubel, wie man ihn sich überhaupt nicht vorstellen kann – nach diesen furchtbaren Jahren ... die traurigen Jahre ... Endlich amal hat der Wiener a Freid g'habt ... a Hetz ... ma hat was g'segn, net? Des kennen S' Ihna gar net vurstelln ... Wann san Se geborn? Achtadreißg? Naja, also, mir san alle ... i waas noch am Ring und am Heldenplatz g'standen ... unübersehbar warn mir ... man hat gefühlt, ma is unter sich ... es war wie bein Heirigen ... es war wia a riesiger Heiriger ... ! Aber feierlich. Ein Taumel."

Zu den unerklärbaren Widersprüchen des Österreichers gehört die schon von Karl Kraus aufgedeckte Lust am Untergang; sie ist ein Wesens- wenn nicht gar Schicksalszug, den in seiner unnachahmlichen Selbstverständlichkeit Ödön von Horvath seine Marianne in den „Geschichten aus dem Wienerwald" zu Alfred so ausdrückt: „Jetzt geht's mir gut. Jetzt möcht ich singen. Immer, wenn ich traurig bin, möcht ich singen ..."

Der deutsch schreibende Ungar Horvath hatte zwar einige Zeit in Wien die Schule besucht, lebte aber bis 1935 hauptsächlich in Deutschland. Von den politischen Umständen gezwungen, ließ er sich 1935 ganz in Wien nieder, wo er dem hiesigen Poeten-Brauch folgend im Kaffeehaus schrieb und arbeitete, allerdings nicht im renommiert berühmten Herrenhof, sondern lieber in der praternahen Rummelplatzatmosphäre der Leopoldstadt. Hier oder im „Weißen Rauchfangkehrer" (der damals noch kein Nobelrestaurant war) traf er auch gern beim Wein seine Freunde, etwa den Schriftsteller Ulrich Becher, der von ihm berichtet: „Er war so etwas wie ein eingefleischter Junggeselle. Beim Heurigen erschien er zumeist allein, zuweilen aber sah man ihn mit einer bildhübschen Schauspielerin über den Opernring flanieren; dann grüßte er nur ein wenig entrückt, vielleicht auch wie ein wenig geniert, Teil eines Pärchens zu sein. Merkwürdig, um ihn, der zahlreiche Liebesaffären hatte und am Heurigen- oder Kaffeehaustisch einer der letzten Geschichtenerzähler von Decamerone-Format war, wob oft Einsamkeit."

Eine dieser Geschichten, die Horvath gern beim Wein zum besten gab, berichtet Becher (im Nachwort zu „Ödön von Horvath: Stücke", Hamburg 1961). Diese Anekdote, die – wie Horvath jedesmal betont habe – eigentlich von dem Improvisationsgenie Anton Kuh sei, handelt von einem „gewissen Nacheer, der sich Professor Nachée nannte" und mit einem Schildermaler Schwarz „intim verfeindet" war:

„Der Nachée sah aus wie e jidischer Beethoven und der Schwarz wie e jidischer Liszt ... Eines Tages hielt der Professor Nachée eine Rede an die Gansler (Gänsehändler) der Leopoldstadt, die er so einleitete: 'Meine Herren von der Feder ...' Nun machte der Schwarz, um seinen intimen Feind zu verunglimpfen, ein langes Stegreifgedicht, das etwa so begann:

'Wo ich geh und steh / Wer ist bei mir? Der Herr Nachée. / Fahr ich über Berg und See / Wer fahrt mit? Der Herr Nachée. / Schleich ich mich zur Desirée / Wer schleicht mit? Der Herr Nachée. / Tret ich bestrumpft in die Moschee / Wer strumpft mit? Der Herr Nachée. / Geh ich in mein Stammcafé / Wer sitzt schon da? Der Herr Nachée.' Usw. 50 Strophen. Als der Professor Nachée davon hörte, wurde er sehr bees und beschloß, den Spieß umzudrehen. Er haatschte von Kaffee- zu Kaffeehaus der Taborstraße und fragte die Stammgäste – und andere Gäste gab es nicht –: 'No, habt's eich scho des Gedicht angheert, wus der Schildermaler Schwarz iber mich gemacht hat? Noch net? No, dann paßt's auf, i wer's deklamiern: Wo er geht und wo er steht, der Schwarz / Wer is angeblich dabei? Iach. / Geht er in sein Kaffeehaus, der Schwarz / Wer sitzt angeblich scho da? Iach. / Jedesmal wenn er verreist, der Schwarz / Wer reist angeblich mit? Iach. / Und wenn er in Konstantinopel mit die Strimpf in die Moschee haatscht / Wer ist angeblich scho drin, auch mit die Strimpf? Iach. – Hahaha, der Schwarz, nebbich e große Dichter!'"

Wenn der Stegreifdichter Schwarz auch durch die Kaffeehäuser in der Taborstraße gezogen ist, um sich mit diesen Spottversen auf seinen Intim-Feind zu produzieren, wie Horvath (oder Kuh, den Polgar einen „Sprechsteller" nannte, weil er besser erzählte als schrieb) berichtete, so war gerade diese poetische Spezies vor allem beim Heurigen beheimatet. Der Ruhm dieser Amateur-Reimer war meist lokal beschränkt auf die Gasthäuser und Heurigenschenken, in denen sie verkehrten, und da ihre Stegreifgedichte ja nie aufgeschrieben wurden, auch bald vergangen, wenn sie eines Tages verschwanden oder starben.
Lediglich der bereits erwähnte Ferdinand Sauter, dessen Gedichte, wären ihrer mehr überliefert, ihm wohl einen kleinen Platz in der Literaturgeschichte gesichert hätten, ist heute noch bekannt. Meist jedoch erhoben die Reime dieser Heurigen-Poeten keinen literarischen Anspruch. Eine gewisse Berühmtheit erreichte auch der Loisl Ungrad als Schnelldichter und Heurigen-Original. Er war klein und verwachsen und, auf seine Kunstfertigkeit beim Reimen angesprochen, gab er gern Rilke, Trakl und den jungen Weinheber als seine Lieblingsdichter und Lehrmeister an. Peter Henisch schildert in seinem Buch „Vagabundengeschichten" (München 1979) so einen Stegreif-

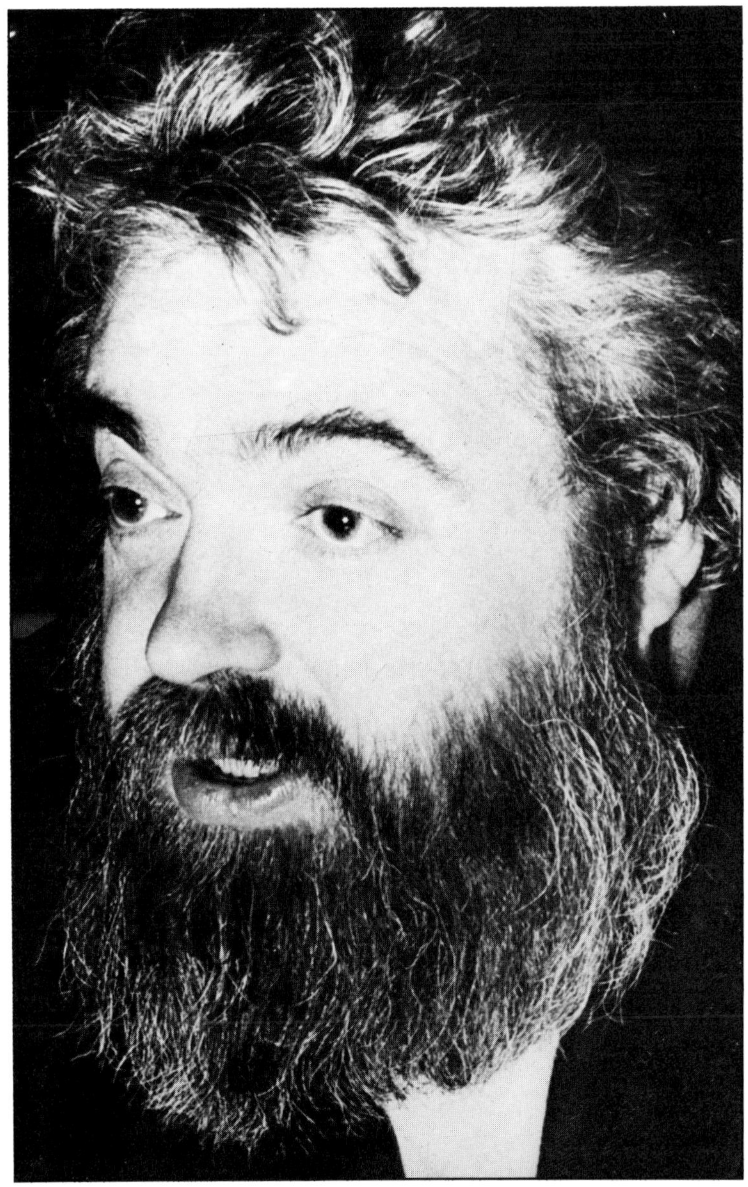

Mehr Kabarettist als Schriftsteller war der „Sprechsteller" Anton Kuh (oben), zwei Berufe, die auch Helmut Qualtinger (unten), der Schöpfer und Interpret des „Herrn Karl", des „bösen" Wieners, verbindet.

Neben den zahllosen Heurigen-Sängern kennt man nur wenige Heurigen-Dichter, deren wein-beschwingte Stegreif-Verse auch nie überliefert wurden. Auch was Karl Schmitter an solchen Abenden reimte, wissen wir heute nicht. Bekannt wurde er jedoch als Textdichter einiger Wiener Lieder.

Dichter, der für ein Viertel Wein vor allem in den Beiseln um den Naschmarkt gern eine Probe seines Könnens gab. „Leo, sag ein Gedicht“, war die stereotype Aufforderung der Stammgäste, doch Henisch, der den Versuch machte, diese Produkte mit dem Tonband aufzuzeichnen, ja Leo sogar eine Plattenaufnahme vermittelte, mußte bald die Banalität dieser Produkte erkennen, deren spontane Wirkung letztlich auf den Vortrag, auf das Milieu und die Originalität Leos beschränkt blieb.
Ein begnadeter Dichter dürfte auch Karl Schmitter nicht gewesen sein, der in den achtziger Jahren des vorigen Jahrhunderts als Volkssänger wie als Schnell-Reimer recht bekannt und beliebt war. Er trat unter anderem bei der 10er-Marie auf und häufig in Nußdorf mit den Schrammeln, für die er einige Texte schrieb, so zu Josef Schrammels berühmter Walzermelodie „Vindobona, du Perle“. Doch muß seine Trinkfestigkeit Schmitters Talent zum Dichter noch übertroffen haben.
Neben den zahlreichen musikalischen Originalen beim Heurigen, etwa manchen Wiener Volkssängern, konnte man dort in früheren Zeiten vor allem auch bestimmten Typen unter den „fliegenden Händlern“ begegnen. Der bekannteste, an den sich mach Älterer noch heute erinnert, war wohl der Salamutschimann, der mit Salami und Emmentaler, die er freihändig in feinste Scheiben schneiden konnte und auf einer Federwaage abwog, durch die Wiener Heurigengärten zog. Die Salamutschi, die es vereinzelt auch noch nach dem Ende der Monarchie bis in die dreißiger Jahre gab, waren meist Italiener, wodurch sich ihr Name erklärt. Als dann die Buschenschenken dazu übergingen, ihr eigenes Buffet immer reichhaltiger zu gestalten, starben diese Wiener Typen langsam aus. Ähnlich erging es den Bachereifrauen, die beim Heurigen aus einem Korb Bäckereien und Süßigkeiten verkauften, oder den Bretzlbuam (Bretznbäck), die neben dem Backwerk, das sie in einem Korb auf dem Rücken trugen, frische Bretzn aufgereiht auf einer langen Stange anboten. Lediglich dem Mandolettimann begegnet man noch hier und da, der von einem Holzbrett oder Tablett kandierte Früchte verkauft, und natürlich Mandelgebäck: Mandelschnitten, Mandelbögen oder Pignolikipferln (mit Pinienkernen).
Als Brotschani (Austräger von Brot und Gebäck) begann auch die Karriere des Mathias Kahovec in Sievering, der ein Original dieses Heurigenortes und als „der Motzl“ bekannt war. „Mei Vatta war der letzte

Laternenanzünder im Hieb", berichtet Motzl, der unter anderem jahrelang auch als Badewaschl (Bademeister) in Sievering tätig war. Zu dessen 80. Geburtstag 1974 stiftete der auch künstlerisch begabte Sieveringer Weinhauer Rudi Schachinger („Drei-Kugel-Schachinger") dem Motzl ein Denkmal und seinem Heimatort ein originelles Wahrzeichen. Einige Jahre noch konnte sich der Motzl selbst lebensgroß mit Brotbuttn auf dem Rücken am Eingang von Sievering, wo die Windhabergasse von der Sieveringer Straße abzweigt, bewundern: „Stolz bin i schon, daß i jetzt a Denkmal bin!"

Mit dem Ersten Weltkrieg verschwanden auch die Bosniaken, jene schwarzschnurrbärtigen Balkanbewohner, die als Hausierer mit Fes, roter Jacke und blauer Pluderhose durch Vorstadt und Vororte Wiens zogen und Perlenketten, Pfeifenköpfe, Zigarettenspitzen, Feitln (Messer) im Krummscheidln, bemalte Flascherln und Rosenöl feilboten. Kroaten dagegen waren die ebenfalls ausgestorbenen Gotschewerer (Gotscheer), Wanderhändler mit Südfrüchten und Zukkerln („Kanditen"). Außerdem hatte der Gotschewerer in einem Leinenbeutel Spiellose für „grad oder ungrad" oder „drei unter hundert". Zog man daraus die „richtige" Nummer, so konnte man eine Holzspanschachtel mit Zuckerln gewinnen.

Noch heute gibt es in einigen Heurigengegenden solche fliegenden Händler, meist ortsbekannte Originale, wie jene alte Frau im langen schwarzen Mantel, die noch in den siebziger Jahren in Perchtoldsdorf aus einem Pappkoffer gehäkelte Körbchen aus Garn, mit Zuckerwasser oder Paraffin gestärkt, verkaufte. Die weißen Biedermeierkörbchen mit den Papierveilchen, die in vielen Wohnzimmern Wiens verstauben, stammen zumeist von einem Petersdorfer Heurigenabend. Es scheint so, als wären die Originale seltener geworden, das Publikum konformer und die Betriebe in den meisten Fällen kommerzieller. Doch auf welchen Bereich unseres Lebens trifft das generell nicht zu? Gelegentlich, wenn es sehr spät geworden ist und eigentlich schon zugesperrt, treffe ich bei einem Heurigen im achtzehnten Bezirk die beiden Ausfahrer einer Milchfirma Joschi und Lupo, die ihre ungewöhnliche Arbeitszeit zu mitternächtlicher Stunde dort regelmäßig unterbrechen, um sich an der Schank zwei Stehachterln zu genehmigen. Seit mehr als zehn Jahren kennen sie die zähesten der dortigen Stammgäste, die sich mehr oder weniger „ongstrat" an ihrem allerletzten „Reiseachterl" festklammern, und genießen mit

Die Gesellschaft, die sich hier in den dreißiger Jahren wohl zufällig beim Wein zusammengefunden hat (Mitte), mag jenen „Wiener Typen" begegnet sein, die heute längst ausgestorben sind: dem Salamutschimann (links) oder der Bachereifrau mit ihrer Breznstange (unten).

lächelnder Nüchternheit deren beschwipste Scherze. Erst wenn sie eines Tages in Rente gehen und nicht mehr kommen, wird man bemerken, daß sie ja längst in das Raritätenkabinett der legendären Heurigen-Originale aufgenommen waren.
Hätten Joschi und Lupo etwa um die Jahrhundertwende ihre Milch in Ottakring ausgefahren, wären sie vielleicht an der Schank der 10er-Marie gestanden und hätten dort mit dem Kronprinzen Rudolf und seinem berühmten Leibfiaker Bratfisch geplaudert. Die Erzherzöge von heute sind – nicht nur beim Heurigen – weit weniger „erlaucht“ , und die pfeifenden Fiaker sind raunzende Taxichauffeure. „Denn“, so resümmierte Friedrich Schlögl schon vor hundert Jahren, „der Heurige hat immer und von jeher sein eigenartiges Publikum, und nur eine gewisse Volksschicht bildete seine stabilen Stammgäste.“ Und: „Auch der Besuch des Heurigen hat seine Saison und auch der Heurige bekam mit der Wandlung aller Dinge ein neues Publikum. Die räucherigen, mit Talglichtern kümmerlich erleuchteten Stuben der Hauer, die gleichfalls nicht auf's Comfortabelste eingerichteten Localitäten und Gärten jener historischen Firmen, wo seit den Tagen des grauesten Alterthums Heuriger geschänkt wurde: beim Gschwandner, Mandl, Gradinger, Stalehner, Grünbaum, Weigl oder auch beim Milliweib in Hernals, oder beim Savigni und beim Hufschmied in Dornbach usw. usw., waren nie Pflegestätten für Bildung und Gesittung, aber sie waren keine privilegierten Refugien der Demimonde, wie es heute so viele Heurigen-Etablissements sans gène sind. Dieses Renommé und vielleicht auch der bedenkliche Ruf der Weinqualität, welche es an manchen Orten ohne Zuziehung des Professors Kletzinsky nicht räthlich erscheinen läßt, auch nur einen Tropfen der Kehle und dem sonstigen Inneren anzuvertrauen, sind ohne Zweifel Schuld, daß beim Heurigen dermalen die Weintrinker in der Minorität, dagegen die Hetzsucher und was dazu gehört, in der turbulentesten Majorität sich befinden.“
Noch ein Jahrhundert später trifft Schlögls bissige Philippika gegen die Unsitten der Zeit. Die Namen und Adressen haben sich geändert, aber die fragwürdigen „Heurigen-Etablissements“ gibt es immer noch. Die meisten davon haben längst ihren Buschenschank-Status aufgeben müssen und kaufen ihren billigeren und meist schlechteren Wein nicht einmal in Wien. Schuld daran sind weder die Touristen, die unkundig glauben, ein süßer, schwerer Wein sei bekömmlicher als das leichteste resche Wiener Gewächs, noch der Herrgott, der es hier ebenso gedeihen läßt, wie es mancher Leitgeb noch ausschenkt.
Als der liebe Gott nämlich einst einen Jahrhundertwein wachsen ließ, schickte er Petrus zu einem Heurigen-Bummel nach Wien, um die Dankbarkeit der Wiener zu erkunden. Und was hörte Petrus vom Nebentisch, als er sein erstes Viertel trank? „Teufel, Teufel ist der Wein gut.“ Und voller Entsetzen kehrte Petrus in den Himmel zurück, um dem Allmächtigen zu berichten. Dieser, aufs höchste ergrimmt, ließ darauf im folgenden Jahr einen schon recht ungewöhnlichen Säuerling wachsen. Voll Schadenfreude reiste Petrus zu Martini noch einmal nach Wien. Und was sagten die Wiener diesmal beim Heurigen? – „Herrgott, ist der Wein sauer!“

Stelzen, Salzgurken und Liptauer Was man zum Trinken essen kann

Es war in den mageren Jahren nach dem Zweiten Weltkrieg, die Lebensmittel waren rationiert, und insbesondere in den großen Städten war die Ernährungslage oft kritisch. Auf dem Lande hatte man noch, was man selbst erzeugte oder was ein „schwarz" geschlachtetes Schwein erbrachte. Aber in den Gemeindebauten der Stadt konnte man keine Schweine halten, nicht einmal Hühner, um in den regelmäßigen Genuß von Eiern zu kommen. Natürlich bekam man vieles auf dem „schwarzen Markt", allerdings gegen horrende Preise.

Manche Wiener fuhren an Wochenenden nach Niederösterreich oder ins Burgenland, wo man mit ein wenig Glück dies oder das im Tauschhandel zur Bereicherung der eigenen Küche ergattern konnte. Zu denen, die es hier und da vielleicht ebenfalls etwas leichter hatten, gehörten die Pfarrer auf dem Lande, denn entweder hatten sie selbst eine kleine Landwirtschaft, wenigstens ein paar Hühner, oder sie wurden doch von ihren frommen Pfarrkindern nicht im Stich gelassen, die ihnen hin und wieder eine Speckseite oder wenigstens ein paar Knackwürste zukommen ließen.

Auch Pfarrer Hartmann in Neustift gehörte zu den Glückskindern dieser Zeit, denn erstens war er bei seinen Schäfchen beliebt, zum zweiten selbst nicht unbegütert, so daß er in dieser Hinsicht nicht nur anderen helfen konnte, die er in Not sah, sondern gelegentlich auch sich selbst. Die Popularität des Pfarrer Hartmann, der mit seinem Bruder, einem pensionierten Richter, im Pfarrhaus einen gemeinsamen Haushalt bestritt, lag sicher auch daran, daß er gerne beim Heurigen saß, reihum, versteht sich, einmal bei diesem, dann bei jenem seiner Pfarrkinder in Neustift. An einem sonnigen Freitag Nachmittag tauchten also wieder einmal die Brüder Hartmann in einem Heurigengarten in der Rathstraße auf, setzten sich nieder, bestellten ihre zwei Viertel und entnahmen einem mitgebrachten Körbchen einige Köstlichkeiten, die sie sich zum Nachtmahl mitgebracht hatten, keineswegs opulent, doch für damalige Zeiten nicht gerade mager. Vor allem eine herrliche Knackwurst verbreitete bald ihren Duft bis hinüber an die Nebentische. Die beiden alten Herren taten sich eben an ein paar Scheiben Brot, einem Emmentaler und der besagten Wurst gütlich, als sich ein Herr am Nebentisch erhob und zu ihnen an den Tisch trat.

„Verzeihung, Hochwürden", sagte der Gast von nebenan gedämpft, so daß es nur die Nächstsitzenden

hören konnten, „sollte es Hochwürden entgangen sein, daß wir heute Freitag haben?"
Pfarrer Hartmann, mit der Wurst in der Hand, lehnte sich auf der Bank zurück. „Ja, ja, mein Sohn", murmelte er, dann blitzte ein leichtes Lächeln in seinen Augen, und er sagte laut: „Aber was, glauben Sie, ist wohl die größere Sünde, daß ich heute am Fasttag meine Knackwurst friß oder daß diese herrliche, frische Knackwurst morgen hin ist?"

Erlebnisse beim Heurigen liefern Anekdoten, die vom Wein, von der Musik, vom Sterben oder von den verschiedenen zwischenmenschlichen Beziehungen leben. Die Geschichte dieses Pfarrers aus Neustift ist eine der wenigen, die vom Essen beim Heurigen handeln. Es ist vielleicht das erstaunlichste am ganzen Heurigen, daß ausgerechnet das Essen hier so eine junge Disziplin ist. Denn es gehört zu den wichtigsten und bedeutsamsten Nebensächlichkeiten, die den Wiener bekanntlich weit mehr beschäftigen, als die sogenannten Hauptsachen, zu denen er oft gar nicht kommt. Wie auf der einen Seite der Heurige, hat auf der anderen auch das Essen an sich, und zwar in qualitativer wie in quantitativer Hinsicht, eine bis heute ungebrochene und beeindruckende Tradition. Mit einem Wort: Der Wiener hat immer gern gegessen. Damit ist nicht eine ordinäre Freßsucht gemeint – sie ist eher naheliegende, aber keineswegs notwendige Folgeerscheinung – sondern: Von allen Genüssen, denen sich der Wiener gerne hingibt, gehört das Essen zu den lebensnotwendigen.
Schon im Mittelalter, einer generell besonders eß- und trinkfreudigen Zeit, bemühte man sich vor allem im österreichisch-süddeutschen Raum, den Freß- und Saufgelagen einen gewissen Stil angedeihen zu lassen. Die ersten Anleitungen, wie man sich bei einem Gelage zu benehmen habe, muten uns wie ein exotisches Einmaleins des guten Tones an. Anders als etwa im deutschen Norden war es verpönt, beim Essen zu rülpsen oder überhaupt körperliche Geräusche zuzulassen. Man tunkte auch nicht, da man ja noch keine Bestecke kannte, mit einem bereits angebissenen Stück Brot in die gemeinsame Sauce, und man wusch sich nach jedem Gang die Hände. Das ist um so erstaunlicher, da die damalige Speisefolge deren nicht wenige kannte. Begann doch ein richtiges Gelage bereits um zehn Uhr vormittags und endete erst mit Einbruch der Dunkelheit. Freilich wurden die Pausen zwischen den Gängen mit zahlreichen Darbietungen von Musikanten, Sängern, Gauklern und anderen „Narren" reichlich gefüllt.
Schon bei diesen Mahlzeiten, die man natürlich nicht täglich, sondern nur aus bestimmten, wenn auch nicht seltenen Anlässen veranstaltete, wurde reichlich und vor allem Wein getrunken. Noch mehr dagegen wurde in den urbanen Heurigen-Trinkstuben der Bürger gesoffen. Hier jedoch war die Beigabe des Essens schon vom Gesetz her Nebensache, denn eine Wiener Verordnung aus dem Jahre 1403 besagte: „es sol jedermann in sein selbs haus schenken und sol nicht mer darauf geben als prat und zvival und aschleich." Und mit Brot, Zwiebel und Knoblauch sollte es dann ja auch jahrhundertelang beim Heurigen sein Bewenden haben. Hätten die Wiener also nicht über ihre Eßlust hinaus noch immer einen besonderen Gusto auf Wein gehabt, den Wiener Heurigen würde es heute längst nicht mehr geben.
Der Österreicher liebt die Freuden des Lebens, und da Genuß für ihn nicht unbedingt Selbstzweck sein muß, hat er bereits früh die Fähigkeit entwickelt, auch die Notwendigkeiten der Existenz in diese genießerische Freude einzubeziehen. Während andere Völker sich damit begnügten, die Nahrungsaufnahme als eine der Hauptsachen zu akzeptieren, kümmerte er sich um die Nebensache einer Eßkultur, wohl wissend, daß diese ja notwendigerweise das Essen selbst mit einschließt.
Es kann nur einem Berliner wie Friedrich Nicolai passieren, daß er, den kulturellen Aspekt übergehend, die daraus resultierende Freßsucht der Wiener anprangert: „Aber wie weit Schleckereien und Gefräßigkeit bei den mittleren und niedrigen Ständen dieser Stadt gehen, davon kann man keine Idee haben, wenn man es nicht gesehen hat. Ein wohlhabender Bürger in Wien ißt beinahe den ganzen Tag. Schon in der Früh schlürft er im Sommer ein paar Seidel Obers oder Milchrahm in sich und genießt eine gehörige Anzahl Kipfel oder Milchbrötchen dazu. Im Winter aber tunkt er seine Eierkipfel in Milchkaffee, und ehe er in die Messe geht, stopft er eine gute Portion Gebetwürstel in sich. Noch vormittags ist er im Sommer im Kirschweinkeller oder im Metkeller anzutreffen, und dabei wird wieder etwas Kaltes genossen. Zu Mittage ißt er gewöhnlich vier Gerichte, und von jedem nicht wenig. Alsdann setzt er sich ein halbes Stündlein in den Schaukelstuhl und schaukelt sich, um die Verdauung zu befördern. Dafür kann er auch gegen vier ein tüchtiges Jausen- oder Vesperbrot zu sich nehmen."

Den Wienern Freßsucht vorzuwerfen, ist genauso vordergründig gedacht, als würde man Picasso ankreiden, daß er so viele Bilder gemalt hat. Denn dank der Habsburger Geschichte hat man hierzulande etwas daraus gemacht: die erste und einzige „Küche", die nach einer Stadt und nicht nach einem Land oder einer Landschaft benannt wurde.

Die Wiener Küche zeichnet sich durch ihre fast exotische Vielfalt, durch Originalität und Internationalität aus. Gelegentlich versucht man sie abzuwerten als ein Sammelsurium der 676 600 Quadratkilometer großen k. u. k. Monarchie, als ein Konglomerat der Freßgewohnheiten von 52 Millionen Menschen, die 16 verschiedene Sprachen sprechen und wenigstens ebensoviele nationale „Küchen" eingebracht haben. Aber für all diese nationalen Einflüsse aus Polen, Ungarn, Böhmen, Serbien und der Türkei war Wien der große Schmelztiegel, der daraus nicht den multinationalen Eintopf, sondern die ihm eigene und angepaßte „Wiener" Küche machte, ein zentralistisches Ergebnis der föderativen Donau-Monarchie. So wurde aus einem Eisbein eine Stelze, aus dem Mailänder ein Wiener Schnitzel oder aus dem ungarischen Paprikasch ein Wiener Saftgulasch. Und doch schmeckt in einem Wiener Beisl ein serbisches Reisfleisch anders als in Belgrad, ein Szegediner Gulyas anders als in Budapest.

Die Entstehung der Wiener Küche war ein langwieriger Prozeß und letztlich immer eine (Spät-)Folge politischer Ereignisse. Diese Vielfalt fremder Einflüsse schlägt sich bereits in dem Kochbuch der Philippine Welser (1527 bis 1580) nieder. Die Augsburger Patriziertochter heiratete 1557 Erzherzog Ferdinand II., einen Sohn Kaiser Ferdinand I., 1567 übersiedelten sie von Böhmen nach Tirol, wo Ferdinand II. Statthalter wurde, und pflegten dort ein gastliches Haus. Die „bürgerliche" Küche der Philippine Welser zeigt deutliche Einflüsse aus Böhmen und dem nahegelegenen Italien, dessen Küche im sechzehnten Jahrhundert führend war. Die Tiroler Knödel sind längst ein Bestandteil der Wiener (oder österreichischen) Küche und können doch ihre böhmische Herkunft nicht verleugnen.

So ist es noch nicht einmal 200 Jahre her, als sich das endgültig zu manifestieren begann, was wir seitdem die „Wiener Küche" nennen, sich dokumentierend in den ersten Kochbüchern, die bald zu einer wahren Flut anwuchsen. Das gebräuchlichste von ihnen

Auch schon im Mittelalter wußte man in Wiener Bürgerhäusern gut und üppig zu essen. Wie diese zeitgenössischen Holzschnitte zeigen, war das endlose Fressen und Saufen nicht unbedingt immer bekömmlich, doch dafür waren dazumal die Tischsitten noch nicht so streng, und auf Hygiene wurde wenig Bedacht genommen.

wurde die 1858 erschienene „Süddeutsche Küche" der Katharina Prato. In 99 Jahren erlebte sie 80 Auflagen und findet heute noch als „Die große Prato" Verwendung.
Was aber, wird der Leser vielleicht fragen, hat die Wiener Küche mit dem Heurigen zu tun? Nichts. Oder doch fast nichts, wenigstens bis zu Beginn des Zweiten Weltkrieges. Das aber ist um so erstaunlicher, als die Freude der Wiener am Essen der Beliebtheit des Heurigen in keiner Weise nachsteht – und umgekehrt. Die Wiener Küche hatte ihren Siegeszug zu Beginn des Biedermeier angetreten, als sie auch für das Bürgertum maßgebend wurde, in einer Zeit also, als auch der Heurige als Attraktion des Bürgertums seine Hochblüte erlebte. Trotzdem war eine Vermischung der beiden nicht denkbar, es sei denn als eine der Erklärungen dafür, daß seitdem aus zahlreichen Buschenschenken immer wieder ganz normale Gasthäuser wurden. War es doch dem Leitgeb verboten, zum Wein mehr als eine kleine Auswahl kalter Speisen anzubieten.
Doch der Heurige überlebte, trotz der Vorliebe der Wiener für gutes (und häufiges) Essen. Erst Ende der dreißiger Jahre wurden die engen Begrenzungen des kalten Heurigen-Buffets etwas gelockert. Genaugenommen erfolgte der Einzug der Wiener Küche, allerdings nur in einem ganz bestimmten Umfang, beim Heurigen erst in den fünfziger und sechziger Jahren. Das Heurigen-Buffet, wie wir es heute kennen, ist also noch ein Twen. Dabei ist es keineswegs so etwas wie ein Ableger der Wiener Küche, beispielsweise deren „kalte" Komponente. Wie die Wiener Küche sich aus zahlreichen fremden Einflüssen zur Eigenständigkeit entwickelte, so verschmolzen auch im Heurigen-Buffet Eigenes und Fremdes mit der Wiener Küche zu einer eigenständigen Eßkultur, die ihre sekundäre Placierung beim Heurigen nie verleugnet, denn dort kommt das Essen nach dem Wein.
Überall in der Welt gilt die gastrosophische Rangfolge, daß man zum Essen etwas trinkt. Nur beim Wiener Heurigen ist es umgekehrt: Dort ißt man etwas zum Trinken.
Es soll in Europa Landstriche geben, wo man nicht notwendigerweise zum Essen ein Getränk genießt. Das ist in Wien undenkbar. Schon im Barock, wo ein Essen wenigstens aus acht Gängen bestand, war es üblich, dazu 12 bis 18 verschiedene Sorten Wein zu trinken. Heute – denn es war nicht immer so – ist es beim Heurigen umgekehrt ähnlich. Für den Wiener, bei dem die Zwischenmahlzeit, die Jause, oft unter der Hand zu einer Art Hauptmahlzeit ausartet, ist es beim Heurigen fast selbstverständlich, mit oder nach dem ersten Viertel sich etwas vom Buffet zu holen. Und das Angebot dieses Buffets richtet sich nach der Gewohnheit, wohl einmal als Hauptgericht Dinge zu sich zu nehmen, die gewöhnlich einer Zwischenmahlzeit vorbehalten sind, aber nie Hauptspeisen zwischendurch zu essen. Schon aus diesem Grund wird man bestimmte Sachen nie in einem Heurigen-Buffet finden.

Aber – und hier folgt nach dem Exkurs über die Wiener Küche nun ein notwendiger zweiter – auch Kaffee hat es nie beim Heurigen gegeben. Und kein Bier, obwohl der Wiener ein ebenso großer Bier- wie Weintrinker ist.

Wenn es irgendeines Beweises bedarf, daß der Wiener unvoreingenommen und nicht nachtragend ist, so kann der Kaffee gut dafür herhalten. Der Wiener hat den Kaffee nicht erfunden, aber er hat etwas daraus gemacht. Denn es waren die Türken, die Wien zweimal belagerten, ihm arg zugesetzt und dabei sämtliche Weinberge vor den Toren der Stadt zerstörten und trotzdem als Ahnherren des Wiener Kaffeehauses gelten müssen. Aber wie bei der Wiener Küche wurde auch hier das Übernommene in einer Weise kultiviert, daß sich bald jeder Türke in einem Wiener Kaffeehaus in der Fremde fühlen mußte.
So wie das Kaffeehaus zum Treffpunkt des geistigen Wiens wurde, blieb der Heurige seine sinnliche Variante. Er überlebte alle revolutionären Ideen, die in einem Wiener Kaffeehaus erfunden wurden. Während der Heurige heute mehr denn je floriert, kämpft von diesen beiden klassischen Wiener Trinkstätten das Kaffeehaus ums Überleben.
In Österreich wird dreimal soviel Bier wie Wein getrunken. Selbst der Wiener läßt – auf seinen jährlichen Weinkonsum bezogen – etwa das eineinhalbfache bis Doppelte an Bier die Kehle hinabrinnen. Den Heurigen unserer germanischen Ahnen, das Met, konnte man in Wien noch im neunzehnten Jahrhundert bekommen, denn erst knapp vor dem Ersten Weltkrieg wurde der letzte Wiener Met-Keller, „Zum süßen Löchl" zugesperrt.
Ihre Liebe zum Bier entdeckten die Wiener bereits im dreizehnten Jahrhundert, als sie es sich noch zu Hause selbst brauen mußten. Bald nahm die Selbstversor-

gung so überhand, daß man, um den Wein zu schützen, das uneingeschränkte Bierbrauen verbot und zum landesfürstlichen Monopol erklärte. Als Lehen besaß um 1400 Hans Zink das Braurecht in Wien, dessen Nachfolger Stephan Kraft es 1432 an das Bürgerspital verkaufte. Dieses eröffnete 1437 ein eigenes Brauhaus, das 350 Jahre bestand.

Doch die Stadt konnte nicht verhindern, daß bald außerhalb des Burgfriedens vor den Toren weitere Brauereien gebaut wurden. Nachdem nach 1704 die Linienwälle errichtet worden waren, zählte man um die Mitte des Jahrhunderts innerhalb der Linie bereits sieben Brauhäuser. Hundert Jahre später erwarb Ignaz Mauthner das Siechenhaus St. Marx und vergrößerte dort das 1706 vom Bürgerspital erbaute Brauhaus. Bald konnte er sein St.-Marxer-Bier auch außerhalb Wiens verkaufen. 1760 war aus Württemberg Franz Anton Dreher in Wien eingewandert und gründete hier (1794) eine Brauerei. Sein Sohn Anton Dreher, der 1840 das untergärige Lagerbier einführte, machte die Firma zur größten Brauerei des Kontinents.

Im neunzehnten Jahrhundert ließen sich selbst in so traditionsreichen Wein- und Heurigen-Orten wie Ottakring, Nußdorf und Grinzing Bierbrauereien nieder. 1921 produzierten die beiden letztgenannten Brauhäuser zusammen mehr als zehnmal soviel Bier wie die damals 425 Weinhauer des ganzen neunzehnten Bezirks an Wein, von dem sie in jenem Jahr über 8000 Hektoliter an die Wiener ausschenkten. Daß der Wiener trotz seiner heftigen Vorliebe für Kaffee und Bier letztlich ein Weintrinker geblieben ist, kann er vor allem der Einrichtung des Wiener Heurigen zuschreiben. Denn während im Gasthaus immer öfter das billigere Bier dem teureren Wein vorgezogen wurde, konnten die Hauer dank des Buschenschank-Privilegs ihren Wein zu relativ günstigen Preisen ausschenken.

Im Buschenschank nicht erlaubt ist neben Kaffee, Bier und Branntwein seltsamerweise auch Glühwein. Dabei ist der mit Nelken und Zimt und vielleicht Wacholderbeeren gewürzte Glühwein ein letztes Relikt früherer Jahrhunderte. Bei unseren mittelalterlichen Vorfahren war das Würzen und Süßen des Weines gang und gäbe, einen Brauch, den sie bereits von den Römern übernommen, die es wiederum von den Griechen gelernt hatten. (Dort wird noch heute der Retsina, ein geharzter Wein, getrunken.)

Nicht nur dem Wein, sondern auch dem Bier sprach man in Wien schon immer gerne zu, wie die Zeichnung „In der Schwemme" von Hans Schliessmann zeigt (oben). Und während die Herren der Schöpfung bei Wein oder Bier die Geselligkeit pflegten, durften sie sich darauf verlassen, daß die Gattin am häuslichen Herd, wie er damals üblich war (unten) die köstlichsten Speisen vorbereitete.

Im Mittelalter kelterte man in Wien einen Wein, der nicht nur leicht und trüb, sondern auch sehr sauer war. Er konnte eine Verfeinerung durch Zucker oder Honig und Würzkräuter brauchen. Wer von diesem versetzten Wein zum Essen die üblichen zwei bis drei Maß (mehr als drei Liter) trank, mußte deshalb noch lange nicht unter dem Tisch liegen. Da man keine Spätlesen kannte und die Trauben sehr viel früher erntete, entwickelten sie nicht allzuviel Traubenzukker und bei der Gärung sehr viel weniger Alkohol. Dafür hatte der Wein um so mehr Säure, die unsere Altvordern vor allem mit Honig neutralisierten. Dazu aromatisierte man ihn mit allerlei Kräutern und damals schon bekannten Gewürzen wie Zimt und Muskat, Fenchel, Ingwer, Minze, Salbei oder Majoran. Besonders beliebt war Safran, den man damals vor den Toren der Stadt kultivierte.

In den einfachen Trinkstuben und Heurigenschenken wird man sich in der Regel allerdings mit dem Süßen des Weines und vielleicht dem Zusetzen von Safran, den es ja reichlich gab, begnügt haben. Je vornehmer und höfischer die Tafel war, um so fleißiger und raffinierter wurde gewürzt. Denn Wein war ja ein weitverbreitetes und billiges Volksgetränk, und erst die Verfeinerung machte den Unterschied gegenüber dem einfachen Volk auf den Gassen oder der Landbevölkerung.

Eine Weinkultur in unserem heutigen Sinne gab es nicht. Man kannte keine Jahrgänge, weil man den Wein nicht reifen ließ. Getrunken wurde immer der junge Wein. Ganz Wien kannte damals nur den Heurigen.

Daß man den Wein in Fässern am besten lagern und transportieren kann, war bereits schon vor den Römern bekannt, die diese Praxis dann übernahmen. Karaffen und Flaschen aus Glas waren viel zu kostbar, als daß man sie allgemein bei Tisch verwendet hätte. Erst mit Beginn des siebzehnten Jahrhunderts begann man Flaschen zu verwenden, um in ihnen den Wein aus dem Faß im Keller auf den Tisch zu bringen. Gleichzeitig bahnte sich auch eine Kultivierung der Weinherstellung an. Richtig zum Zuge kam sie jedoch erst, als die Portugiesen 1780 den Korken als idealen Verschluß einer Flasche erfanden.

Noch heute kommt die Hälfte aller Korken aus Portugal, wo man den in großen Wäldern angebauten Korkeichen alle neun Jahre die Rinde abschält. Nun konnte man den Wein in Flaschen lagern, und zwar liegend, weil der dann vollgesogene Korken sie luftdicht abschloß. Bis dahin hatte man den Wein in den offenen Flaschen und Fässern mit einer Wachs- oder – noch einfacher – einer Ölschicht geschützt, die jedesmal wieder mühsam entfernt werden mußte. Heute verwendet man zum Abfüllen des fertigen Jungweins die üblichen Doppelliterflaschen, in denen man den Heurigen auch beim Hauer oder in manchen Geschäften kaufen kann.

Als Trinkgefäße wurden noch lange Zeit irdene Becher (früher auch gelegentlich Zinnbecher) verwendet, als man in herrschaftlichen Häusern bereits überwiegend Gläser zum Trinken benutzte. Bekanntlich gehört die Glasherstellung zu den ältesten Kunsthandwerker-Berufen, doch war Glas immer relativ teuer und fand jahrhundertelang hauptsächlich als Zier- und Prunkgefäß Verwendung. Auch später waren Trinkgläser nur an vornehmen Tafeln zu finden. Die ursprünglichen Heurigengläser waren demnach den einfachen Trinkbechern nachgeformt, obwohl man anderenorts den Wein bereits aus Römern trank. Noch heute bekommt man Römer nur in manchen Weinschenken oder Pseudo-Heurigen. Dagegen wird hier und da der Wein auch beim Heurigen noch in den schlichten, leicht bauchigen Bechergläsern statt in den weitverbreiteten typischen Henkelgläsern serviert. Die Behauptung, daß das Henkelglas eine Folge der primitiven Eßsitten beim Heurigen sei, weil man mit den fettigen Fingern nicht das Glas selbst, sondern nur den Henkel beschmutzen würde, mag zwar logisch sein, ist aber sicher nicht nachweisbar.

So weit zurückreichend die Geschichte des Wiener Heurigen ist, so jung ist jene des Heurigen-Buffets. Sie beginnt am 26. August 1939 mit einer „Verordnung des Reichskommissars für die Wiedervereinigung Österreichs mit dem Deutschen Reich – Verwaltung der Stadt Wien über den Ausschank von selbsterzeugtem Wein und Most", der sogenannten Buschenschankverordnung des damaligen Gauleiters Bürckel. Daß dieser bereits ein Jahr, nachdem die „Ostmark" den Segnungen des tausendjährigen deutschen Reiches angeschlossen wurde, seine gesetzgeberische Sorge den Weinhauern und Buschenschenkern angedeihen ließ, ist um so erstaunlicher, weil er wegen seiner Liebe zum Gerstensaft im Volksmund bald „Bierleiter Gauckel" genannt wurde.

Die Verordnung galt für das damalige Groß-Wien, also inklusive Teile der Südbahn (bis Gumpoldskirchen und Guntramsdorf), des gesamten Bisamberges und

Klosterneuburg. Sie sicherte vor allem den österreichischen Weinbauern ihr traditionelles Buschenschank-Privileg in einer rechts- und wirtschaftspolitisch neuen Situation, definiert und präzisiert deren überkommene Rechte und Pflichten in bezug auf den Heurigen-Ausschank. Insgesamt weicht sie nur unerheblich von den früheren und späteren gesetzlichen Regelungen ab. Der erste Absatz des Paragraph 12 enthält allerdings eine wesentliche Neuerung:

„Den Buschenschenkern ist es bei Ausübung des Buschenschankes gestattet, außer den folgenden Erzeugnissen der eigenen Landwirtschaft Obst, Nüsse, harte Eier, auch Gebäck, Weinbäckerei, Sodawasser und heimische Mineralwässer an die Gäste zu verkaufen. Auch ist es zulässig, folgende kalte Fleischwaren: Selchfleisch, Hartwurst, Weichwurst zu verabreichen, jedoch gleichzeitig höchstens drei Sorten und weiters heimischen Käse und eingelegte Gurken."

Bis dahin hatte ein Buschenschenker, jedenfalls offiziell, kaum mehr an Eßbarem seinen Gästen offerieren können als schon im Mittelalter. In der Praxis hatte die Regelung gegolten: Es ist alles erlaubt, was der Weinbauer selbst erzeugt (Obst, Nüsse usw.), abgesehen vielleicht noch von Brot und Gebäck. Letztlich war das Angebot eines kalten Buffets auch nicht notwendig, denn es hatte sich eingebürgert, daß man zum Heurigen ein Jausen-Paket mitbrachte: Ein Stück kaltes Fleisch oder eine Wurst, Käse, Eier, Paradeiser oder Gurke und ein wenig Brot oder Gebäck. Fürsorgliche Hausfrauen und Familienmütter hatten überdies auch Salz, Besteck und eine Serviette als Tischtuch-Ersatz in ihrem Heurigen-Korb. Was fehlte, konnte man meist bei einem auftauchenden „Salamutschimann" oder „Bretzelbuam" erstehen.
Auch heute, wo die fliegenden Viktualienhändler, durch das oft üppige Heurigen-Buffet ersetzt, völlig ausgestorben sind, ist der Brauch, sich die eigene Jause mitzubringen, noch üblich, wenn auch immer seltener geworden. Aber da der Wiener ein Gourmet der eigenen Küche ist, zieht mancher das selbst geselchte oder gebratene Fleisch dem Angebot des Buffets vor. Außerdem ist es natürlich billiger, und ganz abgesehen davon, daß es auch – meist kleine – Heurige gibt, die ihr Buffet noch immer mit der schmalen Auswahl von 1939 bestücken.
Denn natürlich blieb es nicht bei Selchfleisch, Hart- und Weichwurst. Schon bald deutete man den Zusatz „höchstens drei Sorten" dahingehend: drei Sorten Fleisch, drei Sorten Hartwurst und drei Sorten Weichwurst, um mit einer gewissen Vielfalt den anspruchsvollen Eßgewohnheiten der Wiener entgegenzukommen. Generell wurde diese Vielfalt des kalten Heurigen-Buffets allerdings erst 1954 legitimiert.
Zu der in den fünfziger und sechziger Jahren neuerlich gewachsenen Beliebtheit des Heurigen haben ohne Zweifel auch diese Erweiterungen in seinem Angebot beigetragen. So stellte sich schließlich nach dem Gesetz von Angebot und Nachfrage auch das Bedürfnis nach warmen Speisen ein. Ohne das Gesetz ändern zu müssen, löste man das Problem quasi verwaltungstechnisch, indem man den Buschenschenkern die Möglichkeit bot, nebenbei eine gastronomische Schmalspur-Konzession zu erwerben, die Lizenz für ein erweitertes Heurigen-Buffet. Insofern eine echt österreichische Lösung, als der Gesetzgeber in strenger Trennung das gleichzeitige Führen eines Buschenschankes und eines gastronomischen Betriebes ausschließt. Damit es nun wirklich kein Durcheinander und keine Verwirrung, keinen Ballawatsch gibt, müssen Buschenschank und die erweiterte Buffet-Konzession auch gewerberechtlich sauber getrennt sein. Zwar darf diese Konzession nur im Buschenschank-Lokal und nur während der angemeldeten Ausg'steckt-Zeiten betrieben werden, aber nicht vom Buschenschenker selbst, weshalb hier meist die Gattin oder eine weibliche Verwandte nicht nur in der Praxis, sondern sozusagen auch gewerberechtlich waltet.
Hier darf nun an Speisen angeboten werden, was das Wiener Herz begehrt, ausgenommen warme Beilagen und Getränke. Diese letzte Einschränkung charakterisiert heute das Heurigen-Buffet, an dem man wohl die verschiedensten kalten Salate, vom Erdäpfelsalat über Gurken-, Bohnen-, Fisolen- bis zum Wurstsalat findet, aber keinen Salzerdäpfel oder ein warmes Gemüse, wohl Topfenstrudel und Schinken- oder Krautfleckerl, aber kein Fleischgericht mit einer eigens zubereiteten Soße.

Als man 1975 daranging, endlich auch in Wien die immer noch gültige Bürckel-Verordnung durch ein neues Buschenschankgesetz zu ersetzen, das dann am 12. Jänner 1976 in Kraft trat, fand sich darin nur ein lakonischer Ausnahmehinweis auf diese inzwischen getroffene Sonderregelung. Trotz einer nochmaligen Erweiterung des Speisenangebots heißt es dort in Paragraph 10, Absatz 2:

Die beiden — gesetzlich vorgeschriebenen und geschützten — Kennzeichen jedes Buschenschanks sind die „Ausg'steckt-Tafel" (oben) und der Weinzeiger (unten), der in vielfältigen Formen vorkommt, als Kranz, als Stern (aus Stroh) oder als Buschen, wie er in Wien am häufigsten anzutreffen ist.

„Buschenschenkern ist ferner auch die Verabreichung von allen heimischen Wurst- und Käsesorten, Schinken und geräuchertem Fleisch, Speck, kaltem Fleisch und kaltem Geflügel, Sardinen, Sardellenringen und Rollmöpsen, Salaten, Essiggemüse, hartgekochten Eiern, Brotaufstrichen aller Art, Butter und Schmalz, Grammeln, Salzmandeln und Erdnüssen, Weingebäck wie Weinbeissern, Kartoffelrohscheiben und Salzgebäck, Brot und Gebäck sowie heimischem Obst und Gemüse unter Ausschluß aller warmen Speisen gestattet."

Das Heurigen-Buffet ist also grundsätzlich kalt, ein warmes Speisenangebot die Ausnahme, die einer eigenen Konzession bedarf. Es wird nur den Nicht-Wiener überraschen, daß heute bei den meisten größeren und mittleren Heurigen die Ausnahme die Regel ist.

In den Buschenschankgesetzen der Bundesländer Wien, Niederösterreich, Burgenland und Steiermark ist die Ausübung des Buschenschanks genau geregelt. Die entsprechenden Gesetze aus der Vorkriegszeit wurden im Burgenland 1957, in der Steiermark 1958, in Niederösterreich 1974 und in Wien 1976 durch Neufassungen ersetzt. Sie besagen, von geringfügigen und zum Teil landesüblichen Abweichungen abgesehen, alle das gleiche:
Ein Buschenschank darf nur an dem Ort eröffnet werden, wo der Besitzer auch seine Wein- oder Obstgärten, seine Betriebsstätte und seinen ordentlichen Wohnsitz hat. Dazu rechnen allerdings auch Weingärten außerhalb der Gemeindegrenze bis zu einer Entfernung von zehn Kilometern Luftlinie.
Ausgeschenkt werden dürfen nur Wein, Sturm, Traubenmost und Traubensaft der eigenen Ernte, ebenso Obstwein, Obstmost usw. Nicht erlaubt ist der Zukauf von Trauben, Traubensaft, Maische, Most, Sturm, Wein, Preßobst, Obstsaft, Obstmost oder Obstwein. Hierüber muß der Buschenschenker bei der Anmeldung eine sogenannte Zukaufserklärung abgeben (die korrekterweise Nicht-Zukaufserklärung heißen müßte).
Nach der Verordnung von 1939 durfte der Zeitraum, innerhalb dessen ausgeschenkt wurde, „im Kalenderjahr nicht länger als sechs Monate sein. Während dieser Zeit kann der Ausschank auch unterbrochen werden." Heute darf der Wiener Buschenschenker an 300 Tagen im Jahr ausstecken, rechnet er Betriebsferien und vielleicht einen Ruhetag in der Woche ab, also ganzjährig. Eine abweichende Regelung gilt in

Niederösterreich, wo längstens drei Monate hintereinander ausg'steckt werden darf und dazwischen der Buschenschank wenigstens vier Wochen lang geschlossen bleiben muß. Jedoch sind unter bestimmten Umständen Ausnahmen möglich.
Die Öffnungszeiten müssen zwischen 8 und 24 Uhr liegen. In der Praxis wird jedoch meistens um 15 oder 16 Uhr aufgesperrt und um 23 oder spätestens 24 Uhr geschlossen. Hier hat jeder Buschenschank seine eigene Regelung, etwa indem er sonntags bereits früher öffnet, ja einzelne schon um 10 oder 11 Uhr am Vormittag, von Eingeweihten als „Elfermesse" bezeichnet.
Die Buschenschankerlaubnis ist zwar für jeden Weinhauer, der die gesetzlichen Auflagen erfüllt, frei, muß jedoch spätestens drei Wochen vor der geplanten Eröffnung angemeldet werden. Übertretungen im Sinne des Gesetzes können in Wien mit einer Geldstrafe bis zu 20 000 Schilling geahndet werden und in krassen oder Wiederholungsfällen mit Entzug der Buschenschankerlaubnis bis zu zwei Jahren.
Auch das äußere wesentliche Merkmal des Buschenschanks ist im Gesetz vorgeschrieben: das Buschenschankzeichen. Es hat „aus einem Föhren-, Tannen- oder Fichtenbuschen zu bestehen". Dieser (lebende) Buschen ist geschützt und darf nur von Buschenschenkern verwendet werden. Ein Blechzeichen, zum Beispiel als Kranz aus Weinlaub, fällt nicht darunter, weshalb diese Art bei bestimmten gastronomischen Betrieben, die sich zwar Heurigen- oder Weinschank, aber nicht Buschenschank nennen dürfen, sehr beliebt ist. Die zweite Kennzeichnung eines Buschenschanks besteht in einer Hinweis-Tafel, die den Vor- und Familiennamen des Buschenschenkers enthalten muß.
Die Tradition, den Ausschank von Wein und in früheren Zeiten gelegentlich auch von Bier durch das Ausstecken von Buschen oder von Kränzen aus Laub, Stroh, Holz oder Blech anzuzeigen, ist uralt. Einen Kranz aus Efeu kannten schon die Römer. Karl der Große schrieb den Weinlaub- oder Traubenkranz vor (siehe im Kapitel „Zwölfhundert Jahre Buschenschank"). Letzterer wird jedoch nur in einer Kunstform aus Blech, Eisen, Holz oder neuerdings sogar Plastik (!) verwendet, denn ein echter Kranz verwelkt viel zu rasch. Dafür findet man gelegentlich noch in Bruck an der Leitha, Petronell oder Deutschlandsberg Kränze aus Buchs, selten solche aus Eichenlaub in Hollabrunn, Retz oder Wolkersdorf oder Tannenkränze in Wiener Bezirk Ottakring.
Die vielfältigsten Variationen gibt es heute noch in Niederösterreich südlich von Wien, im Bereich der Thermenlinie. Da findet man etwa Strohkränze und -büschel, Strohschab genannt und ursprünglich das Zeichen für einen „Alten"; in Gumpoldskirchen nennt man noch heute einen Zopf oder eine Ampel aus Stroh ein „Strohbangerl". Einen Sechsstern aus Holz verwendete man früher in Weißenkirchen, Guntramsdorf oder Baden. Er verschwand mit der Diffamierung des Judensterns, dem er gleicht, durch den Nationalsozialismus.
Der Föhren-Buschen ist heute in Wien am meisten verbreitet. Er war ursprünglich ein Wipfel als Symbol des Lebensbaumes. Wegen der Schädigungen der Bäume wurde später häufig das Wipfelschlagen verboten, und man nahm einen Ast oder eben einen Buschen. Oft findet man diese Buschen auch mit gemalten Namensschildern, bunten Glühbirnen oder Bändern geschmückt. In Perchtoldsdorf und im Thermengebiet, im südlichen Weinviertel und in einigen Orten des Burgenlandes hatten die Farben der Bänder oder Stofflappen am Buschen eine konkrete Bedeutung: Rot und Weiß besagten, daß es hier einen Rotwein gibt, Grün und Weiß, daß hier Weißwein („Grüner" Veltliner ursprünglich) ausgeschenkt wurde. Da heute fast überall sowohl roter als auch weißer Wein zu haben ist, sind die Farben meist nicht mehr maßgeblich.

Das Traditionsbewußtsein des Wieners spielt auch beim Essen und Trinken eine Rolle. Es brauchte Jahrhunderte, bis sich aus den vielfältigen kulinarischen Anregungen aus den Ländern der Donau-Monarchie schließlich die Wiener Küche entwickelte. Dem Fremden gegenüber zeigte sich der Weltstädter schon immer aufgeschlossen (oft auf Kosten eigener Erfindungen und Kreativität), doch das hindert ihn nicht, gerade das zu lieben und bevorzugen, was er ererbt und schon immer gekannt hat. Dazu gehören auch seine Eßgewohnheiten.
In dieser Hinsicht ein echter Wiener war „der gute Kaiser" Franz, der sein Leben lang auf das vorzügliche Schönbrunner Wasser schwor und es bei all seinen Reisen extra mitnehmen ließ. Sonst hat der Wiener mit purem Wasser ausgerechnet als Getränk nur wenig im Sinn.
Ein Wiener, der in einem Nobel- oder Spezialitäten-Restaurant bereit ist, die exotischsten und raffiniertesten Gerichte zu probieren, käme nie auf die Idee, dergleichen zuhause zu essen. Beim Heurigen ist der

Einige wienerische Ausdrücke
und ihre Übersetzung für den „Reingeschmeckten“

Beuschel	Lunge
Blunzen	Blutwurst
Brösel	Paniermehl
1 Dekagramm (dag)	10 Gramm
Erdäpfel	Kartoffel
Faschiertes	Hackfleisch
Fisolen	Schnittbohnen
Fogosch	(ung.) Zander
Gebäck	Semmeln, Brötchen
Grammeln	Grieben
Häuptelsalat	Kopfsalat
Karfiol	Blumenkohl
Karree	Rippenstück
Kipferl	Hörnchen
Knödel	Klöse
Kraut	Weißkohl
Kren	Meerrettich
Laberl, Laibchen	kleine runde oder ovale Form, Verkleinerung von Laib (z. B. Brot)
Paradeiser	Tomaten
Rohr	Backofen
Selchen	Räuchern
Semmel, Kaisersemmel	Weißbrötchen
Staubzucker	Puderzucker
Stelze	Fußstück, Haxe, Eisbein (besonders vom Schwein und Kalb)
Topfen	Quark
Vogerlsalat	Rapunzelsalat
Weckerl	Brötchen, kleines Brot

Wiener zuhause, und so erwartet er, dort eine Salami oder Extrawurst ebenso zu bekommen wie Emmentaler oder Liptauerkäse, Grammelschmalz oder Erdäpfelsalat, Geselchtes oder eine Stelze. Das klingt sehr knapp und überschaubar, ist es aber keineswegs. Ein reichhaltiges Heurigen-Buffet zeigt die ganze Vielseitigkeit dessen, was der Wiener „zwischendurch“ zu essen vermag. Und man findet fast ausschließlich urwienerische, heimische Speisen, selbst wenn sie Bezeichnungen tragen, die sie als importiert auszuweisen scheinen, wie „Pariser“ oder „Krakauer“, „Bosniakerl“ oder „Florentiner“.
Die folgende Zusammenstellung ist nur die um einige Spezialitäten erweiterte Grundausstattung eines Heurigen-Buffets und kann schon deshalb keinen Anspruch auf Vollständigkeit erheben als hier die Unterschiede des Angebots von Heurigen zu Heurigen erheblich schwanken können. Ein Großteil davon ist ja im besten Sinne Hausmannskost, das heißt es wird selbst hergestellt. Da hat natürlich jede Hausfrau nicht nur ihre eigenen Rezepte, sondern auch bestimmte Vorlieben, die nachher in der Auswahl deutlich werden. Kein Buffet ist so wie das von nebenan. Darüber hinaus gibt es Spezialitäten, Tips, die man sich zuraunt und die immer lauten: „Die besten Stelzen von ganz Wien gibt es beim . . . “, und dann werden etwa der Ehringer in Stammersdorf, der Leitner in Ottakring oder einer von vier, fünf anderen genannt. Ich persönlich habe gerade diese „besten Stelzen“ auch schon in Sievering, Nußdorf oder Petersdorf gegessen, ohne vorher den Tip zu bekommen. Die Erfahrung lehrt den ständigen Heurigen-Geher, daß alle diese Hinweise wohl richtig sind, aber der Ausschließlichkeit („die besten von Wien“), mit der sie einem zugeraunt werden, natürlich nicht entsprechen. Wer wollte auch durch alle Heurigen Wiens laufen, um tatsächlich die „beste Stelze“ zu erkunden. Jedes Urteil dieser Art muß allein schon deshalb von beschränkter Kompetenz sein, weil der Wiener regelmäßig meist nur zwei, drei oder vier Heurige aufsucht, die ja nicht zu allen Jahreszeiten ausg’steckt haben, weshalb immer auch einige Abstecher dazukommen. Der Gegend jedoch ist er fast immer treu, und meist ist es jene, die seinem „Hieb“ am nächsten liegt. Wohnt er im neunzehnten oder neunten Bezirk, so kommen für ihn nur Nußdorf, Heiligenstadt und Grinzing in Frage – oder aber Sievering und Neustift, wie für jene, die im achtzehnten Bezirk daheim sind. Stadtteilbezogen sind aber vor allem Heu-

rigenorte wie Dornbach, Ottakring, Mauer und Rodaun, Oberlaa, die Dörfer um den Bisamberg und zum Teil Petersdorf. Letzteres ist allerdings wie Stammersdorf und die berühmten Weinstätten am Fuße des Kahlen- und Leopoldbergs sowie etwa Gumpoldskirchen Einzugsbereich von ganz Wien – und nicht zuletzt auch vieler Touristen.
Um zu wissen, was das jeweilige Heurigen-Buffet zu bieten hat, muß man es selbst in Augenschein nehmen. Es ist keine Selbstbedienung üblich, aber man kauft selbst am Buffet ein, neben dem man in einer Stellage das notwendige Besteck, Teller, Servietten und „Tassen" (Tabletts) findet, um sein Nachtmahl oder die Jause heil an den Tisch zu transportieren. Was aber türmt sich da alles – wohlangerichtet – in und auf der chromblitzenden Glasvitrine?
Da sind erst einmal die verschiedensten Würste: heimische und ungarische Salami (auch Herzsalami), Schinkenwurst und Extrawurst, Polnische und die ihr ähnliche Wiener, Pariser und der italienische Osso Collo. Daneben liegen Landschinken, Saftschinken, Rollschinken (Westfäler), Lachsschinken und Karreespeck, den Liebhaber alles Deftigen besonders mit Paprika durchzogen schätzen. Weiter bietet die kalte Küche: Zunge, Roastbeef, Preßwurst und Sulz, die man sich mit Essig, Öl und Zwiebelringen anmachen läßt.
Die eigentliche Grundsubstanz der Sulz (Sülze) ist ein Schweinekopf. Da die Sulz aber dabei oft sehr fett gerät, verwendet man heute meist die großen Hinterstelzen. (Dieses und die folgenden Rezepte sind vor allem als erklärende Hinweise etwa für ein Buffet bei einem eigenen Heurigen-Abend gedacht, wobei gelegentlich genaue Mengenangaben dem persönlichen Geschmack und der Erfahrung überlassen bleiben müssen.)

Die Stelze wird mit etwa einem Kilo Schwarte, zwei Haxn und eventuell einem Stück Karreebein gekocht. Dazu gibt man Lorbeerblätter, Pfefferkörner, Wacholderbeeren, Grünzeug, Salz und eventuell zur Geschmacksintensivierung etwas Suppenwürze. Anschließend wird das weiche Fleisch von den Knochen gelöst, zerkleinert und mit kleinwürfelig geschnittenen, gekochten Karotten, gehackten Zwiebeln, Majoran, Pfeffer, gemahlenem Kümmel, etwas frischem und granuliertem Knoblauch sowie einem Spritzer Essig angemacht, abgeschmeckt und in einer Schüssel (Jenaer Glas) abgekühlt.

Am warmen Buffet sind neben Leberwurst und (selteneren) Bratwürsten manchmal Blunzen (Blutwurst) zu haben, eine beliebte Wiener Spezialität, zu der am besten warmes Kraut oder ein warmer Krautsalat paßt. Kalt oder warm gibt es neben dem aus Bayern importierten Leberkäse ganz sicher Fleischlaberln und Geselchtes. Das Geselchte gehört seit eh und je zur Grundlage beim Heurigen und ist ein (früher) zuerst gepökeltes, dann geräuchertes Fleisch, ein Jungfernbraten (Schweinslungen- oder Schweinslendenbraten) mit Schweinsnetz umwickelt, das gesotten oder gekocht wird und zu dem am besten ein möglichst frisch geriebener Kren (Meerrettich) paßt. Zahlreiche Varianten der Herstellung gibt es bei **Fleischlaberln** (faschierten Laibchen), die unter verschiedenen Namen – in Berlin etwa als Bouletten – auch in anderen Landstrichen bekannt sind. Das Grundrezept in Wien lautet:
Zwei Drittel Rindfleisch und ein Drittel Schweinefleisch werden grob faschiert und mit vier vorher in Wasser eingeweichten und fein faschierten Semmeln (pro Kilo Fleisch) vermengt. Dazu gibt man geröstete Zwiebeln, ein Ei, etwa vier Zehen frischen und eine Prise granulierten Knoblauch, gemahlenen Kümmel, schwarzen Pfeffer, Majoran und Salz. Die geformten Laibchen werden in Brösel (Paniermehl) gewälzt und in heißem Öl (meist im heißen Schweineschmalz) ausgebraten.

Selten fehlt an einem warmen Buffet die bereits erwähnte **Stelze**, deren bayerische Variante die Schweinshaxe, deren nördliche – kalte – das Eisbein sind.

Als Stelzen verwendet man die Unterschenkel vom Schwein (oder auch vom Kalb), und zwar in der Regel die (kleineren) Vorderhaxen. Sie werden mit Salz, Knoblauch, Kümmel, Pfeffer und eventuell noch anderen Gewürzen eingerieben und etwa zwei Stunden im Rohr bei mittlerer Hitze gebraten. Nach der halben Zeit wird die Stelze einmal umgedreht, wobei man obenauf noch etwas Salz und Kümmel geben sollte. In gewissen Abständen wird sie mit dem Bratensaft übergossen. Die letzten 15 Minuten läßt man das Fleisch auf großer Hitze braten, damit die Schwarte fest und knackig wird.

Hier wie etwa beim Bauchfleisch oder Kümmelbraten, dem Schweinernen, kommt es besonders auf die richtige Konsistenz der Schwarte an, die von knuspriger Härte sein soll. Dabei kommt es mehr auf die Erfahrung und die Kunst der Köchin an, als auf das Wissen um bestimmte Tricks, wie das Einspritzen mit Soda oder Einreiben mit Salzwasser. Auch wenn der Österreicher viele Varianten kennt, findet sich das Grundrezept zur Fertigung eines Schweinsbraten in jedem Kochbuch. Dabei wird Knoblauch beim Heurigen eher reichlich als sparsam verwendet.

Was das Geflügel betrifft, so ist es beim Heurigen nicht unbedingt typisch, wenn auch für Brat- und das typische Wiener Backhendel, ja sogar für das Paprikahuhn mancher Heurigen-Geher den Tip von „dem besten Hendel von Wien“ parat hat. Außerdem bieten einige Heurige um Martini (11. November) herum ihren Gästen einen Ganslbraten.

In Wien wie anderswo war Käse schon immer beliebt zum Wein. Neben dem „historischen“ Emmentaler, den bereits der Salamutschimann aus seinem Korb verkaufte, haben sich inzwischen alle landesüblichen Käsesorten eingebürgert, insbesondere die Hartkäse, Kräuterkäse und der (angemachte) Topfen. Selten wird man jedoch besonders scharfe oder vorschmekkend pikante Käsesorten finden, die zum Wein nicht die ideale Ergänzung bilden. Obligatorisch ist dagegen eine österreichische Spezialität: der **Liptauer**:

Der echte Liptauer wird aus Primsen (oder Brimsen) gemacht, einem Schafkäse, den es aber nur im Sommer gibt. So verwendet man häufig Gervais oder auch nur einfachen Topfen, was (nach dem Lebensmittelgesetz) strenggenommen keinen Liptauer mehr ergibt, auch wenn dieser Brotaufstrich weiterhin so bezeichnet wird. Wesentlich sind hierbei aber die verschiedenen Zutaten. Manche Heurige haben hier geheimnisvolle, aber Generationen vererbte Rezepte, bei denen bis zu 25 Zutaten in einem ausgewogenen Verhältnis den unnachahmlich feinen Geschmack des Liptauers ausmachen. Auch hier sind also Mengenangaben schwierig.

Zum Grundrezept gehören ein Drittel Butter und zwei Drittel Primsen. Dazu kommen Kapern, gehackte, scharfe Pfefferoni, roter Paprika (reichlich), ein Drittel süßer und zwei Drittel scharfer Senf, Knoblauch, Sardellenpaste und gemahlener Kümmel. Diese Mischung wird gerührt, bis sie schaumig ist, und mit ein wenig Schnittlauch obenauf verziert. Gut verschlossen, kann man Liptauer auch ein, zwei Tage aufbewahren, doch am besten schmeckt er frisch.

Neben dem Liptauer gibt es neuerdings häufig einen Gorgonzola-Aufstrich, der zu zwei Drittel aus Käse und einem Drittel aus Butter mit Pfeffer und nicht zuviel fein gehackten Zwiebeln besteht. Schließlich erfreuen sich inzwischen geräucherte Käse wachsender Beliebtheit.

Nach den Fleisch- und Wurstsorten und dem Käseangebot sind Auswahl und Qualität der Salate das dritte Kriterium für die Beurteilung eines Buffets. Dabei legt der Heurigen-Gourmet die strengsten Maßstäbe gerade an das scheinbar einfachste, den **Erdäpfelsalat**:

Hier ist Kartoffel nicht gleich Kartoffel, denn für einen guten, „echten“ Erdäpfelsalat verwendet man ausschließlich Kipfler, eine besonders feine, speckige und etwas teurere Kartoffelsorte. Die mit der Schale im Dämpfer nicht zu weich gekochten Erdäpfel werden sofort geschält und noch warm in Scheiben geschnitten. Sodann wird eine Marinade aus Essig, Salz, Zucker und scharfem Senf darübergegossen und das ganze mit feingehackten Zwiebeln gut vermischt. Wenn der Salat durchgezogen ist, gießt man etwas Öl darüber. Ein solcher Salat schmeckt sofort, hält sich aber auch ohne jede Geschmacksveränderung einen ganzen Tag lang.

Beim Heurigen ist der Salat viel mehr als eine Beilage etwa zu einer Scheibe Schweinernem oder Geselchten. Er muß für sich bestehen können, eine solche Köstlichkeit sein, daß man ihn als eigenständiges (Zwischen-)Gericht essen kann. Schon deshalb bekommt man ihn grundsätzlich immer in einer eigenen kleinen Schüssel, jede Vermengung mit einem anderen Salat oder Gericht wäre ein Sakrileg.

Die Grundlage fast jeder Marinade besteht aus Essig und Öl, wobei zwar ein würziger (Wein-)Essig bevorzugt wird, der sogar mit Estragon angesetzt sein kann, als Öl jedoch eher eine geschmacklose Sorte. (Eine sehr kleine Anhängerschaft des dunklen steirischen Kürbis-Kernöls mit seinem ausgeprägt kräftigen Geschmack hat sich in Wien – leider – nicht durchsetzen können.) Dafür verwendet die Wiener Hausfrau im Gegensatz zu ihren Kolleginnen aus den Bundesländern fast immer Zucker und scheut sich nicht, Salatmarinaden besonders pikant abzuschmecken. Das gilt auch für die verschiedenen grünen Salate, den Häuptel-(Kopf-) und den Endiviensalat, dessen Blätter in schmale Streifen geschnitten werden, sowie den Vogerlsalat (Rapunzel), Spinatsalat (geschnitten und

mit Knoblauch gewürzt) oder Brunnenkressesalat. Alle Salate, vom Paradeis- (Tomaten-) über den Gurken- bis zum Zellersalat (Selleriesalat), werden hier mit viel Phantasie gewürzt und nicht selten auch mit Knoblauch.
Die Palette der Heurigen-Salate kann sehr breit sein. Neben den erwähnten gibt es etwa Maissalat (aus der Dose und mit kleinwürfelig geschnittenen Paprikaschoten vermischt), Fisolen-, Linsen-, Bohnen- oder Krautsalat (kalt oder warm), sowie Wurst- oder Rindfleischsalat. Bei den Fisolen (grüne Gartenbohnen) kommt es darauf an, daß sie keinesfalls weichgekocht sind. Sie werden geschnitten und mit einer pikanten Marinade und kleingewürfelten Zwiebeln angemacht. Zu weit mehr als einer schlichten Beilage kann die Kunstfertigkeit einer Köchin den **Linsensalat** erheben:

Die Linsen werden über Nacht in kaltem, vorher abgekochtem Wasser eingeweicht, bevor sie in frischem Wasser gemeinsam mit einer Speckschwarte langsam gekocht werden, und zwar nicht zu weich. Die Marinade aus Essig, Salz, Zucker und Pfeffer gibt man über die abgetropften, noch warmen Linsen und läßt sie eine Weile ziehen. Erst dann mischt man die kleingehackten Zwiebeln darunter und gießt Öl darüber. Dabei sollte man mit den Zwiebeln zurückhaltend sein, wenn man sie nicht überhaupt wegläßt, Öl dagegen reichlicher als bei anderen Salaten verwenden.

In ähnlicher Weise läßt sich ein **Bohnensalat** herstellen, zu dem man die kleinen weißen Bohnen verwendet:

Auch die Bohnen werden in abgekochtem Wasser über Nacht eingeweicht. Anderntags werden sie in dem Weichwasser, das sie gerade gut bedecken soll, langsam kernig weich gekocht, nachdem man vorher Salz und (je nach Menge) ein oder mehrere Lorbeerblätter hinzugegeben hat. Die Bohnen werden heiß abgeseiht und sogleich mit der Marinade gemischt. Diese besteht aus (Wein-)Essig, Bohnensud, Senf, Salz, Zucker und Paprika. Zwiebeln und Selleriegrünes, beides fein gehackt, gibt man wiederum etwas später dazu und übergießt den Salat zuletzt mit Öl.

Zu den besten Salaten der österreichischen Küche und als Beilage zum Schweinsbraten fast obligatorisch gehört ein warmer (oder auch kalter) **Krautsalat**:

Der Krautkopf wird ganz fein geschnitten, notfalls auch geraspelt, wobei man den festen Strunk und die dicken Blattrippen wegläßt, und mit kochendem Kümmel-Salz-Wasser übergossen. Mit diesem läßt man das Kraut etwa eine Stunde zugedeckt ziehen. Dann wird es mit dem Wasser einmal kurz aufgekocht, abgeseiht und mit einer Marinade, zu der neben Essig, Öl, Zucker, Salz unbedingt auch Pfeffer und granulierter Knoblauch gehören, angemacht. Zuletzt gießt man kleingeschnittenen, gut angerösteten Speck direkt von der Pfanne darüber. Ein Krautsalat darf nie zu frisch gemacht sein, kalt schmeckt er beispielsweise nach einem Tag am besten.

Im Gegensatz zur Wiener Küche, die hervorragende Fischgerichte kennt (zum Beispiel Fogosch oder gebackener Karpfen), spart das Heurigen-Buffet alles aus, was aus dem Wasser kommt, mit Ausnahme des Gabelrollers (Rollmops) und der Sardellenringe. Unter den zahlreichen Salaten wird man einen Krabben-, Herings- oder Muschelsalat vergeblich suchen. Allerdings gibt es einzelne größere Heurige, die sich in den letzten Jahren die traditionelle Wiener Sitte des Heringsschmaus am Aschermittwoch zu eigen gemacht haben. So gibt es, wie die Martiniganserln im November, hier und da im Feburar einen Heringssalat. Mit diesem und vielleicht noch einer zweiten Variante hat es aber beim Heurigen sein Bewenden, während sonst dieser „kulinarische Fastenbrauch" weit über die bloße Verwendung von Hering hinausreicht und dank Aal oder Lachs, Hummer oder Krabben reiche Variationsmöglichkeiten kennt. Als eine zwar seltene, aber besondere Spezialität sei hier das Rezept des **Grinzinger Salates** verraten:

Er besteht zur Hälfte aus Linsen, zur Hälfte aus (den kleinen weißen) Bohnen. Beide werden eine Nacht getrennt in abgekochtem kaltem Wasser geweicht und dann mit frischem Salzwasser gerade bedeckt langsam weichgekocht. Die abgeseihten Linsen und Bohnen werden vermischt mit feingehackten Zwiebeln und einer oder mehreren Sellerieknollen und Kartoffeln, die jeweils gekocht und kleinwürfelig geschnitten sind, und mit Weinessig, Salz und Pfeffer gewürzt. Darüber gibt man zuletzt eine Herings-Mayonnaise. Hierfür wird roher Eidotter mit Salz, Paprika, Zitronensaft, etwas Senf und Öl, das man tropfenweise dazugibt, zu einer dicklichen Mayonnaise verrührt, unter die kleingeschnittene ausgenommene marinierte

Heringe, Essiggurken, Extrawurst und gehackte Sardellen gezogen werden.

Schließlich gehören zu jedem Heurigen-Buffet bestimmte Naturalien, die natürlich je nach Jahreszeit wechseln, also frische Paradeiser, Radischen, Paprika und kleine, milde Jungzwiebeln, dazu eingelegte Schalotten (Perlzwiebeln), Gewürz- und Salzgurken (letztere ließen sich früher nicht konservieren, so daß es sie meist nur im August und September gab), Champignons, Pepperoni usw. Nicht fehlen dürfen harte Eier, Grammelschmalz und „Bratlfett". Für Grammelschmalz nimmt man am besten Schweinespeck vom Karree (statt Bauchspeck), das, in feine Würfel geschnitten, ausgelassen wird. Ist das Schmalz glasig, gibt man eine ganze Zwiebel hinzu, die eine goldgelbe Farbe annimmt, wenn es fertig ist.
Bratlfett bleibt bei Stelze, Karree, Schopfbraten, Bauchfleisch usw. zurück. Alles zusammen wird in einer Pfanne ausgelassen.
Von den verschiedenen in Österreich verbreiteten Brotsorten bekommt man beim Heurigen lediglich das gewöhnliche „Hausbrot", dafür allerdings eine größere Auswahl an Gebäck: Neben den normalen Kaisersemmeln sind die dunklen Schusterlaberln (glatt, mit einem Einschnitt in der Mitte) oder Wachauer Laberln (gestaubte Oberfläche) sehr verbreitet, aber auch Kümmelweckerl (bei denen der Kümmel mitgebacken ist), Bierweckerl (mit Kümmel bestreut), Patentweckerl (glatte Oberfläche), Bosniakerl (dunkel, länglich), Grahamweckerl, Salzstangerl, Mohnstriezel (mit Mohn bestreut) oder Salzbrezel (Laugengebäck). Nicht vergessen werden sollen in dieser Aufzählung die zum Wein üblichen Knabbereien, wie Salzmandeln, Erdnüsse, Chips, aber auch hier und da das sogenannte „Studentenfutter". Sogar Süßes verschmäht der Wiener nicht zum Wein, wie dünne Waffeln, die auch mit einem Überzug von Schokolade, Haselnuß oder Mandeln zu haben sind, Florentiner, Pignolikipferln (ein Gebäck mit Pinienkernen), Nußknacker (Mürbteiggebäck mit ganzen Haselnüssen und Schokolade), Weinbeißer (Lebkuchengebäck mit Zuckerguß) und dergleichen mehr.
Neben diesen, über den Handel bezogenen Dingen haben in einigen Heurigen inzwischen die bekanntesten der selbstgemachten Wiener Mehlspeisen Einzug gehalten, selbstverständlich nur in einer sehr kleinen Auswahl. Wo es überhaupt Mehlspeisen gibt, wird selten der berühmte **Wiener Apfelstrudel** fehlen: *Auf das Backbrett schüttet man 20 dag (Dekagramm) Mehl, und zwar so, daß in der Mitte eine Grube bleibt. Da hinein gibt man ein halbes Achtel lauwarmes Wasser, 2 dag Öl, ein Ei, eine Prise Salz und einen Spritzer Essig. Daraus wird vorsichtig ein Teig gemacht, der gut abgeknetet sein muß und nicht mehr am Brett oder den Händen hängen bleibt. Ihn läßt man zugedeckt auf dem angewärmten Brett etwa eine halbe Stunde ruhen.*
Für die Füllung verwendet man gut zwei Kilo möglichst saftige und säuerliche Äpfel, die geschält, entkernt und in ganz dünne Scheiben geschnitten werden. Dazu kommen frisch in Butter goldgelb geröstete Brösel, Rosinen, Zucker, Zimt und eventuell Pinienkerne oder gehackte Nüsse. Dann wird der Strudelteig auf einem bemehlten Tuch ausgezogen, mit ein wenig warmer Butter beträufelt und darauf die Füllung gleichmäßig verteilt. Rechts und links legt man die Ränder ein und rollt den Strudel zusammen, legt ihn in U-Form auf ein gefettetes Backblech und bäckt ihn im vorgewärmten Rohr bei mittlerer Hitze eine halbe Stunde, bis er goldgelb ist. Der fertige Apfelstrudel wird mit Staubzucker bestreut warm gegessen.

Im Gegensatz zu den Raffinessen der Wiener Küche, die deren Ruhm in der ganzen Welt verbreitet haben, bietet die Kunst der Heurigen-Küche fast nur Nebensachen, Zwischendurch-Gerichte, Beilagen. Dabei fehlen ganz wesentliche, die Wiener Küche charakterisierende Speisen, komplizierte, wie die vielfältigen Verarbeitungen des Rindfleisches bis hin zum Tafelspitz, wie auch einfache Zwischengerichte vom Gulyas bis zum Beuschel. Andererseits wertet das Heurigen-Buffet Dinge auf, die die Wiener Küche gar nicht, kaum oder nur als Zutat zu anderen Speisen kennt. Man versuche nur einmal, in irgendeinem Restaurant oder Beisl ein Brot mit Bratlfett zu bestellen. So jung an Jahren es im Grund noch ist, ist das Heurigen-Buffet eine Urwiener Angelegenheit, kein Kind der weitläufigen Monarchie, sondern der wieder auf das kleine Österreich reduzierten Republik. Da finden sich keine späten Anleihen bei den fremden Nationen der Donau-Monarchie, keine ursprünglich böhmischen Knödel, kein ursprünglich ungarisches Gulyas, kein ursprünglich türkischer Kaffee. Dafür ist es geprägt von einer der typischsten Eigenschaften des Wieners, seinem Hang und seinem Talent, Nebensachen so zu behandeln, als seien sie die Hauptsache. Denn bei aller Liebe zu einer guten Küche ist und

bleibt das Essen beim Heurigen nur eine Ergänzung des Trinkens.
Diese Sitte, zum Wein etwas zu essen (und nicht umgekehrt), ist auch in medizinischer Hinsicht eine sehr praktische Einrichtung. Wer im Lauf eines Heurigenabends zum Wein etwa 1000 Kalorien ißt, so hat die Wissenschaft herausgefunden, hat zuletzt nur noch den halben Alkoholgehalt im Blut, den der Wein allein erzeugen würde. Die immer wieder auftauchende Frage, wieviel Wein ein Mensch regelmäßig trinken kann, ohne gesundheitliche Schäden davonzutragen, wird mit einem Tagesquantum zwischen drei und fünf Viertel beantwortet, wobei natürlich die individuelle körperliche Konstitution auch eine Rolle spielt. Ganz sicher gehört aber zum regelmäßigen Trinken auch eine gesunde und vernünftige Ernährung.
„Der Wein", behauptet Plutarch, „ist unter den Getränken das angenehmste, unter den Arzneien die nützlichste und unter den Nahrungsmitteln das schmackhafteste." Und in der Tat: Die Heilkraft des Weines war schon den Persern und Ägyptern, den Griechen und Römern bekannt, und im Abendland gehörte der Wein über Jahrhunderte hinweg zu den wichtigsten Arzneien. Noch heute sagt, wer das Glas erhebt: „Auf Ihre Gesundheit – à votre santé! Auf Ihr Wohl!" Und im neunzehnten Jahrhundert bezeichnete der französische Hygieniker Louis Pasteur den Wein „mit Recht als das gesündeste und hygienischste Getränk".
Natürlich haben auch schon die Ärzte der Antike oder des Mittelalters um die verheerende Wirkung des Alkohols gewußt, doch selbst in der Bibel, die im Ersten Buch Mose die abschreckende Geschichte von dem Vollrausch des Noah, des ersten namentlich bekannten Weinhauers, berichtet, taucht der Wein etwa 500 mal auf, und überwiegend im lobenden Sinne, bis er schließlich zum Symbol des Blutes Christi wird. Der Wein enthält mehr als nur die „Droge Alkohol". Die moderne analytische Chemie hat bereits 400 verschiedene Stoffe im Wein nachgewiesen, und offenbar dienen nicht wenige davon der geistigen und körperlichen Gesundheit des Menschen. So kräftigt der mineralienreiche Wein beispielsweise Herz und Kreislauf. Kalium, eines der wichtigsten Mineralien, ist vor allem im jungen Wein reichlich vorhanden, so daß bereits drei Viertel Heuriger den Tagesbedarf an Kalium eines Menschen vollständig abdecken, und nach fünf Viertel hat man den Magnesiumhaushalt, der gegen den Herzinfarkt vorbeugt, wieder aufgefüllt. Wein

Viktualienstand während der Biedermeierzeit: Wer vor 150 Jahren zum Trinken etwas essen wollte, konnte nicht wie heute sich am Buffet des Buschenschenkers bedienen. Tauchte überdies kein Salamutschimann oder Breznbäck auf, so bot ein Viktualienstand vielleicht die Möglichkeit sich mit Käse, Wurst und allerlei Naturalien zu versorgen. Doch Salamutschimann und Breznbäck waren in den Vorstädten und Heurigen-Gegenden gottlob häufig anzutreffen.

fördert die Durchblutung und Verdauung, regt die Nierenfunktion und den Appetit an, unterstützt den Kreislauf und beruhigt die Nerven, hemmt die Arteriosklerose und – wie neuerdings behauptet wird – die Entwicklung von Krebs.
Trotz allem ist der Wein aber kein Allheilmittel, auch wenn er sogar die Entgiftungsfunktion der Leber aktiviert. Bei einem manifesten Leberschaden oder jeder anderen akuten Krankheit sollte man lieber zum Arzt als zum Heurigen gehen. Denn es ist natürlich bekannt, daß gerade einer kranken Leber nichts mehr schadet, als schon die kleinste Menge Alkohol. So kann Wein in erster Linie der Erhaltung der Gesundheit förderlich sein, als Anregung bei einer gewissen Trägheit zahlreicher Körperfunktionen dienen und den Gesamtorganismus nach überstandenen Krankheiten kräftigen.
Der berühmte Chirurg Ferdinand Sauerbruch war bekannt dafür, daß er jahrelang jedem Frischoperierten ein Glas Champagner ans Krankenbett bringen ließ. Als junger Landarzt in Thürigen setzte er dagegen auf Tokayer als unterstützende Medizin, was seiner Praxis bald raschen Zulauf brachte. Weniger beliebt war er damals bei den Krankenkassen, die diese seltsamen Rezepte zähneknirschend bezahlten.
Den schweren, süßen Tokayer gibt es beim Heurigen natürlich nicht, aber es empfiehlt sich ja auch nicht jeder Wein für jede Krankheit. So hat der resche, junge Heurige in dieser Hinsicht ebenfalls bestimmte Eigenschaften. Sicher nicht schaden und eher von Nutzen sind ein, zwei regelmäßige Viertel für denjenigen, der zu Verstopfung oder niedrigem Blutdruck neigt, der Angst vor Herz- und Kreislaufbeschwerden hat oder einer Unterfunktion der Schilddrüse, darüber hinaus regt es die Atmungs- und Nierenfunktion an und soll sogar, wenn man dazu kalorienarm ißt, Übergewichtigen zu einer Verminderung ihrer überzähligen Kilogramm verhelfen.
In jedem Fall kann man die gesundheitsfördernde Wirkung des Heurigen noch fördern, dann nämlich, wenn man ihn statt mit dem Auto zu Fuß aufsucht, beziehungsweise die Exkursion mit einem Spaziergang verbindet. Das lohnt schon allein deshalb, weil die Heurigen-Gegenden zu den schönsten Randbezirken Wiens gehören.
Um nicht mißverstanden zu werden: Die zuletzt gemachten Anmerkungen sollen nicht dazu dienen, allen Kranken und Siechen den Wiener Heurigen als hippokratischen Wallfahrtsort anzupreisen, aber einen Schaden hat noch niemand genommen, der mehr oder weniger regelmäßig dort einkehrte, wo „der Herrgott die Hand raussteckt". Wer sich unbedingt einen Rausch antrinken will, braucht keinen Heurigen. Die Kunst des Heurigen beherrscht, wer einen Spruch, den ich einmal über dem Eingang zu einem Keller fand, richtig interpretiert:

Trink nicht, als wär's ein Kinderspiel!
Der Weise schießt nie übers Ziel,
Er trinkt bedächtig, aber – viel.

Unsere Spezialitäs
Grill od. Backhendl
Blut od. Bratwurst mit
Kraut u. Kartoffel
Schlachtplatte Grill-Stelze
Topfenstrudel
Guten Appetit

HEURIGEN PROVIANT
GRILLSTUBE
Felsennest
DANCING
„Faßlschupfn"
Kaffee – Mehlspeisen
u. Grillstuben
Andenken Ansichtskarten
EINGEBACKENE WÜRSTEL
MAISKOLBEN !
„Faßlschupfn"

„Das hat kein Goethe g'schrieb'n ...“ Wiener Lieder und Wiener Musikanten beim Heurigen

Der Ruf Wiens als „Stadt der Lieder“ ist sprichwörtlich. Schon um 1200 bekannte Walther von der Vogelweide „Z'osterrîche lernte ich singen unde sagen“, und 1288 wurden hier mit der St.-Nikolai-Bruderschaft die erste Musikerzunft Deutschlands gegründet. In Wien lebten Haydn und Mozart, der Rheinländer Beethoven und der Hamburger Brahms, es war die Stadt Schuberts und der Walzer-Könige. Wien war aber auch die Stadt des „lieben Augustin“, der Schrammeln und ungezählter Heurigen-Musiker und Volkssänger.

In Wien, so meinte der berüchtigte Barockprediger Abraham a Santa Clara, erklinge überall so viel Musik, daß man meinen könne, der Himmel habe ein Loch bekommen. Just zu dieser Zeit tauchte – nicht aus dieser hohen Region, sondern aus der Tiefe einer Pestgrube – der Anherr aller Wiener Volksmusikanten auf, ein gewisser Sackpfeifer Augustin, von dem wir lediglich wissen, daß er eines Tags im Pestjahr 1679 irgendwo zwischen Burg und St. Ulrich auf offener Straße einen Rausch ausschlief. Dort wurde er von „Siechenknechten“ gefunden, für tot gehalten und mit den Leichen in eine der Pestgruben geworfen. Als er am anderen Morgen erwachte, gelang es ihm nicht, allein aus der tiefen Grube herauszuklettern, „weswegen er dann auf den Toten so lange herumgestiegen und überall sehr geflucht, gescholten und gesagt hat: Wer Teufel ihn dahin müßte gebracht haben, bis endlich mit anbrechendem Sonnenschein die Siechknechte mit toten Leuten sich eingefunden und ihm herausgeholfen haben. So hat ihm dies Nachtlager auch nicht das wenigste geschadet.“

Diese Nachricht in Johann Konstantin Feigius' 1694 in Wien erschienenem Buche „Wunderbarer Adlers-Schwung“ ist die einzige zeitgenössische Quelle über das Leben des berühmten Sackpfeifers. Ins Reich der Legende gehört alles andere, was fleißige Lokalhistoriker teils dazu erfunden, teils auf Grund anderer fragwürdiger Quellen mehr vermuteten als belegen konnten. Danach heißt es, daß Augustin 1643 als Sohn des Bierwirtes Marx in Wien geboren wurde und am 10. Oktober 1705 im Eßlerischen Haus auf der Landstraße (heute Nr. 120) am Schlag gestorben sei. Als „fahrender Sänger“ habe er ein abenteuerliches Leben geführt, in Heurigen und Gasthäusern aufgespielt, insbesondere im „Schöff“ in Mariahilf, beim „Roten Hahn“ auf der Landstraße, im „Guldenen Kapaunen“ auf der Wieden, bei den „Drei Hasen“ in der Kärntnerstraße und in seinem Lieblings-

lokal „Zum roten Dachl", dem heutigen „Griechenbeisl" in der Griechengasse.
Sein berühmtes Lied „O du lieber Augustin …", das er angeblich sang, nachdem er aus der Pestgrube gestiegen war, wird möglicherweise ihm lediglich zugeschrieben und war wohl ein Spottlied aus Sachsen auf August den Starken (1670 bis 1733), nachdem dieser mit seiner Verschwendungssucht und Prunkliebe die Staatsfinanzen ruiniert hatte. Schriftlich belegt ist es offenbar erst nach 1800. Josef Koller zitiert in seinem Buche „Das Wiener Volkssängertum in alter und neuer Zeit" (Wien, 1931) ohne nähere Quellenangabe den „Originaltext" des Augustinliedes:

Ei du lieber Augustin,
's Geld is hin, 's Mensch is hin,
ei du lieber Augustin,
alles is hin.
Wollt noch vom Geld nix sag'n,
hätt' ich nur's Mensch beim Krag'n,
ei du lieber Augustin,
alles is hin.

O du lieber Augustin,
alles is weg.
Rock is weg, Stock is weg,
Augustin liegt im Dr...
O du lieber Augustin,
alles ist weg.

Wie immer er gelebt, was immer er auch gesungen hat, die Nachwelt pflegte bis heute die Legende vom lieben Augustin. So schrieb Franz Karl Ginzkey eine „Ballade vom lieben Augustin"; Augustin wurde Held von Erzählungen und Romanen und sogar einer Oper von J. Bittner, am bekanntesten jedoch durch die Operette von Leo Fall, in deren Uraufführung Alexander Girardi die Titelrolle gab. In Wien steht sein Denkmal auf einem Brunnen, von Hans Scherpe 1908 geschaffen, im 7. Bezirk, Ecke Neustiftgasse-Kellermanngasse. Die im Krieg eingeschmolzene Bleifigur wurde 1952 durch eine Steinplastik von Josef Humplik ersetzt.
Ebensowenig wissen wir von einem Zeitgenossen Augustins mit Namen Georg Staben, einem Tanzgeiger und Liedersänger, der 1706 betrunken in eine Senkgrube vor dem Stubentore fiel und im Gegensatz zu Augustin diesen Unfall nicht überlebte, sondern erstickte.

Zogen Augustin, Staben und ihre Kollegen noch mit dem Dudelsack oder der Geige durch die Schenken und Heurigen Wiens, so kam etwa hundert Jahre später ein anderes Instrument bei den Volksmusikern in Mode: die Harfe, nach der sich bald alle vazierenden Musiker Harfenisten nannten – egal welches Instrument sie tatsächlich spielten. In Raimunds „Gefesselter Phantasie" begegnen wir in der Rolle des Nachtigall (die der Dichter sich selbst schrieb) einem typischen Vertreter dieser Zunft.
Diese Nachfahren der Bänkelsänger zogen mit der Harfe auf dem Rücken von Ort zu Ort, durch Lokale und Heurigengärten, spielten, sangen sentimentale Schnulzen und vor allem ordinäre Gassenhauer und sammelten anschließend mit dem Teller ab. Raimund selbst mochte wohl noch den einäugigen Italiener Manochetti, genannt „der blinde Poldl", oder den Zither und Geige spielenden „Zwickerl" gekannt haben. Zwickerl hieß eigentlich Leopold Mayer und begrüßte sein Publikum stets mit: „Brave Mannschaft! Brave Mannschaft!"
Bald taten sich mehrere Sänger und Musiker zusammen und traten gemeinsam auf, und nicht selten bestand eine solche „Gesellschaft" (wie sich die Truppen nannten) lediglich aus den verschiedenen Mitgliedern einer Familie, wie etwa die Linnbrunner, von denen zwei Schwestern einen gewissen Ruf als besonders ordinäre „Tenoristinnen" hatten, während einer ihrer Brüder später als „Prater-Falstaff" eine Komiker-Karriere in Fürsts Singspielhalle machte.
Die gefühlvolle, bürgerliche Zeit des Biedermeier war nicht gerade die Glanzzeit der Wiener Volkssänger. Manche präsentierten sich vor allem als „g'sunde Röhr'n", ersetzten Qualität des Vortrags durch röhrende Stimmgewalt, und auch die zwischen den Liedern eingeschobenen Harfenistenszenen auf den Pawlatschen der Vorstadt – meist eine über vier Fässer gelegte Kellertür – ließen an drastischer Eindeutigkeit keinen Wunsch offen. Vielfach wurde die Grobheit des Raimundschen Nachtigall von der Wirklichkeit in den Kellern und Weinschenken Wiens noch übertroffen.
Da tauchte 1828 ein Mann auf, der sich nicht Harfenist, sondern bewußt „Volkssänger in Wien" nannte und in die Geschichte des Wiener Volkssängertums als der bedeutendste Reformator einging: Johann Baptist Moser. Moser, der eigentlich Müller hieß, wurde 1799 als Sohn eines Trödlers in Wien geboren, sollte ursprünglich Lehrer werden, verdingte sich jedoch

bald aus Geldmangel als Faktotum bei einer Herrschaft. Hier eignete er sich als Reisebegleiter durch Frankreich, Holland und die Schweiz nicht nur Bildung, sondern auch fremde Sprachen an. Als er 1829 seine eigene Gesellschaft gründete, verbannte er die Harfe und ersetzte sie durch das Klavier. Er schaffte das „Absammeln" ab und verlangte ein festes Eintrittsgeld. Erstmals konnten die Wiener wieder Lieder mit Niveau hören, denn bei Moser gab es keine Konzessionen an Gemeinheit und Zote.
Zusammen mit dem lustigen Franz Gatter („Gatterer") und dem nachmaligen Hofoperntenor Hagen sowie mit dem 1834 dazugestoßenen Johann Kwapil trug Moser nicht nur eigenes vor, sondern machte auch Anleihen bei Beethoven, Schubert, Kreutzer und Johann Strauß Vater und Sohn (etwa mit einer Textierung der „Tritsch-Tratsch-Polka"). In seinen gelegentlich etwas langatmigen Konversationen – wie er die Harfenistenszenen jetzt nannte – liebte er Wortspiele und die Verwendung von Fremdwörtern, auch hier in gewisser Hinsicht ein geistiger Verwandter Nestroys und Raimunds. Manche Couplets aus den Stücken Raimunds und Adolf Bäuerles wurden durch Moser zu Schlagern in ganz Wien, etwa das Duett aus Bäuerles „Aline": „Ja nur eine Kaiserstadt, ja nur ein Wien!" Später wurde der Refrain als G'stanzel und in veränderter Fassung zum Leiblied der Wiener Volkssänger, so in der Textfassung von Fritz Lung:

Es gibt nur eine Kaiserstadt, s' gibt nur an Wien,
Dö Weaner san draußen, dö Böhm, dö san drin.

In aner Zigarr hat ma gefunden in Wien
An Stiefelknecht, Kochlöffel und a Haarzöpferl drin.

In a Gassen schaut zwa Stund a Gwölbwachter h'nein
Und hinter ihm brechn's beim Uhrmacher ein.

Will ma fahr'n in Himmel, wie stellt man das an?
Man macht halt a Fahrt mit der Franz-Josef-Bahn.

Vor der Taborlina hab'ns a Sperrschiff hinbaut,
Damit sich ka Böhm mehr nach Wean einer traut.

Auch der Schlußgesang aus Bäuerles Posse „Die moderne Wirtschaft oder Don Juans Streiche" wurde, von Ferdinand Raimund kreiert, ein bis auf den heutigen Tag lebendig gebliebener Wiener Schlager:

Volksmusik und Klassik, Einheimisches und Fremdes begegneten sich im Biedermeier. Das musikalische Wien repräsentierten später der Norddeutsche Johannes Brahms (links, Schattenriß von Otto Böhler) ebenso wie Johann Baptist Moser, der Reformator des Wiener Volkssängertums (unten).

Der erste namentlich bekannte Heurigen-Musiker war der „liebe Augustin" (links). Von den zahlreichen Legenden um das Leben dieses Volksmusikanten lassen sich die meisten jedoch nicht belegen, nicht einmal das Lied vom „lieben Augustin", was ihm zugeschrieben wird.

Juni SOUVENIR 1863
Wir bringen DIR hier eine kleine Spende,
Es stellt 'nen Theil von DEINEM Wirken dar,
Der Anfang gut führt oft zum besten Ende,
Jst man im Denken Fühlen mit sich selbst nur klar.
Jst Achtung, Liebe für den Chef vorhanden
Dann giebt sich auch ein dauernd Streben kund
Es knüpfen sich harmonisch Freundschafts-Banden
Und Volkes Gunst wohl auf dem Ganzen ruht!
Heiter auch in ernster Zeit!
JOHANN FÜRST
Charactere dargestellt durch Herrn FÜRST:
Flotter, Daxel, Vogel, Lustig, Börtl, Flott, Blunzenhofer, Pechmatzel,
Herr Fürst in dem Liederspiel: Der Köchin ihr Schatz, als Deutschmeister-Krutzineser Element,
Mir seyn da vom Regiment
FÜRST's SINGSPIELHALLE
GASSA
GASSA
Aussere Ansicht.
Innere
Wo man singet heitre Lieder,
Die belebt durch Wort und Spiel
Da ihr Freunde laßt euch nieder,
Mancher Kummer wird da still!
Wo man täuschend Spiele übet,
Nicht Salon-Karrikatur,
Wo Natürlichkeit man liebet,
Abgelauscht der Volksnatur,
HERREN:
Bayer, Berger, Fickert, j. Hayeck, Kleiber, Kriehuber, Liebl, Lucks, Liebwerth, Müller, A. Müller, T. Proksch, Resch, Röder, Slama, Sengschmitt, Linnbrunner.
Mitglieder der FÜRST'SCHEN SINGSPIEL-HALLE (1863.)
Gedichtet, n. d. Nat. gemalt u. lith. v. F. Berndt.
Verlag Wien. Leopoldstadt. Circus-Gasse 45.
Unserm hochverehrten Herrn Director
JOHANN FÜRST,

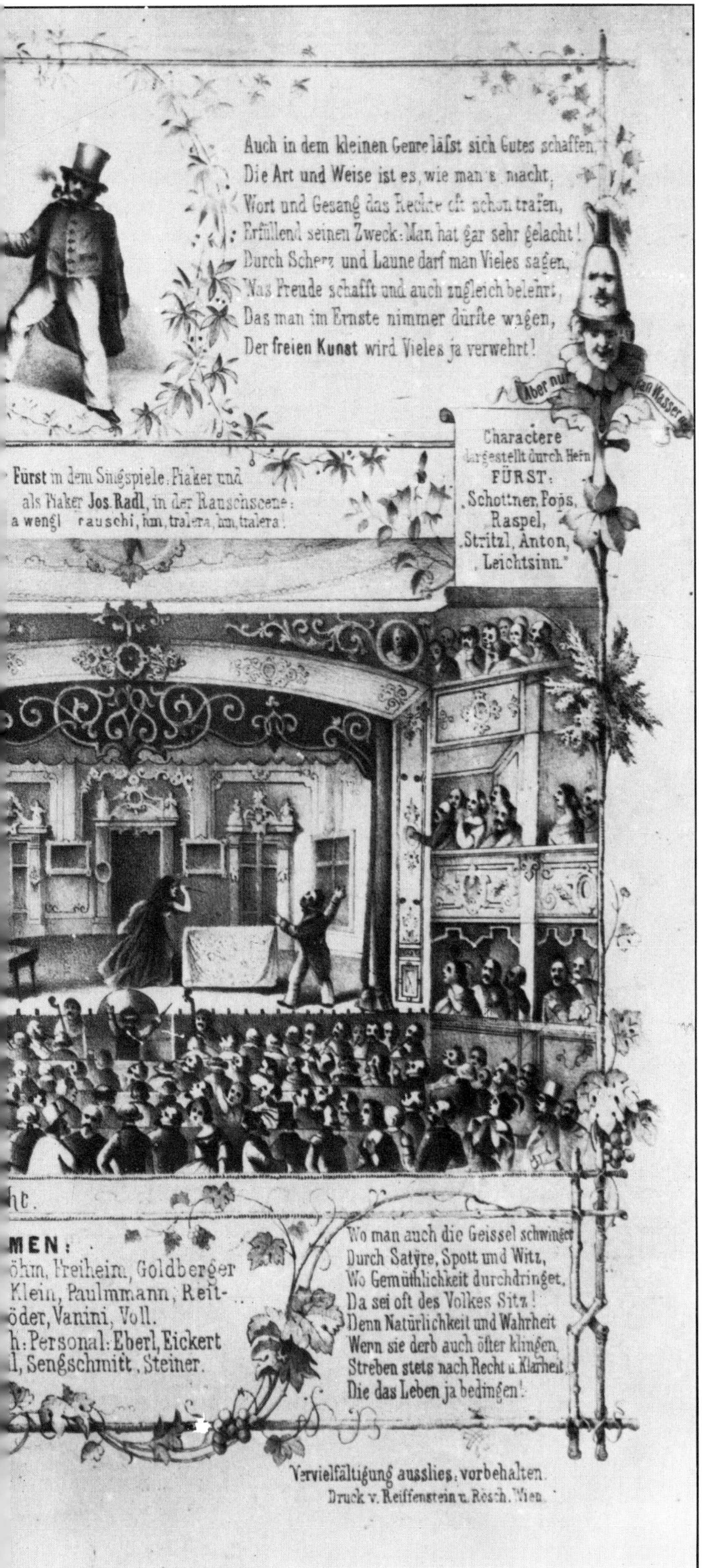

Wollt's ein Mann, sagt er,
Seit's fein g'scheit, sagt er,
Nehmt's kein Alten, sagt er,
's wär kan Freud, sagt er,
Nehmt's kein' Jungen, sagt er,
Sind oft schlecht, sagt er,
So wia i' bin, sagt er,
San's grad recht.

Wollt's an Freund, sagt er,
Sucht's a Weil, sagt er,
Auf'n Markt, sagt er,
Hab'n sie's feil, sagt er,
Habt's a saubers Weib, sagt er,
Im Haus, sagt er,
Geh'n die Freund, sagt er,
Niemals aus.

Wer in Himmel, sagt er,
H'nein will kemma, sagt er,
Der muaß Fäustling, sagt er,
A' mitnehma, sagt er,
Denn im Himmel, sagt er,
Da is' kalt, sagt er,
Weil der Schnee, sagt er,
Aberfallt.

Herr Longinus, sagt er,
Apropos, sagt er,
is' das wahr, sagt er,
Sein's so groß, sagt er,
Wann's in Stadtgrab'n, sagt er,
Unten sein, sagt er,
Is' die Nas'n, sagt er,
Auf der Bastei.

Unter dem Titel „Wiener Lokalgesänge" gab Moser beim Musikalienhändler Tobias Haslinger eine erste Sammlung Wiener Lieder heraus. Zu Mosers Zeiten wurden schließlich auch erstmals die Befugnisse der Volkssänger behördlich geregelt. Die Ende 1851 erlassenen Bestimmungen für eine „Produktionslizenz" besagten unter anderem, daß jedes Mitgleid einer Volkssängergesellschaft über zwanzig, ein Leiter über dreißig Jahre alt sein mußte. Außerdem wurden die Gesellschaften auf vier Mitglieder beschränkt.
Um 1860 begann Mosers Stern rasch zu sinken, denn in dem ehemaligen Drechslergesellen Johann Fürst, der in diesem Jahr eine eigene Konzession erlangte,

war ihm eine ernsthafte Konkurrenz erwachsen. Worin dessen rasch wachsender Erfolg bestand, berichtet uns der bereits zitierte Friedrich Schlögl, denn Fürst „wußte Töne anzuschlagen, die jeder Wiener in seiner Brust verschlossen hielt . . . er ließ ein Brillantfeuerwerk von zündendsten Witzen los, die prasselnd über die Köpfe seiner Zuhörer fuhren, Witze, die dem eigentlichen Wesen des Wieners entsprossen und nur ihm verständlich, oft sogar ein Echo seiner eigenen Gedanken und Empfindungen waren. Fürst cultivierte zwar nur das niedrigste Genre, er holte sich seine Charaktere nur aus den fuselqualmigsten Räumen, dennoch aber begriff den Meister des Cynismus, den neusten Kneipen-Hogarth, nicht nur deren stabilster Insasse, sondern – wunderbarerweise – auch der zartfühlendste Schöngeist reinsten Wassers, von den 'Wiener Gawliers', seinen wärmsten Schätzen, gar nicht zu sprechen."

Fürst, ein Findelkind, wurde 1825 in Wien geboren und zog schon mit 16 Jahren als Volkssänger durch die Vorstädte. 1856 trat er zusammen mit dem ein Jahr zuvor von Moser entdeckten Josef Matras auf. Dieser war zuerst Eßzeugputzer und Weinbub im Hotel „Weißes Roß" in der Taborstraße gewesen, bevor er bei Moser für den plötzlich verstorbenen Gatter (1855) einsprang. Kurze Zeit schloß er sich einer Wanderschmiere an, war drei Monate in der Gesellschaft von Johann Kwapil, der 1834 bei Moser begonnen und sich 1852 selbständig gemacht hatte. 1863 wurde er ans Carltheater engagiert, wo er rasch zum beliebtesten Komiker avancierte. Mit einem schweren Gehirnleiden verbrachte er die letzten fünf Jahre in einer Anstalt, wo er 1887 mit 55 Jahren verstarb.

Als Volkssänger hatte er seine größten Erfolge bei Johann Fürst, der 1865 das Schreibersche Affentheater im Prater kaufte und es wenig später als Fürsttheater eröffnete. Hier belustigte der „Kneipen-Hogarth" sein Publikum fast nur noch mit selbst verfertigten Volksstücken, die jeweils damit endeten, daß Fürst in der Rolle des rettenden Engels unvermittelt auftrat und dem unglücklichen Liebespaar die Heirat durch das Öffnen einer großen, rotledernen und wohlgefüllten Brieftasche ermöglichte, wobei er jedesmal die „geflügelten Worte" sprach: „Meinen Namen sollt ihr nie erfahren – ich bin der Kaiser Josef."

Ebenso geflügelt war sein „Drum nur ka Wasser nöt . . .", der Refrain seines Couplets „Der blaue Montag", der in Wien damals in allen Gassen gesungen und gepfiffen wurde:

Kruzitürken! Heut is Montag, und i hab kein Kreutzer Geld,
Und ein Durst als wie ein Fisch, den's Wasser vierzehn Tag schon fehlt.
Drum bin i schiach schon ganz unbändig, und a grantig schon als wiar,
I weiß rein mir net z'helfen, wann i nöt bald krieg a Bier.
Die Leut sag'n wohl i wär a Lump, weil i mein Geld a so versauf,
Sie hab'n recht, denn i mach g'wöhnlich alle Montag d' Pitschen auf.
's weiß der Teuxel, warum i grad an ein Montag nix kan tuan
Und den Löffel zu der Arbeit bis am Mittwoch hab verlorn,
Denn wann i a Wasser statt ein Bier am Montag h'nunter schluck,
Bin in G'fahr i, daß der Herzwurm mir den Magen z'sammen druckt.
Drum nur ka Wasser nöt na, na, das mag i nöt,
Mein schwacher Mag'n der kanns nöt vertrag'n,
Drum nur ka Wasser nöt na, na, das mag i nöt,
Mein schwacher Mag'n der kanns nöt vertrag'n.

Fürst war der erste Volkssänger, der auch dank seiner Gönnerin, Pauline Fürstin Metternich, Zugang zu den Kreisen und Salons der besseren Wiener Gesellschaft fand, eine Aufmerksamkeit, die nach ihm erst wieder die Schrammeln erreichten. Er starb 1882 in Wien.

Dank einer zählebigen Anekdote wurde auch dem Volkssänger Karl Deckmeier Umgang mit hochgestellten Persönlichkeiten nachgesagt. Deckmeier lebte von 1808 bis 1876, trat schon mit 16 Jahren als Volkssänger in Heurigen und Gasthäusern auf und war gelernter Zimmermaler, ein Beruf, dem er auch später noch regelmäßig nachging. Denn der glücklichen Ehe mit seiner Frau entsprossen 22 Kinder, die Frau Deckmeier, selbst Volkssängerin und eine beliebte Jodlerin, alle pflegte und aufzog, wobei ihr das jeweils jüngste immer in die Garderobe nachgetragen wurde, damit sie es in den Pausen säugen konnte. Da reichte dann das, was das Künstlerehepaar allabendlich „absammelte", weder vorn noch hinten. Deckmeiers „Revier" waren die Wirtshäuser am Rennweg und auf der Landstraße im dritten Bezirk, wo sich sein Publikum vorzugsweise aus der Artilleriekaserne rekrutierte. Kaum einer dort, der des Kai-

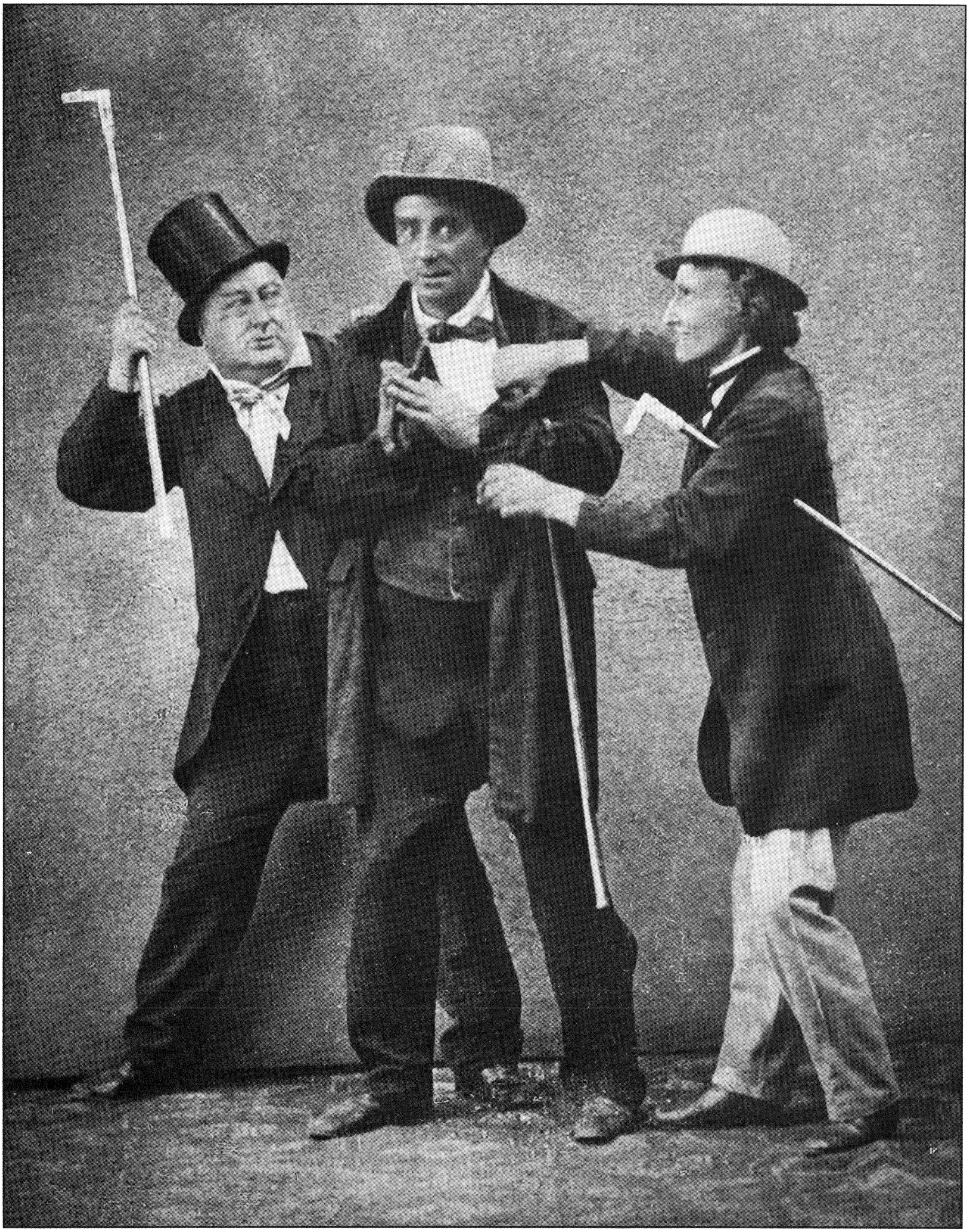

sers Rock trug und Deckmeier nicht kannte, und dieser wieder hing mit jeder Faser an den Artillerie-Soldaten. Kein Wunder also, daß, als eines Tages „sein" Regiment nach Mainz versetzt wurde, der alte Deckmeier ihm bald darauf nachreiste, um es im fernen Rheingau zu besuchen. An einem dieser Wiedersehenstage soll es geschehen sein, daß während einer Truppeninspizierung eine hochgestellte Persönlichkeit den alten Wiener Sänger ansprach und freundlich mit ihm plauderte. Die Kunde verbreitete sich rasch – mit der gebührenden Ausschmückung – auch in der Heimatstadt, wo es bald hieß, er sei Arm in Arm mit dem König von Bayern über die Befestigungsanlagen spaziert, bald, er habe mit dem König von Preußen – oder auch mit dem Großherzog von Mecklenburg? – ein vertrauliches Gespräch gehabt. Jedenfalls hing ihm bis zu seinem Tod die Fama an, der „Artillerieharfenist" Deckmeier stünde mit sämtlichen deutschen Fürstenhäusern in engem Kontakt.

Daß Deckmeier sich selbst gern als „Nestroy des Brettls" bezeichnete, beruhte nicht nur auf der rein äußerlichen Ähnlichkeit Deckmeiers mit dem wienerischen Aristophanes, er verstand es auch, den Schauspieler Nestroy vorzüglich zu kopieren, was dieser sich nicht selten gern selbst bei den Soireen Deckmeiers anschaute. Als er sich einmal mit dem größten Vergnügen die Deckmeiersche Kopie seines Vortrages des Kometen-Couplets aus dem „Lumpazivagabundus" angehört hatte, schenkte er dem Volkssänger eine „Stutzel-Perücke", die er selbst auf der Bühne getragen hatte. Das teure Andenken wurde noch von Deckmeiers Sohn und Nachfolger Franz in hohen Ehren gehalten.

Auch zum „alten Kampf" ging Nestroy mit besonderem Vergnügen, war Kampf doch der Urkomiker unter den Volkssängern, den unter anderen der Burgschauspieler Dawison und der damals berühmteste Charakterkomiker Karl Treumann regelrecht „studierten". Die harmlosen Szenen und Lieder, zu denen Karl Kampf (1817 bis 1886) seine unnachahmlichen Grimassen schnitt oder auf das Frappierendste zu schielen verstand, erheiterten damals ganz Wien. „Wer bei Kampf nicht lacht, der lacht in diesem Jammertal überhaupt nicht mehr", hieß es damals, und vor allem die Figur seines mit der deutschen Sprache kämpfenden „Böhm" hatte es den Wienern angetan. Wie bei den drastisch zotigen Liedern der anderen Sänger, die es bei Kampf allerdings nie zu hören gab, griff die Obrigkeit auch hier nie ein, selbst als man versuchte, ihm Verunglimpfung der tschechischen Nation anzuhängen. Die Polizeibehörde eines Metternich ließ die Volksbelustiger gewähren, solange sie nicht die Politik zu ihrem Thema machten. Als Kampf allerdings im Revolutionsjahr 1848 ein Freiheitslied kreierte, mußte er für zwei Monate hinter Gitter.

Privat war Kampf allerdings eher wortkarg und häufig melancholisch. Der fleißige Familienvater – er hatte 16 Kinder – hatte keine Chance, sein Alter finanziell abzusichern. Er verarmte, wurde gepfändet und lebte zuletzt von Almosen.

Ein anderes Original war der „blade Binder", der angeblich wegen seines ungeheuren Durstes und seiner Freßsucht eines Tages die Opernbühne mit der Wirtshaus-Pawlatschen vertauschte. Die resonanzreiche Baßstimme des drei Zentner schweren Jakob Binder (1816 bis 1881) konnte selbst Gläser zersingen. Nachdem er einmal bei einem echten Prinzen eingeladen gewesen war, rühmte er sich gern seiner Erfahrung an fürstlichen Tafeln: „I hab' bei alle Monarchen g'speist!" Ein gut Teil seines Humors bezog er aus einer gesunden Selbstironie; so meinte er, als er nach einem Auslandsaufenthalt wieder nach Wien zurückkam: „G'lernt hab i nix, aber arrogant bin i word'n." Er trat in den Gesellschaften von Matras und Fürst und auch bei der berühmten Fanny Hornischer auf.

In der zweiten Hälfte des neunzehnten Jahrhunderts belebten auch zahlreiche weibliche Talente die Volkssängerszene, etwa die lustige Mirzl Koblassa („I taug zu kaner Klosterfrau!") oder Leopoldine Kutzl, das „Madl von einer eigenen Rass'", die, nachdem sie früh einen Großfuhrmann vom Grund geheiratet hatte, bald wieder abtrat. Eine der ersten bedeutenden Sterne am Volkssängerinnenhimmel war Amalie Zeidler (1840 bis 1908), die damals in der Neulerchenfelder Hochburg der Volkssänger, im Gasthaus „Zur roten Bretze", gegenüber dem „Thalia-Saale", auftrat. Die Zeidler, die vor allem durch ihre kernigen Wiener Lieder bekannt wurde, gilt als Vorläuferin der Mansfeld, Hornischer, Anna Ulke und aller anderen bis hin zu legendären „Fiaker-Milli", obwohl sie erst 1864 (in der Gesellschaft Schiefer und Drexler) kurz vor dem Auftreten der Mansfeld debütierte.

Schon das Auftauchen der Antonie Mansfeld (1836 bis 1875) hatte für die Wiener den Geschmack eines prickelnden, ein wenig verruchten Geheimnisses. Sie kam eines Tages mit ihrem angeblichen Bruder Ferdinand Mansfeld aus Budapest nach Wien, wo sie rasch das Interesse des Volkssänger-Mäzens Haberlandtner, eines begüterten Harz- und Pechhändlers aus der Matzleinsdorferstraße, erregte, der zu ihrem Gönner wurde. Sie sang ihre vom angeblichen Bruder komponierten frivolen Lieder zuerst in Haberlandtnerschen Privatsoireen, wo der Hausherr anschließend selbst mit einem Sieb „abfamen" (absammeln) ging. Nachdem ihr dort einer der Gäste eine eigene Lizenz besorgt hatte, trat sie zum ersten Mal in Schwenders Theater öffentlich auf und wurde rasch die vergötterte Diva der (männlichen) Lebewelt Wiens.

Mit unbeweglichem Gesicht und im hochgeschlossenen schwarzen Kleid sang sie ihre prickelnden Texte von unverholener Anzüglichkeit bald beim Dreher auf der Landstraße, in den „Drei Engeln" auf den Wieden oder beim Zeisig am Neubau. Einer ihrer Verehrer soll Napoleon III. gewesen sein, der sie bei einem Gastspiel in Salzburg hörte. Wie populär die Mansfeld auch (oder gerade) in der besten Gesellschaft war, erfuhr die beliebte Soubrette des Carltheaters, Josefine Gallmeyer, als sie einmal die Pawlatschen-Diva mit einem ihrer zahmeren Lieder „Na versteht sie" persiflierte und damit einen aufsehenerregenden Erfolg hatte. Die Mansfeld und ihre Wirkung beschreibt der Zeitgenosse Friedrich Schlögl so: „Sie singt, um es kurz herauszusagen, den Cancan. Sie singt die Zote in der unzweideutigsten Textierung, sie singt den impertinentesten Gassenhauer . . . sie singt die Hausordnung gewisser Häuser, sie singt die Usancen der Straßendirne. Und das p.t. Publikum jubelt, es klatscht, daß die rotbraunen Glacés zerplatzen und die aufrichtigsten Freudentränen in den edlen 'Markersdorfer' perlen."

Als am 11. Juni 1869 ihr „Bruder", kaum 45 Jahre alt, starb, versandte sie einen Partezettel, dessen Text festgehalten zu werden verdient:

Tief erschüttert macht die Gefertigte die Mitteilung
von dem Heimgang des unersetzlichen
Ferdinand Mansfeld
Liederdichter und Journalist

welcher Freitag, den 11. Juni 1869, nach langem, schmerzvollen Leiden und Empfang der heiligen Sterbesakramente seelig in den Herrn entschlafen ist.
Die irdische Hülle wird Sonntag um 3 Uhr Nachm. am Währiger Ortsfriedhof zur ewigen Ruhe getragen.

Josef Matras (oben), von Moser entdeckt, war einige Jahre Volkssänger, bevor er als Komiker am Carltheater Karriere machte. — Im hochgeschlossenen schwarzen Kleid sang Antonia Mansfeld (unten) ihre frivolen Lieder. — Eine Volkssängerszene zeigt Seite 159, mit Jakob Binder (der „blade" Binder), Karl Deckmeier und Johann Jasky (von links).

Die heil. Seelenmesse wird Montag, den 14. Juni 1869, um 9 Uhr Früh in der Votiv-Kirche gelesen. Wien, den 11. Juni 1869.
Da ich es als meine heilige Aufgabe betrachte, den so schwer Leidenden in seinem letzten Kampf nicht zu verlassen, so war ich leider in die unangenehme Lage versetzt, an einigen Abenden meinen Verpflichtungen dem P. T. Publikum gegenüber nicht nachkommen zu können. Deshalb um Vergebung bittend, mach ich die geziemende Anzeige, daß ich von Montag, den 14. Juni 1869, angefangen wie zuvor meine Soiréen abhalten und mich bemühen werde, mit ganz neuen Liedervorträgen meine geehrten Gönner bestens zu unterhalten.

Antonia Mansfeld
Volkssängerin

Auch sie selbst sollte sich bald wieder „bestens unterhalten", und zwar mit dem jungen Komponisten Johann Sioly, den sie bald danach kennen und lieben lernt. Zu einer Legalisierung dieser offenbar glücklichen Verbindung sollte es jedoch nicht mehr kommen. Kurz vor der geplanten Heirat wurde die Mansfeld 1873 vom Wahnsinn befallen und starb zwei Jahre später im Irrenhaus.
Antonie Mansfeld hieß eigentlich Montag und war die Tochter ehrsamer Wäscherleute vom Thurygrund, deren zweite Tochter unter ihrem richtigen Namen Luise Montag ebenfalls Volkssängerin wurde. Das „Lercherl", wie sie schon als Kind und später liebevoll von ihrem Wiener Publikum genannt wurde, war musikalisch zweifellos begabter und talentierter als ihre Schwester. Ihre Stimme umfaßte vier Oktaven und „von ihren Trillern sprach ganz Wien". Sie wurde 1849 geboren und trat bereits mit 17 Jahren erstmals öffentlich im Gasthaus Harner am Tabor auf. Anfangs sang sie in Gesellschaft ihrer Schwester, mit der sie sich aber bald zerstritt und ihr sogar für eine kurze Zeit den „Bruder" als Leibdichter und Komponist abspenstig machte. Später asoziierte sie sich mit Edmund Guschlbauer, der als „alter Drahrer" eine der wichtigsten Figuren der Volkssänger-Geschichte war und von dem noch zu reden sein wird.
Trotz einer langen und erfolgreichen Karriere endete das Dasein der Luise Montag in Armut und Vergessenheit. Sie führte ein luxuriöses Leben, besaß unter anderem zwei Villen in Dornbach und war ein Jahr lang mit dem Volkssänger Plechaczek („Plecherl") verheiratet, in zweiter Ehe schließlich mit dem Lo-

Der Karikaturist der satirischen Zeitschrift „Der Floh" zeichnete Antonia Mansfeld mit dem damals hochmodernen Bubikopf (oben). Ihre Schwester Luise Montag, das „Lercherl", war jedoch die musikalischere der beiden Mädchen vom Thurygrund. Einige Jahre trat sie erfolgreich mit Edmund Guschlbauer als Partner auf (linke Seite).

genmeister der Hofoper Janeczek, dem sie zwei Söhne schenkte. Als diese im Ersten Weltkrieg einberufen wurden, setzte sich die inzwischen recht füllig gewordene Sängerin zur Ruhe. Da ließ noch kurz vor seinem Tod ihr zweiter Mann nach einem jahrzehntelangen glücklichen Familienleben wegen eines weit jüngeren Ballettmädels sich von ihr scheiden und brachte sie damit um die Pension. Nach dem Krieg, in dem sie beide Söhne verlor, mußte sie ihre Villen verkaufen, um ihren Lebensunterhalt zu bestreiten, doch auch diesen Rest des Vermögens verlor sie durch die Inflation. Körperlich und geistig gebrochen, starb sie 1927 mit fast 78 Jahren und wurde auf Kosten der Gemeinde Wien in einem Ehrengrab beigesetzt.

Die Geschichte der Volkssänger und des Wienerliedes war von Anfang an bis ins neunzehnte Jahrhundert eng mit dem Heurigen verbunden. Die große Vorliebe der Wiener für Musik und Unterhaltung verband sich im Biedermeier mit der Entdeckung der Gasthäuser und Heurigenschenken außerhalb der Stadt, die dadurch nicht selten einen ungeahnten Aufschwung nahmen. Viele ehemalige Buschenschenken erwarben schon damals eine Gasthauskonzession, um das ganze Jahr über aufsperren zu können und um den Bedarf des zunehmenden Publikums an Speisen und Getränken nachkommen zu können. Manche dieser Wirtshäuser bewahrten sich ihren Buschenschankcharakter noch weit darüber hinaus – wie das oft auch heute noch der Fall ist. Längst kam man in diese Lokale nicht mehr wegen der Qualität des Weines, sondern wegen der gebotenen Musik und Lieder.
Schon in der zweiten Hälfte des neunzehnten Jahrhunderts verloren die Volkssängerlokale mehr und mehr den Heurigencharakter – nicht jedoch das Wirtshausambiente, das auch in jenen Stätten weiter beibehalten wurde, die sich „Theater" nannten. Denn natürlich wollten die Zuschauer und Zuhörer sich nicht nur an den Darbietungen, sondern auch kulinarisch unterhalten, ein Anspruch, dem die meisten Wirte allerdings höchst dürftig nachkamen.
Im Biedermeier nahm die Entwicklung, nicht zuletzt durch den Einfluß des Singspiels und der „Posse mit Gesang", wie sie noch Bäuerle, Raimund und Nestroy pflegten, immer mehr einen Weg in theatralischer Richtung. Ohne Zweifel blieb die Musik oder das Musikalische dabei ein bestimmendes Element, waren aber oft nur mehr Begleitung zu den Volkssänger-Szenen und den Couplets. So nahmen das Wiener

Lied und die Wiener(Volks-)Musik gegen Ende des Jahrhunderts bald einen eigenen Weg, der übrigens anders als die Entwicklung des Volkssängertums nicht vom Heurigen wegführte.
Von den vielen Sängern und Brettl-Größen der damaligen Zeit, von denen hier nur einige wenige der bekannten genannt werden können, war einer der letzten, der die musikalische Tradition mit lebendigem Volkssängertum verband, Edmund Guschlbauer (1839 bis 1912), ein ehemaliger Vergolder, der bereits als Lehrbub in den kleinen Wirtshäusern der Vorstadt zur Harmonika und Gitarre gesungen hatte. Als er eines Tages arbeitslos war, ging er ins Hernalser Brauhaus zum alten Kampf, um sich in dessen Gesellschaft zu bewerben. „Zu die Volkssänger woll'n S' gehn?!“ brummte Kampf. „Da is g'scheiter, sie kaufen Ihna a Zuckerschnur und hängen Ihna auf, wenigstens haben S' an süaßen Tod!“ Nachdem ihm Guschlbauer „Die Leiden eines Amtspraktikanten“ vorgespielt hatte, nahm er ihn dann aber doch am 1. Dezember 1862 in seine Gesellschaft auf.

Mit Frack, gewirkten weißen Handschuhen und dem Stößer, einem schmalkrempigen Zylinder, auf dem Kopf wurde Guschlbauer bald zum Inbegriff des Wieners vom alten Schlag, des Urwieners, leichtlebig, ja leichtsinnig auch noch im gesetzten Alter und von einer liebenswürdigen, kleinbürgerlichen Behäbigkeit. Auf diesen Typ paßte nichts besser als das Lied vom „alten Drahrer“, das ihn weit über Wien hinaus bekannt machte:

Wann i auf d' Nacht ins Wirtshaus komm,
Da rennt der Wirt, den Kellner um,
Die Gäst' schrei'n Servus alter Spatz,
's macht mir a jeder gleich an Platz,
Denn mich kennt Alt und Jung in Wien,
Denn mich kennt Alt und Jung in Wien.
Weil i a alter Drahrer bin,
So a Aufdrahrer bin.

Die Maderln hab i heut no gern,
Und siech i ane nur von fern,
Gibt's mir an Riß, 's laßt mir ka Ruah
Bis i nur g'funden hab' ihr Spur.
A Busserl tragt's dann als Gewinn,
A Busserl tragt's dann als Gewinn.
Weil i a alter Drahrer bin,
So a Aufdrahrer bin.

Nach einer erfolgreichen Volkssänger-Karriere und einem Leben in Luxus starb Luise Montag (oben) 1927 vergessen und völlig verarmt mit 78 Jahren und wurde auf Kosten der Gemeinde Wien beigesetzt. — Ihr Partner Edmund Guschlbauer, später Ehrenbürger von Wien, prägte mit seinem berühmtesten Lied den Begriff vom „alten Drahrer“ (linke Seite).

Und wann i stirb und vielleicht grad,
Der Petrus s' Türl zug'sperrt hat,
Mach an der Glocken i ein' Riß,
Schrei' Krutzi Laudon Paradies,
Werd's glei hab'n an Bahöll da drin,
Werd's glei hab'n an Bahöll da drin.
Weil i alter Drahrer bin,
So a Aufdrahrer bin.

Die Musik zu Tausenden von Lieder und Couplets schrieb der Komponist Johann Sioly, Sohn eines bekannten Polizeifunktionärs (unten). Die erfolgreichsten waren jene, zu denen Wilhelm Wienberg die Texte schrieb.

Dieses Lied war eigentlich nur das Schluß-Couplet einer Soloszene „Der Werkelmann", die Ernst Pohlhammer, Sekretär des Strampfer-Theaters geschrieben hatte. Guschlbauer, der die Szene selbst schwach fand, sang nur das Lied mit der Musik von Johann Sioly, wodurch „Drahrer" den konkreten Bezug auf den die Kurbel drehenden Werkelmann verlor. Damit bekam dieses Wort den Sinn, den es noch heute im wienerischen hat: ein nimmermüder Nachtbummler. Guschlbauer, dessen Soireen auch Girardi gern besuchte, wurde 1902 anläßlich seines vierzigsten Volkssängerjubiläums zum Ehrenbürger von Wien ernannt. Viele Schöpfer der damals gesungenen Wiener Lieder sind heute vergessen und wohl auch unbekannt, manche Texte wurden zu bereits vorhandenen (auch älteren) Melodien gesungen. Einer der bedeutendsten und mit einem Œuvre von mehr als 10 000 Liedern sicher fruchtbarsten Komponisten war der 1834 als Sohn eines stadtbekannten Polizeifunktionärs geborene Johann Sioly. Nach dem Konservatorium und Lehrjahren als Orchestermusiker kam er 1861 als Klavierspieler zur Volkssängergesellschaft Lamminger, später zu Schieferl und Drexler und 1869 zur Mansfeld. Besonders fruchtbar war seine Zusammenarbeit mit Wilhelm Wiesberg, der Texte zu über 1000 Liedern und Duette schrieb, von denen die meisten Sioly vertonte. 1850 als Wilhelm Bergameter geboren, trat Wiesberg schon in frühen Jahren im Josefstädtertheater in Kinderkomödien auf, begann mit 13 Jahren für die Witzblätter „Figaro", „Kikeriki", „Zeitgeist" und „Floh" zu schreiben, und später auch Couplets für die Volkssänger. 1874 trat er selbst bei seinem Schwager Schieferl im „Goldenen Widder" erstmals als Volkssänger auf. Wenig später engagierte ihn die Gesellschaft Amon und Nagel, die als einzige damals auch politische Themen aufgriff und darum nicht selten Schwierigkeiten mit den Zensurbehörden bekam. 1879 machten sich Wiesberg und der ebenfalls bei Amon engagierte Wenzel Seidl (1842 bis 1921) selbständig. Kapellmeister ihrer Gesellschaft, die am 13. März beim

„Grünen Tor“ in der Lerchenfelderstraße debütierte, war Johann Sioly. Diese Kerntruppe blieb bis zu Wiesbergs Erblindung und dadurch bedingtes Ausscheiden (1890) zusammen. Von den zahlreichen in diesen elf Jahren entstandenen Liedern haben sich einige bis auf den heutigen Tag lebendig erhalten, so etwa die „Mondscheinbrüder“:

Für uns gibt's nur an' Beleuchtung
Und a nur an' guten Freund,
Das is der Mond mit seinem Kipfel,
Mir leb'n auf erst, wann der scheint.
1. Solo:
Wann er winkt auf uns herunter
Mit dem g'wissen „Grüaß Eng Gott“ –
2. Solo:
Werd'n mir zwa erst immer munter,
Werd'n ma frisch, fidel und flott.
Duo:
's waß nit aner – von uns kaner,
Wia die Sonn' schaut eig'ntli aus,
Kaum tuat's scheina – segn's uns renna,
In die Betten g'schwindt z'Haus.
Weil mir Mondscheinbrüader san,
Dö in der Fruah erst z'Haus geh'n tan!
's hab'n die G'wohnheit manche Männer,
Daß sie mitten in der Nacht
Zu die Frauen z'Haus tan renna
Und sie um den Schlaf hab'n bracht.
1. Solo:
Sie tun singen oder streiten,
Daß das Weiberl fest erschreckt, –
2. Solo:
Aber mir zwa san bescheiden,
Mir hab'n kane auf no g'weckt.
Duo:
Gott erhalte – z'Haus die Alte,
Mir woll'ns aus'n Schlaf net stör'n,
Nur net wecken – nur net schrecken,
Mir hab'n uns're Fraun zu gern. –
Weil mir Mondscheinbrüader san,
Dö in der Fruah erst z'Haus geh'n tan!

Ein Wiener Weltschlager gelang den beiden schließlich mit „Das hat kein Goethe g'schriebn, das hat ka' Schiller dicht'“, einem Hymnus auf den Wiener und das wienerische Gemüt, in dem eine poetische und echte Sentimentalität mitschwingt, die jenseits von allem Kitsch nur noch selten ein Wiener Lied erreichte:

Nachdem er sich erfolglos als Theaterdirektor versucht hatte, kam Wilhelm Wiesberg zu den Volkssängern, schrieb zahlreiche Liedtexte und Szenen und trat auch selbst, vor allem mit seinem langjährigen Partner Wenzel Seidl, auf (oben und unten links). — Die oberösterreichischen Donau-Schiffer brachten ihre Musik und ihre Tänze in die Wiener Hafen-Schenken (Zeichnung auf den folgenden Seiten).

Zur blonden Resi sagt der Drechsler Franz:
„Hörst Schatzerl, i bin in di' wurlert ganz,
Geh leg dein Pratzerl in mein Hand hinein,
Und in ein Monat wirst du g'heirat sein,
Wann mir a nix wia a Kammerl hab'n,
So ruck'n ma halt a bisserl näher z'samm,
Wann nur die Herzen schlag'n in Einzigkeit,
Das and're gibt si' mit der Zeit!"
Ja, ja –
Das hat kein Goethe g'schrieb'n, das hat ka' Schiller dicht',
's is von kein' Klassiker, von kein' Genie,
Das is a Wiener, der zu aner Wien'rin spricht
Und 's klingt halt doch so voller Poesie!

Der Sohn will fort, da sagt der Vater ihm:
„Hörst Pepi, die Idee ist wirklich schlimm,
Geht a bei uns sehr viel aus Rand und Band,
So bleibt's do' allweil unser Vaterland;
Bedenk', wann in der Fremd' du gehst zur Ruah,
Druckt dir kan anz'ger Freund die Augen zua,
Der Vogel is sein Leb'n a schlimmer Gast,
Der was sein Nest so leicht verlaßt!"
Ja, ja –
Das hat kein Goethe g'schrieb'n, das hat ka' Schiller dicht',
's is von kein' Klassiker, von kein' Genie,
Das is a Österreicher, der vom Herzen spricht,
Und 's klingt halt doch so voller Poesie!

Musikgeschichtlich ist es sicher falsch, die musikalischen Schöpfungen aus dem Heurigen- und Volkssänger-Milleu des neunzehnten Jahrhunderts isoliert zu betrachten oder generell gering zu achten. Gerade die großen Meister der Wiener Klassik waren ja diesem Milieu nicht nur menschlich, sondern oft auch in ihren musikalischen Einfällen durchaus nahe, wofür Schubert das offensichtlichste Beispiel ist; aber auch der „zugereiste" Johannes Brahms schrieb für sein Streichquartett a-moll (Opus 51) ein schwelgerisches „Heurigen"-Adagio. Noch offensichtlicher sind diese Züge bei den Klassikern des Wiener Walzers, Lanner, Johann Strauß Vater und Sohn und den späteren Operettenkomponisten.
Sie alle konnten diese Musik tagtäglich in den Wirtshäusern und Gassen aufnehmen, denn Musik war in Wien keineswegs eine elitäre Angelegenheit bestimmter Berufsgruppen oder gar Gesellschaftsschichten. Kaum ein Haus, in dem nicht regelmäßig oder doch

hin und wieder, Musik oder Gesang erklang. Mehr als sechzig Klavierfabriken gab es 1810 in Wien, und „Geklimper hätte sich niemand erlauben dürfen", schreibt Ann Tizia Leitich über das biedermeierliche Wien, „da die allgemeine Musikalität zu groß war." Dabei war das Wien der Monarchie auch musikalisch ein Schmelztiegel der verschiedensten Einflüsse, die schließlich, hier zu Geltung und neuer Blüte gebracht, die unverwechselbaren Melodien und Takte der Wiener Musik ausmachten.
Vor allem in den Tänzen, deren Krönung der Wiener Walzer wurde, kann man den Themen alter Volksweisen aus den verschiedensten Landschaften und Ländern des deutsch- und fremdsprachigen Habsburgerreiches nachspüren. Eduard Kremser schreibt in der Einleitung zu seiner Sammlung „Wiener Lieder und Tänze": „Der Wiener unterscheidet nämlich zwischen Tanz (mit dumpfem a) und Tänz (mit hellem a). Der erstere dient dem Tanze, der letztere nur dem Gehör allein. Die Wiener 'Tänz' sind durchaus eigenartige Blüten unserer volkstümlichen Kunstbetätigung und so fest mit dem Boden verwachsen, auf dem sie entstanden sind, daß sie auch dann, wenn fremde Einflüsse auf die einwirken, ihre Eigenart nicht verloren haben. Solche Einflüsse haben sich hie und da geltend gemacht. So weist z. B. eine Art unserer 'Tänz' deutlich auf Oberösterreich hin. In den Schenken am Donauufer kehrten die Linzer Schiffleute ein. Die dort spielenden Musikanten eigneten sich, um ihrem Publikum zu Dank zu spielen, die Weise des oberösterreichischen Ländlers an. Sie wurden aus diesem Grund die 'Linzer Geiger' genannt. Auf ähnliche Weise kamen Tiroler und Steirer Volksthemen nach Wien. Daß aber unsere Volksmusik alle diese Elemente restlos in sich aufnahm, liefert den Beweis von der ureigenen Kraft, die ihr innewohnt."

Da ist es kein Wunder, daß auch jene Musiker-Familie, deren Name zum Inbegriff der Heurigen-Musik wurde, die Schrammeln, aus dem Waldviertel stammte. Dort wurde am 6. Januar 1811 in Hörmanns bei Litschau Kaspar Schrammel geboren. Der höchstmusikalische Bauernbub erlernte den Weber-Beruf, spielte aber bereits mit elf Jahren als Klarinettist bei Hochzeiten und Kirchweihfesten auf. 1831 heiratet er Josefa Irschick, die zwei Jahre später einem Sohn Konrad das Leben schenkt. Auch dieser erlernt schon als Kind die Geige und übersiedelt mit dem Vater nach dem frühen Tod der Mutter (1846) nach Wien. Im Vorort Neulerchenfeld, dessen Wahrzeichen ein riesiges Holzfaß mit einem Ballsaal darinnen war, ging Konrad bei einem Färber in die Lehre, während sich Kaspar Schrammel hier, wo sich fast in jedem Haus ein Wirtshaus befand, in dem am Sonntag gespielt und musiziert wurde, nun ganz dem Musikerberuf hingab.
Als Konrad 1866 im Krieg gegen Italien bei Montebello der rechte Unterarm durchschossen wurde, mußte er den Brot- wie den Musiker-Beruf an den Nagel hängen. Der Kaiser „entschädigte" den Kriegsinvaliden mit einer Lizenz als Werkelmann. Noch um die Jahrhundertwende konnte man in den Wiener Gassen und Höfen einem rübezahlbärtigen Werkelmann begegnen, von dem niemand wußte, daß er der ältere Halbbruder der weltberühmten Johann und Josef Schrammel war, die damals bereits gestorben waren.
Kaspar Schrammel spielte mit seiner Klarinette Abend für Abend in den Gasthäusern von Neulerchenfeld und den Heurigen von Ottakring, während er tagsüber seinen schmalen Verdienst durch das Herstellen von Blättchen für Klarinetten aufbesserte. In Neulerchenfeld lernte er schließlich auch seine zweite Frau, die Volkssängerin Aloisa Ernst, Tochter eines Wagenlackierergesellen, kennen und heiratete sie 1853. Aus dieser Verbindung, noch bevor sie legalisiert wurde, entsprossen zwei Söhne, die später als „die Schrammeln" Weltruhm erwerben sollten: Johann, geboren am 22. Mai 1850 in Neulerchenfeld, und Josef, geboren am 3. März 1852 in Ottakring, wo die Eltern inzwischen einen gemeinsamen Haushalt gegründet hatten.
Im Unterschied zu manch anderen Künstler-Vätern zeigte sich Kaspar Schrammel beglückt über die bald aufkeimende musikalische Begabung seiner Söhne und ließ sie schon in frühem Alter von Ernst Melzer, dem Primgeiger des Carltheaters, im Violinspiel unterrichten, so daß sie mit elf und neun Jahren aus Anlaß eines Benefizabends zum 50. Geburtstag Schrammels im Neulerchenfelder Gasthaus „Zum goldenen Stuck" erstmals öffentlich auftreten konnten, und zwar im Terzett mit dem Vater. Hermann Mailler sieht in seiner Schrammel-Biographie, ein wenig sentimental, hierin die Geburtsstunde der „Schrammeln", war doch an diesem 6. Januar 1861 erstmals in Wien eine „Schrammel-Musik" zu hören, „und zwar eine ganz echte, bei der nur geborene Schrammel mitwirkten".

Ungewöhnlich muß der Entschluß des Vaters in diesem Milieu gewirkt haben, seine Buben auf das Konservatorium zu schicken, zumal er ja keineswegs über die notwendigen finanziellen Mittel verfügte. Doch da mußten Hanns und Pepi eben mithelfen, sich ihr Studium selbst zu verdienen, und so spielten die drei in den folgenden Jahren ihre alten Tänze und Volksweisen in zahlreichen Gasthäusern Wiens wobei sie einmal auch gemeinsam mit dem noch blutjungen Gitarristen Toni Strohmayer beim Stalehner in Hernals, damals noch eine regelrechte Buschenschenke, musizierten, eine Vorpremiere des späteren Schrammel-Terzetts.
Josef Hellmesberger, Direktor des Konservatoriums und Kapellmeister der k. u. k. Hofoper, erkannte bald die ungewöhnliche Begabung der beiden Schrammel und vermittelte den sechzehnjährigen Johann an das Orchester des Josefstädter Theaters, dem er ein Jahr – bis zu seiner Einberufung – als zweiter Geiger angehörte.
Nach seiner Militärzeit gab Johann ein kurzes Zwischenspiel bei dem Heurigen-Musiker Georg Dänzer, einem Meister des „picksüßen Hölzls", der damals bereits immer seltener anzutreffenden, auf G gestimmten Pikkolo-Klarinette, bevor er ein Engagement bei der angesehenen Salonkapelle Margold erhielt. Sein Nachfolger bei Dänzer wurde sein Bruder Josef, der gerade von einer siebzehnmonatigen Tournee in die Türkei und den Vorderen Orient zurückgekehrt war.
Dänzer, der später das Terzett Johann und Josef Schrammel und Toni Strohmayer zum berühmten Schrammel-Quartett ergänzen sollte, wurde am 21. März 1848 in Hernals geboren, lernte bei den Klarinettisten Bertl und Stelzmüller sowie den Philharmonikern und trat 1860 erstmals bei dem Buschenschenker Gschwandner in Hernals, gemeinsam mit seinem Lehrer Bertl, öffentlich auf. Bald war er, der sich am liebsten von Violine und Klampfe begleiten ließ, in Hernals und Währing der beliebteste Heurigen-Musiker.
Im Grunde war dieses Terzett unter Dänzers Leitung schon eine Vorstufe der späteren Schrammel-Musik, denn neben Dänzer mit dem „picksüßen Hölzl" und dem Geiger Josef Schrammel, war als Gitarrist meist Toni Strohmayer der dritte im Bunde.
Anton Strohmayer war im Januar 1848 als Sohn eines Musikanten und einer Wäscherin im Lichtental (im heutigen neunten Bezirk) geboren worden. Schon mit

Als Werkelmann durch Wien zog Konrad Schrammel (oben), doch nur wenige wußten den Namen dieses stadtbekannten Originals. Seine jüngeren Halbbrüder Johann und Josef wurden weltberühmt. Beim Stalehner in Hernals (unten) spielten sie erstmals mit dem Gitarristen Anton Strohmayer zusammen, mit dem sie später, gemeinsam mit Georg Dänzer als viertem, das Schrammel-Quartett bilden sollten (folgende Seite, von links, am Tisch sitzend: Josef und Johann Schrammel, Dänzer, Strohmayer; dahinter stehend: der Jodler „Ederl", die Fiaker Schuster Franz und „Hungerl" und die Jodlerin Kiesel-Marie).

SCH

zwölf Jahren nahm ihn sein Vater in alle Wirtshäuser der Vorstadt mit, wo er mit ihm gemeinsam häufig dessen selbst komponierten Walzer, Polkas oder Märsche spielte. Noch in jungen Jahren heiratete der „schöne Toni" Ludowika Foter, Tochter eines Viktualienhändlers, dessen Geschäft hinter dem „großen Fassl" in Neulerchenfeld am ganzen Grund bekannt war, und hatte mit ihr zehn Kinder. Als er sich schließlich 1902 von der Musik zurückzog, konnte er noch 35 Jahre einen geruhsamen Lebensabend genießen. Bis in die dreißiger Jahre konnte man dem hochgewachsenen, rüstigen Greis mit schlohweißem Haar bei seinen Spaziergängen oder in einem der Dornbaeher Heurigengärten begegnen.

Man kannte sich also schon, hatte vielfach miteinander gespielt, als 1878/79 die eigentliche Geburtsstunde des Schrammel-Quartetts schlug. 1878 überredete Josef Schrammel seinen Bruder, wieder zur Heurigen-Musik zurückzukehren, um gemeinsam mit Strohmayer ein Terzett zu bilden. Möglicherweise noch im gleichen Jahr, spätestens aber 1879, stieß Dänzer mit dem „picksüßen Hölzl" endgültig dazu. Somit war die Urbesetzung der „Schrammeln": erste (Josef) und zweite (Johann) Geige, Gitarre und die G-Klarinette. Nannte sich das Quartett anfangs „die Nußdorfer", weil sie vorzugsweise dort aufspielten, so gaben ihnen die Wiener bald jenen Namen, der bis heute weltweit als Synonym für alle Heurigen-Musiker steht: „die Schrammeln". Wann sie als solche erstmals aufgetreten sind, daran konnte sich später keiner der Beteiligten mehr genau erinnern.

Nicht nur die relativ ungewöhnliche Besetzung und ihr exzellentes musikalisches Können hob sie über die damals übliche Heurigen-Musik weit hinaus, auch ihr Repertoire, das zu einem guten Teil aus der reichen Sammlung alter Volksweisen, Tänze und Lieder Dänzers bestand, das sie gemeinsam pflegten, erweiterten und mit zeitgenössischen, vor allem eigenen Kompositionen von Johann und Josef Schrammel ergänzten. Viele der von den Brüdern komponierten Lieder und vor allem Tänze gehören noch heute zum klassischen Repertoire der Heurigen-Musik. Da war etwa Johann Schrammels Walzer „'s Herz von an echten Weana", zu dem der später auch durch eigene Kompositionen so bekannte Carl Lorenz den Text schrieb:

All'weil hamurisch munter,
Kernig und resch mitunter,
Sein uns're Weana fidel, jederzeit

Voll G'mütlichkeit, hab'n eahna Freud';
Hörn's wo an Walzer singen,
Fangen's gleich an zu springen,
's Walzen liegt schon im Weana schan,
Das hab'n nur wir allan.
A Winsel, a Klampfen,
Mehr brauch' ma net,
Bei'm Dudeln und Strudeln vergeß' ma's G'frett.
Das Liebste, das is uns
A ferme Gaudé,
Mir schrei'n vor Freud juhe!
's Herz von an echten Weana,
Da laßt sich manches lerna,
's kennt gar kein' Stolz
Und so g'fühlvoll liegt's drin,
B'sonders für Wien,
Da hat's an Sinn,
Kennt kane faden Sachen,
Tut über alles lachen
An Walzer wo hör'n,
So hamurisch, voll Schneid,
Das is in Weana sei Freud'.

Ebenso unvergänglich und als Hymne auf Wien noch bekannter ist Josef Schrammels „Vindobona, die Perle von Österreich!", zu der der Heurigen-Sänger und Stegreifdichter Carl Schmitter diesen Text schrieb:

A Gefühlerl patzwach no und zart,
Was mit Freundschaft und Liebe net spart,
Hat das Herz von an Menschen ganz g'wiß,
Weil's ja doch a Weanaspatz is.
G'schieht a Unglück, a großes Malheur,
's letzte Hemad dös geb'n ma ja her,
Denn das liegt so in uns'rer Natur,
Kommt bei ein Weana all'weil vur.
Kommt a Fremder nach Wien,
Grüßt man ihn mit frohem Sinn,
Hat er g'habt sehr viel Not,
Bei uns find't er sein Brot.
Vindobona du herrliche Stadt,
Die so reizende Anlagen hat,
Dir g'hört stets nur unser Sinn,
Ja, zu dir da ziagt's uns hin;
San ma a von dir oft fern,
Denk'n ma do an's liebe Wean
Denn du bleibst die Perle von Österreich,
Dir is gar ka Stadt net gleich.

Während heute das Heurigen-Publikum die Texte der bekannten Lieder gerne mitsingt, sofern es diese gewärtig hat, ging es in früheren Zeiten meist weniger gefühlvoll, dafür fröhlich-direkter mit der Musik mit – durch „Paschen" (Klatschen) und „Strampfen" (mit den Füßen den Takt stampfen). Auch das „Dudeln", jene wienerische Form des Jodelns, überließ man nicht allein den professionellen Sängern. So entstand, auch wenn die Musik keine zum Mitsingen animierenden Lieder, sondern „reine" Musikstükkerln, etwa Tänze spielte, immer ein enger Kontakt zum Publikum. Eine Besonderheit der Schrammeln, die sie zwar von ihren Vorgängern übernahmen, aber neu zu pflegen wußten, war das „Anstrudeln". Schon um 1800 war es in den Donauschenken beim Ländler-Tanzen Sitte, daß der Tänzer den Musikanten einen Wein kommen ließ, wofür sie ihm ein Lied spielten, das er ihnen vorsang. Auch bei den Schrammeln war es üblich, sich für eine Flasche Wein oder ein Schüberl oder auch Schübl (eine kleine oder große handvoll) Anserl (Gulden, Geldstücke) anstrudeln zu lassen. Was die Musik dann spielte, ist ausschließlich diesem einen Gast gewidmet, der es damit den anderen Zuhörern spendiert.
Im Währinger Heimatbuch schildert Karl Altmann eine solche Heurigen-Szene um 1890: „. . . . Ist die Gesellschaft auch sehr gemischt, die volkstümlichen Weisen der Heurigen-Kapelle, die von der Menge mit kunstgeübtem Pfeifen, Paschen und Jodeln begleitet werden, vereint sie doch alle und erzeugt eine allgemein gehobene Stimmung, die in dem noch heute bekannten Ausruf: 'Verkauft's mei G'wand, i fahr' in Himmel?' ihren Höhepunkt erreicht. Plötzlich ist das allgemeine 'Geschwurre' wie abgeschnitten. Es folgt ein Vortrag auf dem 'picksüßen Hölzl' (Klarinette), auf dem der Gruber Franzl wirklich Klassisches geleistet hat, oder es tritt ein Sänger, meist der ehrsamen Gilde der Fiaker angehörend, auf. Diese Natursänger – das muß ihnen der Neid lassen – verstehen es, mit ihren warmempfundenen Liedern die Volksseele zu rühren. Wie andachtsvoll lauscht die Menge, wie hängen aller Augen förmlich an des Sängers Lippen! Manchmal besteigen auch resche Sängerinnen aus dem Volke die 'Pawlatschen', und ihren Vorträgen wird nicht mindere Anerkennung gezollt."
Unumgänglich sind in diesem Zusammenhang einige Anmerkungen zur berühmten Zunft der Wiener Fiaker. – Die Wiener Fiaker waren für ihren Stolz, ihre Verschwiegenheit, aber auch für ihre Grob-

heiten berühmt. Herrschaften, die mehr oder weniger regelmäßig fuhren und etwas auf sich hielten, hatten ihren Leibfiaker, und die Rosselenker ihrerseits waren wieder stolz, wenn sie sich Leibfiaker dieses oder jenes stadtbekannten Herrn Baron oder Grafen nennen konnten, dem sie dementsprechend zuverlässig und treu ergeben waren.

Der noch zu Beginn dieses Jahrhunderts sehr bekannte Volkssänger Wenzel Seidl hatte so eine Perle von Leibfiaker, der ihn jeden Abend etwa um Mitternacht von seiner Soiree abholte, um ihn ins Café Hobinger am Schottentor zu bringen, wo Seidl bis in den frühen Morgen hinein mit Freunden Tarock spielte, sich anschließend ins Café Katzer in der Währingerstraße bringen ließ und erst gegen neun Uhr am Vormittag nach Hause, um dann bis drei Uhr nachmittags zu schlafen. Dieser etwas ungewöhnlichen Tageseinteilung hatte sich sein Kutscher angepaßt, der darum erst nachmittags um vier seinen Standplatz anfuhr, wenn er Seidl von Hietzing in die Stadt gebracht hatte. Andere Fuhren übernahm er nur von da an bis 12 Uhr nachts. Als in einer Winternacht ein eiskalter Wind den Schnee durch die leeren Straßen Wiens fegte und Seidls Fiaker und sein Schimmel vor dem Kaffeehaus Stein und Bein froren, ging schließlich der Kutscher gegen fünf Uhr früh hinein und meldete: „Der Schimmel will nöt mehr stehn bleibn, i weiß nöt, was i anfang'n soll." Seidl, keineswegs schon zum Gehen aufgelegt, meinte: „Führen S' den Schimmel umanand'." Bald kam der Fiaker erneut: „Herr von Seidl, der Schimmel bleibt nimmer stehn, fahrn ma do?" – „Geb'n S' dem Roß das Futtersackl," rief Seidl unwillig, „den Habern zahl i schon." Doch kurz darauf tauchte er zum dritten Mal auf: „Der Schimmel will nix fressen. Er hat sich niederg'legt!" – „Was?" fragte Seidl, „das glaub' i nöt." Als er nun doch hinausging, um sich davon zu überzeugen, lag der Gaul tot vor der Kutsche, und Seidl zahlte seinem treuen Leibfiaker dreißig Gulden, damit er sich ein neues Pferd anschaffen konnte.

Diese Anekdote, die Josef Koller berichtet, ist schon allein deshalb glaubhaft, weil Seidl zu den beliebtesten Volkssängern seiner Zeit gehörte, zu denen viele Wiener Fiaker ein besonderes Verhältnis hatten. Auch die Schrammeln und ihr Ruhm waren mit der Volkstümlichkeit der Fiaker eng verbunden, gab es doch unter diesen viele, die selbst „nebenbei" als Sänger oder Kunstpfeifer auftraten.

Schon in den Schankstuben Neulerchenfelds und

Eine Berühmtheit in Wien war der Fiaker und Volkssänger Bratfisch, der oft bei den „Schrammeln" auftrat, noch bevor ihn Kronprinz Rudolf zu seinem Leibfiaker ernannte.

Eine Sitte, die die Schrammeln von den oberösterreichischen Musikanten aus den Wiener Donauschenken übernahm und besonders pflegten, war das „Anstrudeln". 1883 zeichnete Hans Schliessmann eine solche Szene beim Heurigen. Für den Gast im Vordergrund spielen Toni Strohmayer, Johann und Josef Schrammel.

Weniger wegen ihrer musikalischen Talente, sondern mehr als attraktiver Mittelpunkt der Lebewelt Wiens, war die „Fiaker-Milli" (rechts und unten) berühmt und berüchtigt. – Eine Heurigen-Szene beim Wallner in Nußdorf mit den Schrammeln und vielen damals bekannten Namen malte Johann Michael Kupfer (Seite 178).

Ottakrings hatte sich das Stammpublikum des alten Kaspar Schrammel in großer Zahl aus dieser Kutscher-Gilde rekrutiert, und die Fiaker hielten der Familie immer die Treue. Im Gegensatz zu den Volkssängergesellschaften oder den Singspielhallen (die in den sechziger Jahren aufkamen) engagierte das Schrammel-Quartett nie feste Sänger. Doch dort, wo sie jeweils spielten, fanden sich solche immer wieder spontan (und auch vorher abgesprochen) ein, um – meist nur für einen Abend – mit diesen hervorragenden Musikern zusammenzuarbeiten. Traditionellerweise waren die meisten dieser unprofessionellen Stegreif-Sänger und Pfeifer Fiaker. Gelegentlich wies sogar der Spitzname (den jeder Fiaker hatte; meist kannte man den richtigen Namen gar nicht) auf solche musikalische Nebentätigkeiten hin, wie etwa „Cymbalschlager" – mit Cymbal war wahrscheinlich ein Hackbrett-Instrument, wie es Zigeunerkapellen verwenden, gemeint.

Die meisten dieser Fiaker-Namen wiesen auf bestimmte Eigenschaften oder prägnante (äußerliche) Merkmale hin oder waren Verballhornungen des Namens, wie „Schackerl" (Jakob, vom französchen Jacques) oder „Baron-Schackerl". Andere hießen „Knackerl", „Wurst", „Spinatscher" (einer, der sich gern frech macht), „'s Rostbratl", „Schmutz-Pepi", der „schöne Karl", „Anserl-Pepi" (Gulden-Josef), „Brustfleck", „Pagatl" (Pagatkarte beim Tarock), „Umurken" (ungarisch: Gurke), „Warzn", „Hungerl" oder „Plutzbirn" (der mit dem großen Kopf). Einige von ihnen, vor allem wenn sie gelegentlich beim Heurigen oder in den Wirtshäusern auftraten, waren stadtbekannt, etwa der „Baron-Schan" (Jean) oder der „Zweiundachtziger" aus der Regierungsgasse, „vielleicht der berühmteste Pfeifer Europas" (Koller), der auf den beiden Mittelfingern ganze Melodien und völlig tonrein die schwierigsten Kadenzen pfeifen konnte. Der bekannteste Fiaker jedoch war der „Natursänger und Kunstpfeifer" Bratfisch, der einmal auf die Aufforderung hin, jemanden zum Buchhändler Braumüller zu fahren, erwiderte: „Verzeihen, Euer Gnaden, i kenn kan Buchhändler. I fahr nur Grafen." Historische Berühmtheit erlangte Bratfisch, als ihn der Kronprinz Rudolf ein Jahr vor seinem tragischen Selbstmord in Mayerling zu seinem Leibfiaker ernannte und ihm das Du-Wort anbot. Der Kronprinz war ein Liebhaber des Volks-Wien und auch des Heurigen. Ein einziges Mal konnte er seine Frau Stephanie überreden, ihn in einen verrauchten Vorstadt-

Saal zu den Volkssängern zu begleiten (in Rock und Bluse eines Bürgermädchens), was sie ihm ein Leben lang nicht verzieh.
Eines Abends im Jahr 1887 kam Johann Schrammel in das Dornbacher Gasthaus „Zur güldenen Waldschnepfe“, wo das Quartett damals spielte und ganz Wien anlockte – an manchen Abenden zählte man dort bis zu 300 wartende Fiaker – und brachte einen Brief des Kapellmeisters der Deutschmeister Carl Michael Ziehrer mit: „Geehrter Herr Schrammel! Bei seiner kais. Hoheit, dem Kronprinzen, dürfte zwischen 14. – 17. d. M. ein echt wienerischer Abend veranstaltet werden. Komme Sie zu fragen, ob Sie an diesen Tagen Zeit (abends) hätten, zu spielen, selbstverständlich auch mehrere ihrer Sänger. Bitte morgen, Mittwoch, mich bestimmt nachmittags zwischen 1 und 2 Uhr mit Ihrem Besuch zu beehren, da ich abends noch Bericht erstatten muß. Mit Gruß C. M. Ziehrer, III. Bez., Gärtnerg. 17.“
Selbstverständlich hatten die Schrammeln Zeit, vor dem Kronprinzen zu spielen, und wenig später wurde Hanns in die Hofburg beschieden, wo ihm der Erzherzog persönlich seine Wünsche mitteilte: Während der mehrtägigen Hofjagd sollten die Schrammeln mit ihren Sängern jeden Abend auf Schloß Orth an der Donau aufspielen.
Über dieses legendäre Gastspiel im November 1887 mit den Fiakern Baron-Jean, Bratfisch und Hungerl, der Jodlerin Kiesel-Marie, dem Friseur Brady und dem Grinzinger Dudler Brandtmeier berichtete das Wiener „Extrablatt“ ausführlich in seinen Hofnachrichten. So über den ersten Abend: „Um 6 Uhr begann an diesem Tage die Soiree. Der Kronprinz wie seine übrigen Gäste waren im Frack, die Damen in Promenade-Toilette erschienen. Außer dem Kronprinzenpaare war Erzherzog Franz Ferdinand d'Este (der nachmalige, in Sarajewo ermordete Thronfolger, d. Verf.), Prinz Leopold von Bayern, Prinz Philipp von Coburg samt Gemahlin, Prinz August von Coburg und Graf Potocki anwesend. Die Soiree dauerte bis 3 Uhr morgens und ernteten die Musiker wie die Sänger den lebhaften Beifall der höchsten Herrschaften.“
Für den zweiten Abend hatten Josef einen Walzer „Die Rose von Orth“ komponiert, den er der Kronprinzessin widmete, und Johann einem dem Kronprinzen zugeeigneten Marsch „Jagdabenteuer“, die großen Beifall fanden und auf Wunsch mehrfach wiederholt werden mußten. Über den dritten Abend wußte das „Extrablatt“ zu berichten: „Der Kronprinz, der den Schrammeln und den Sängern gegenüber die größte Huld an den Tag legte und immer das Zeichen zum Applaus gab, war in bester Laune und bestellte beim Bratfisch sein 'Lieblingslied', wie er sich ausdrückte, das von Kriebaum (Franz Kriebaum, 1838 bis 1900, damals bekannter Volkssänger an Eduard Danzers Orpheum, das er zuletzt leitete. d. Verf.) gesungene 'Das waß nur a Weana, a weanarisches Blut, was a weanarischer Walzer an Weana all's tut'. Der Fiaker kannte wohl die Melodie, jedoch den Text nicht, und nun nahm der Kronprinz Papier, schrieb die Strophen des Liedes aus dem Gedächtnis auf und überreichte das Blatt dem Fiaker.“
Nicht beschreibt der Hofberichterstatter, was nun folgte: Kronprinz Rudolf hatte den Text in lateinischer Schrift notiert, die Bratfisch nicht lesen konnte, so daß er Bratfisch immer wieder soufflieren mußte, bis es diesem zu dumm wurde und er, den Vortrag abbrechend, ausrief: 'So a Schrift kann doch ka anständ'ger Mensch lesen!' Der Kronprinz brach in schallendes Gelächter aus, fiel dem Fiaker um den Hals und trug ihm das 'Du' an. Von da an war Bratfisch sein Leibfiaker und in vielen Fällen Vertrauter, nicht zuletzt in manchen seiner galanten Abenteuer und Exkursionen. Ein Jahr später fuhr er Rudolf und seine Geliebte Mary Vetsera nach Mayerling und sang und pfiff für sie am Abend vor ihrem Tode, so daß Mary in ihrem Abschiedsbrief an die Mutter schrieb: „Gestern hat Bratfisch ganz wunderbar gepfiffen.“
Bratfisch, der vielleicht als einziger in das Geheimnis von Mayerling eingeweiht gewesen war, hat später nie etwas über den dunklen Doppelselbstmord erzählt und im Zweifelsfall das Geheimnis mit ins Grab genommen.

Zahlreich sind im Wiener Lied die Anspielungen und Erwähnungen der Fiaker: „A Kutscher kann a jeder wer'n, aber fahr'n, dös können's nur in Wean . . .“
Am bekanntesten wurde wohl Gustav Picks Fiaker-Lied, das kein geringerer als Alexander Girardi 1885 beim großen von der Fürstin Pauline Metternich veranstalteten Fiaker-Jubiläumsfest im Prater vom Bock eines feschen „Zeugls“ herab erstmals sang:

I hab zwa harbe Rappen,
Mein Zeugerl steht am Grab'n,
A so wie dö zwa trappen,
Des muß ma g'seh'n hab'n.

1. Herr Seidel, Caffetier in Lerchenfeld
2. " Wieninger, Vicebürgermeister in Lerchenfeld
3. " Raab, Musiker
4. " Urban, Hauer, Nußdorf
5. Fräulein Louise Kraus, Volkssängerin
6. Herr Figel, Heurigenkellner
7. Zuckerbäckerin, Nußdorf
8. Herr „Hungerl," Fiaker
9. Vom Nußdorfer Armenhaus
10. Herr „Baron Jean," Kunstpfeifer.
11. Wäscherin Nußdorf
12. Greißler " "
13. Herr Strohmayer
14. " Joseph Schramel
15. " Bratfisch, Fiaker
16. " Dänzer
17. " Johann Schramel
18. " Bettler Nußdorf
19. " Seidel, Fiaker
20. Herr Wallner, der Wirth des Gartens, Nußd. Kahlenbergerstraße 8
21. Herr Gartelgruber, Organist, Klavierlehrer u.s.w.
22. Frau Bratfisch
23. Tochter derselben
24. Herr Julius Löwy Redakteur des „Eptrablatt
25. Herr Stingl (Deutchmeister) Hausherrnsohn Stahremberggasse
26. Herr Bayer, Kaufmann
27. " " Pendl, Bildhauer
28. Kipfelausspielerin
29. Fräulein Kraus (Hernalser Madl), Volkssängerin
30. Fräulein Bayer Stahrembergasse
31. Herr Kastner, Heurigenkellner
32. Dienstmädchen Nußdorf
33. Herr „Schuster Franz" Fiaker
34. Herr Danzinger
35. " Seidelhuber
36. Fräulein Poldi Prükl
37. Herr H.
38. „Wiener Schakerl" Freichtensträußel Erzeuger u. Ausspieler

... Und kummt's amol zum O'fahrn,
Und werd i dann begrab'n,
So spannt's die harben Rappen ein,
Und führt's mi über'n Grab'n.

Auch Text und Musik des bereits erwähnten „Lieblingsliedes" des Kronprinz Rudolf: „Das waß nur a Weana, a weanarisch Blut . . ." stammen von Ludwig Pick (1832 bis 1921).
Nicht unerwähnt bleiben darf in diesem Zusammenhang der Fiaker-Ball, der alljährlich am Aschermittwoch in Lerchenfeld beim Zobel – im Volksmund „Zobeläum" genannt – stattfand. Hier führten die Fiaker in Samtsakkos und Pepitahosen ihre Gattinnen und erwachsenen Töchter aus, und eine besondere Ehre war es für sie, wenn zu später Stunde auch „ihr" Graf oder Baron auftauchte und seinem Leibfiaker somit die Ehre gab. Die besondere Attraktion dieser Veranstaltung war aber eine Volkssängerin namens Emilie Turecek, besser bekannt als „Fiaker-Milli" die früher mit ihrem rauchigen Mezzosopran bei der Mansfeld aufgetreten war und dann die bekannteste und lustigste Lebedame Wiens werden sollte. Wo sie auftauchte, da herrschte bald eine schwungvoll prickelnd-frivole Stimmung.
Die Fiaker-Milli, 1846 in Böhmen geboren, war mit dem Fiaker Ludwig Demel verheiratet und propagierte in Wien einen regelrechten „Müli-Kult", deren harmlosestes Attribut ihr kurzer, gestreifter Rock mit Samtspenzer war. Als ihr Stern verlosch, hatte der unstete und lockere Lebenswandel ihr die Gesundheit und Leber ruiniert. Bereits 1889 wurde sie auf dem Dornbacher Friedhof in einem Schachtgrab beigesetzt.

Zweifellos waren die Schrammeln die bedeutendsten Erneuerer des Wiener Liedes und der Wiener Volksweisen, während die professionellen Volkssängergesellschaften und (teilweise ambulanten) Singspielhallen sich zur gleichen Zeit zu einer rein kommerziellen Volksbelustigung und -unterhaltung entwickelten, nicht selten unter Hintanstellung von Tradition und Qualität. Gerade die Schrammeln, die das klingende Volksgut an seinen ursprünglichsten Orten, den Heurigen-Schenken und Gasthäusern in den Vorstädten und Weinorten Wiens, pflegten, bewahrten und mit eigenen Kompositionen bereicherten, verschafften dieser Musik aber auch Anerkennung in den Konzertsälen – nicht nur Wiens, sondern der ganzen Welt. Dort wird sie heute noch (oder wieder) gespielt, zum Beispiel von Professor Lois Böck und seinem „Klassischen Wiener Schrammel-Quartett", das aus Mitgliedern der Wiener Symphoniker besteht, ebenso die „Pilar Schrammeln", die sich aus Musikern des Wiener Philharmonischen Orchesters zusammensetzen. 1893 wurde das Schrammel-Quartett zu einem Gastspiel auf der Weltausstellung nach Chicago eingeladen. Da die beiden Brüder Schrammel aus Gesundheitsgründen die weite Reise nicht auf sich nehmen konnten, fuhren Strohmayer und Dänzer mit den beiden Geigern Heinrich Paul und Fritz Müller. In Amerika stellte man bei Dänzer Kehlkopfkrebs fest, und er starb noch auf der Rückreise nach Europa. Auch Johann Schrammel starb im Juni des gleichen Jahres, und nur zwei Jahre später sein Bruder Josef, dem schließlich drei Wochen später (Ende 1895) der alte Kaspar Schrammel folgte.
Schon in den letzten Jahren hatte man häufig durch die angegriffene Gesundheit der Brüder Schrammel und vor allem Dänzers in veränderter Besetzung spielen müssen. Dabei hatte es sich erwiesen, daß man am schwierigsten Ersatz für Dänzer fand, der einer der letzten Virtuosen auf dem „picksüßen Hölzl" gewesen war. So wurde die G-Klarinette des Schrammel-Quartetts immer häufiger durch die Zieharmonika ersetzt. In dieser Besetzung hatten sich inzwischen auch andere Musikantengruppen zusammengetan und den Schrammeln Konkurrenz gemacht. Seitdem wurde die vielseitige Harmonika – allein oder gemeinsam mit der Geige oder anderen Instrumenten – zum beliebtesten Musikinstrument beim Heurigen.
Daß die Brüder Schrammel auch selbst komponierten, bedeutete nur die Fortsetzung einer Tradition, in der die Heurigen-Musiker stehen. Johann, der kreativere der beiden, hat etwa zweihundert Kompositionen hinterlassen, davon nicht wenige Märsche, die ihm besonders lagen. Darauf dürfte wohl auch die Sitte aller späteren „Schrammeln" zurückzuführen sein, einen Abend jeweils mit einem Marsch einzuführen, freilich nicht mit zackiger Militär-Musik, sondern mit einem beschwingten Tanz-Marsch, wie er für die Wiener Volksweisen typisch ist.

Von den zahlreichen Komponisten jener Wiener Lieder, die bis heute beim Heurigen lebendig sind, müssen hier wenigstens noch Carl Lorenz und Ludwig Gruber genannt werden. Lorenz, 1851 in Wien geboren, war ursprünglich Anstreichergehilfe, ein Beruf, den er mit 19 Jahren gegen den des Volkssängers ver-

Zu den unvergessenen Komponisten vieler bekannter Wiener Lieder gehört Ludwig Gruber, der 1964 im neunzigsten Lebensjahr starb. Zu Weltschlagern wurden seine Melodien ,,Es wird a Wein sein, und mir werd'n nimmer sein . . ." und ,,Mei' Muatterl war a Weanerin . . ."

tauschte. Bis zu seinem Tode, 1909, schrieb er den Text und die Musik zu ungezählten volkstümlichen Liedern, beispielsweise „D' Muaterlieb", „Servus meine Herrn!", „Mir gengan heut' nach Nußdorf h'naus", „Heut' geh'n ma nimmer ham", „Trink ma no a Flascherl!" oder „Solang' der alte Steffel am Stephansplatz noch steht". Typisch für Lorenz und ein bestimmtes Gefühl um diese bewegte Zeit der Jahrhundertwende, das auch er vertrat, war das Walzer-Lied „Pfürt die Gott, du alte Zeit":

Wie schön war doch Wien in vergangener Zeit,
Wie g'mütlich und munter die altweana Leut,
Von Stolz oder fad sein war nirgends a Spur,
's hat halt z'friedene Menschen geb'n nur.
Unser Wien ist zwar größer und noblicher word'n,
An Anseh'n hat's g'wonnen, nur eins hat's verlor'n,
Der echte, der rechte gemütliche Sinn,
Der is längst verschwunden aus Wien.
Wo sein denn die G'sichter, die stets freundlich g'schaut,
Wo sein denn die Wiener, die g'jubelt so laut?
O du alter Stefansturm,
O du blauer Donaustrand,
Ist denn das net mehr das Wien
Dort wo uns're Wiege stand?
Von einer G'mütlichkeit ka Spur,
Wo man hinschaut, sieht man nur
And're G'sichter, and're Leut,
Pfürt di Gott, du alte Zeit!

Auch den Text zu „Grüß enk Gott, alle miteinander" in Carl Zellers „Vogelhändler" schrieb Lorenz. Nach seinem vierzigjährigem Künstlerjubiläum am 1. April 1909 schrieb er „Der Herrgott was schon, was er tut!", das sein letztes Lieb blieb. Die letzte Strophe meißelte man Lorenz in den Grabstein:

Und wenn ich einmal sterben sollt',
So soll es dorten sein,
Wo auf den Bergen ringsumher
Wächst Österreicher Wein.
Zum Abschied singt mir noch ein Lied
Vom deutschen Vaterland
Und senkt mich in ein kühles Grab
Am blauen Donaustrand.

Oberhalb Neustifts, am Beginn der Höhenstraße und kaum hundert Meter von der Kreuzung Sommerhaidenweg-Keylwerthgasse, stand jene Bank, auf der dem 1874 geborenen Ludwig Gruber zahlreiche seiner populären Wiener Lieder eingefallen sind. Eine schwarze Marmortafel an einem Stein mit der Aufschrift: „Hier schuf Ludwig Gruber seine schönsten Wienerwaldlieder" erinnert seit über fünfzig Jahren an diesen Komponisten. Er hatte das musikalische Talent von seinem Vater, dem Volkssänger Anton Gruber (1850 bis 1919) geerbt, der allerdings in jungen Jahren sein Posaunestudium am Konservatorium aus Krankheitsgründen hatte abbrechen müssen. Als Chorist und Schauspieler war Anton einige Zeit an verschiedenen Theatern in Wien und der Provinz engagiert, bevor er als Volkssänger unter anderem bei Dreher und Mirzl, Seidl und Wiesberg Triumphe feierte. 1901 wurde er schließlich Weinwirt in Ottakring.

Sein Sohn Ludwig, am traditionsreichen Volkssänger-Grund Lerchenfeld geboren, studierte ebenfalls am Wiener Konservatorium Komposition und Klavier und gründete in jungen Jahren ein eigenes Liebhabertheater, für das er selbst Singspiele verfaßte. Später war er Gastdirigent, Leiter einer Musikzeitschrift und Direktor einer Sommer-Varietébühne. Während all dieser Jahre war er als Textdichter und Komponist ungewöhnlich fleißig, so daß sein Werk schon 1912 über tausend Wiener Lieder umfaßte. Einige davon sind noch heute so lebendig, daß sie jeder Wiener kennt, etwa „Es wird a Wein sein, und wir werd'n nimmer sein" oder das gefühlvolle „Mei' Muatterl war a Wienerin":

's ist mir heut' noch in Erinn'rung,
Als ob's gestern g'wesen wär,
's war a schöner Sonntagsmorgen,
Da ruft's Muatterl: G'schwind kumm her,
Laß dir's G'sicht und d'Handi wasch'n,
Laß die Wickerln dir frisier'n,
Heut' will ich zum erstenmal
Dich auf'n Kahlenberg h'nauf führ'n.
Oben hat's mir zeigt die Pracht,
Hat mi g'streichelt und hat g'lacht,
Hat g'sagt: Schau, der Stefansdom,
Und der blaue Donaustrom,
Und das Häusermeer da drin,
Is dein Heimatstadt, dein Wien,
Bleib stets treu dem schönen Ort!
I hab g'halten a mein Wort.
Mei' Muatterl war a Wienerin,

Zu den letzten Repräsentanten des echten Wiener Liedes gehört der „Schmid-Hansl" (oben rechts, mit dem Conferencier, Komponisten und Textdichter Ernst Track). — Bereits 1954 mit nur 45 Jahren starb der Sänger Franz Schier, der bereits vor dem Krieg ein eigenes Heurigen-Lokal in der Nußdorfer Hackenhofergasse betrieb (unten).

Der Ottakringer Karl Hodina beweist, wie sehr die Wiener Musik auch heute noch lebendig ist: In seinem Repertoire hat er 600 Tänze und Lieder aus drei Jahrhunderten und auch eigene Kompositionen (rechts). — Eine typische Heurigen-Szene im Biedermeier zeichnete vor etwa 150 Jahren ein unbekannter Maler (unten).

Drum hab' i Wien so gern,
Sie war's, die mit'm Leb'n mir die Liebe hat geb'n
Zu mein anzigen, goldenen Wean!

Schließlich hat Ludwig Gruber als Sammler der alten Lieder und Volksweisen große Verdienste durch seine Mitarbeit bei der Herausgabe des dreibändigen Werkes „Wiener Lieder und Tänze" erworben, die 1921 Eduard Kremser im Auftrag der Stadt Wien besorgte.

Nicht jeder Heurige in oder um die weinselige Donaustadt, der heute „Wiener Musik" annonciert, ist tatsächlich eine Pflegestätte der alten Volksweisen, Tänze und Lieder. Aber das war auch früher nicht anders. Gewiß haben in den letzten 50, 60 Jahren manche Operetten-Produktionen und vor allem der Film einem großen, breiten Publikum mit epigonenhaft seichter, gefühlsseliger Unterhaltungsmusik einen unechten, oberflächlichen und sentimentalen Eindruck der Wiener Volksmusik vermittelt, indem sie die Grenze zum Schlager-Kitsch überschritten. Doch daneben erweist sich noch immer das bodenständige musikalische Volksgut höchst lebendig.
In den Heurigen-Schenken Wiens hört man deshalb keinesweg nur noch Film- und Operettenschlager, oder sich touristisch anbiedernde Lieder à la „Warum ist es am Rhein so schön!". Dazwischen und darüber hinaus blüht noch immer das echte Wiener Lied. Kein Heurigen-Musiker, der nicht wenigstens die gängigsten dieser Melodien in seinem Repertoire hätte, wenn dieses Repertoire auch dem Liebhaber und Kenner heute meist sehr klein und bescheiden erscheinen mag.
Wie lebendig das Wiener Lied auch in unserem Jahrhundert und bis heute ist, dafür kann der „Schmid-Hansl", 1897 geboren (1987 in Wien gestorben), gelten. Jahrelang sang er neben seinem kaufmännischen Beruf in der Freizeit in den Heurigen zwischen Nußdorf und Ottakring. Längst war er in diesen Weinorten schon eine lokale Berühmtheit, als er 1937 „entdeckt" wurde. „Nach einem Sonntagsausflug auf den Kahlenberg", erzählte er mir 1980, „bin ich bei einem Heurigen in Grinzing eingekehrt, wo ein gewisser Gruschek gespielt hat. Dort hab' ich dann 'I bin a Weana Kind' aus dem 'Rastelbinder' gesungen. Plötzlich kommt ein Herr an den Tisch, und es stellt sich heraus, daß er von der Firma Telefunken ist, und er will Probeaufnahmen mit mir machen. Ein paar Wochen später bin ich dann nach Berlin gefahren und hab' meine ersten zehn Titel aufgenommen. So kam ich offiziell zum Beruf des Volkssängers." In der Folge nahm der Schmid-Hansl noch zahlreiche Platten auf, sang in Wien und immer wieder als Gast auch in deutschen Städten. Seinen Brotberuf hatte er bereits 1937 an den Nagel gehängt, doch im Jahr 1952 wählte er sich einen neuen, der ihm nebenbei, wann immer er wollte, auch Gelegenheit zum Singen bot: Er eröffnete in Währing ein Kaffeehaus, in dem er bis ins Alter Abend für Abend bis 4 Uhr in der Früh seine Gäste begrüßte und ihnen gelegentlich auch etwas vorsang. Sein Lokal wurde zur Pilgerstätte bekannter Künstler und berühmter Musiker aus aller Welt. Fast jeden Abend fand sich einer seiner oft prominenten Stammgäste, der spontan und zwanglos ein Lied oder auch eine Opern- oder Operettenarie anstimmte. Kaum ein Lied dürfte der Schmid-Hansl so oft gesungen haben wie Ferry Wunschs „Stellt's meine Roß in' Stall", zu dem Karl Savara und Franz Ichmann den Text schrieben. Der Währinger Cafétier hob es selbst aus der Taufe, als nach dem Tod des Komponisten eine Gedenktafel an seinem Hause enthüllt wurde.
Manche der auch noch nach dem Ersten Weltkrieg gern gehörten Heurigen-Sänger und -Sängerinnen sind inzwischen gestorben, so (1954) Franz Schier, an den noch eine Tafel in der Hackhofergasse 12 in Nußdorf erinnert, wo sich früher ein Heuriger befand, in dem er jahrelang aufgetreten ist. Die Heurigen von Perchtoldsdorf, insbesondere der Sommerbauer Franz in der Hochstraße 67, waren das Revier von Emil Vas, einem Sänger und Harmonikaspieler, der abends mit seinen Gstanzeln glossierte, was am Morgen in der Zeitung gestanden hatte.

Seit den achtziger Jahren beginnt die Beliebtheit und das Interesse am Wienerlied und an der unverfälschten Heurigenmusik wieder zu wachsen. Großen Anteil an dieser Wiederbelebung hat dabei das „Wiener Volksliedwerk", das regelmäßige Zusammenkünfte und Veranstaltungen organisiert, etwa im Ottakringer Bockkeller (Gallizinstraße 1) oder im „Heurigen zum alten Weinstock" (Ottakringer Straße 234).
Da treten die heute bekannteste Volkssängerin und Dudlerin Trude Mally, der ehemalige Versicherungsangestellte Pepi Matauschek, Walter Hojsa, einst Maschinenschlosser, oder die über 90jährige pensionierte Friseurin Luise Wagner auf. Sogar der Beruf des Harfenisten ist in der Person des

„Ernesto“ (Kirschner) wiedererstanden. Einige schon vor Jahren gegründete Ensembles wie die Philharmonia Schrammeln, die Neuwirth Extremschrammeln oder die Neuen Wiener Concertschrammeln erfreuen sich inzwischen eines Rufs der weit über Wien hinausreicht. Auch andere wie Horst Chmela („Einer hat immer das Bummerl“), Irma Richter, Rudi Lukesch oder Rudi Schipper haben ihr festes Publikum.

In Ottakring stand die Wiege vieler Sänger und Volksmusiker. Hier wuchs auch Karl Hodina auf und lief schon als Kind den Straßenmusikanten nach. Mit sieben Jahren lernte er harmonikaspielen und erhielt auf diesem Instrument eine klassische Ausbildung. In den fünfziger Jahren wandte er sich dem Jazz zu, um sich gegen Ende der sechziger Jahre endgültig der Wiener Volksmusik zu verschreiben. Seit Jahren spielt er gelegentlich als Heurigenmusiker in Stammersdorf, später bei der 10er-Marie in Ottakring, beim Kober am Schafberg und zuletzt in dem Ottakringer Weinschank „Zum Binder“. In seinem langjährigen Partner Edi (Eduard) Reiser fand der Harmonika-Virtuose und Sänger einen musikalisch ebenbürtigen Kontragitarristen. Die ungewöhnliche Zahl von rund 600 Liedern und Tänzen aus den letzten drei Jahrhunderten hat das Duo Hodina im Kopf, ein qualitativ sorgfältig ausgewähltes und (nach alter Tradition) um viele eigene Kompositionen erweitertes Repertoire.

„Um den singenden Hodina“, schreibt Professor Kurt Dieman, „ist der Lärm der Heurigenschenken, der Rausch jener Selbstbetäubung, die dem Wiener zur Selbsterkenntnis wird. Aber auch da kann es sich begeben, daß ein plötzlicher Schnitt durch den Lärm geht und die Stille eintritt, wenn Hodina selbstversunken in die Tasten seines Akkordeons greift und die Klangfarben mit der gleichen virtuosen Souveränität mischt wie der Maler seine Farben.“ Dieser Vergleich ist nicht so weit hergeholt, denn der ehemalige Lithograph Hodina gehört seit mehreren Jahren zu den bedeutendsten Malern im weiteren Umkreis der Wiener Phantasten. Hier findet er – auch über Österreich hinaus – die gleiche Anerkennung wie als Bewahrer der von ihm gepflegten Musik-Tradition (1979 gab er eine Sammlung Wiener Volksmusik heraus) und als Interpret eigener Kompositionen. Sein „Herrgott aus Stan“ geht auf ein Erlebnis der eigenen Jugendzeit zurück:

In Ottakring draußt, in an uralten Haus,
Hint im Hof, in der Speckbachergass'n,
Da is g'lahnt, ganz verstaubt, seiner Zierde beraubt,
A Herrgott aus Stan so verlass'n,
I hab eahm entdeckt und als Kind dort versteckt,
Mei Kittröhrl und meine Stoll'n,
Denn die größern Buam war auf die Stoll'n wie die Narr'n,
A's Kittröhrl hätten s' ma g'stohl'n.
Herrgott aus Stan, du nur allan,
Hast mich als Buaberl verstanden,
Hast mein Besitz immer beschützt,
Bist wie ein Freund davor g'standen.
Oft hab' i g'want, mich an dich g'lahnt,
Denn Kindersorgen san groß.
Herrgott aus Stan, du nur allan,
Du warst mei anziger Trost.

Ja, des is scho lang her, von dem Haus steht nix mehr
Und Ottakring hat sich verändert,
Heut' wird überall baut, alles Alte zerhaut,
Auch die Menschen, die hab'n sich geändert.
Ich fahr öfters noch raus, denn mei Muatter wohnt drausst,
Und wie i so hingeh zu ihr,
Da liegt ganz verlass'n, zerschlag'n auf der Strass'n,
Mei stananer Herrgott vor mir.
Herrgott aus Stan, i glaub' wir zwa,
Hab'n uns noch rechtzeitig g'funden.
Hast mein Besitz immer beschützt,
Bin dir als Freund noch verbunden.
I trag di ham und pick di z'samm,
San deine Schmerzen a gross,
Herrgott aus Stan, du nur allan,
Du warst mei anziger Trost.

In dieser Musik, wo sich falsche Sentimentalität manchmal schwer von der echten trennen läßt, gehört Hodina zu den eindeutigen Ausnahmen zum Positiven hin. Auf ihn bezogen, meint Dieman: „Wie subtil ist doch die gewählte Thematik, wie schwer läßt sich die scheinbar so leicht gestellte Frage beantworten, wer von allen, die heute – mehr oder weniger berufsmäßig – Wienerlieder singen, noch als 'Volkssänger' angesprochen werden darf. Der Begriff hat in Wien Tradition: Doch dort, wo man sich so gerne auf diese beruft, erlebt man immer wieder, wie ihr Geist hinter den Fassaden verkümmert und verkommt, wie er verleugnet und vergeudet wird.“

Beim Heurigen Stehachtel-Erfahrungen mit Weinhauern und Wirten

Der erste Buschenschenker Wiens war ein römischer Legat namens Galienus. Er hatte seinen Heurigen im heutigen Döbling, etwa bei der Hohen Warte und direkt an der Römerstraße von Vindobona nach Klosterneuburg. Wann genau er gelebt hat, ist nicht überliefert, und so wissen wir auch nicht, ob er bereits jene Reben anbaute, die Kaiser Probus aus Italien eingeführt hat, oder noch den hierorts sonst üblichen Säuerling ausschenkte. Er muß aber recht geschäftstüchtig gewesen sein, denn die Legionäre soffen bei ihm über alle Maßen, daß keiner ohne einen gehörigen Rausch wieder ins Lager zurückwankte. Daher kam er eines Tages auf den genialen Einfall, seinen Gästen Nüsse zum Wein zu kredenzen, die die verheerende Wirkung des Alkohols milderten, so daß die Römer nun noch ein paar Viertel mehr vertrugen als bisher. Hinter seinem Garten ließ Galienus einen Nuß-Hain pflanzen, sowohl von kleinen, jungen Bäumchen, als auch von ausgewachsenen Bäumen, die er in der näheren und weiteren Umgebung Vindobonas fand und hier wieder einsetzen ließ.

Die zahlreichen Nußbäume in dieser Gegend veranlaßten später die fränkischen und bayerischen Siedler, einen der von ihnen bewohnten Orte Nußdorf zu nennen; und an das Nußwäldchen hinter Galienus' Buschenschank, von dem noch Franz Anton de Paula Gaheis 1807 in seinen „Wanderungen und Spazierfahrten in die Gegend um Wien" berichtet, erinnert bis heute die Nußwaldgasse in Döbling.

Leider haben die Nußbäume im neunzehnten Bezirk in den letzten 200 Jahren rapide abgenommen, und von dem Nußwäldchen ist auch nichts mehr zu sehen. Aber die Sitte ist uns geblieben, freilich nur bei jenen Heurigen, in deren Gärten noch (oder wieder) breitkronige Nußbäume angenehmen Schatten spenden. Noch im vorigen Jahrhundert gab es in Wien Buschenschenken, wo im Herbst die frischen Nüsse umsonst zum Wein auf den Tisch gestellt wurden. Gratis war in früheren Zeiten auch das erste Viertel bei einem Heurigen, der gerade frisch ausg'steckt hatte – „so lange der Buschen noch wackelt", sagte man in Wagram. Und auch das letzte Viertel am letzten Tag war für den Stammgast häufig umsonst. Bei manchem Heurigen lud da der Leitgeb seine Freunde und besonderen Gäste auf ein Viertel des kostbaren Johannesweins ein.

In puncto Großzügigkeit unterscheiden sich die Buschenschenker von manchem professionellen Wirt, denn anders als beim Bier, wo oft der Schaum trügt,

wird ein Heurigenglasl fast immer überall randvoll geschenkt. Was den Poysdorfer Weinhauer Leopold Berndl in seinen Erinnerungen zu der Bemerkung veranlaßte: „Ich habe in reiferen Jahren öfters die Legende der Heiligen gelesen, und zwar gründlich, und die stimmte mich immer unzufrieden. Kaiser, Könige, Fürsten, Päpste, Bischöfe, Äbte, Grafen usw., aber nicht einen einzigen Weinhauer. Einen Bettler habe ich sogar gefunden, und sogar einen Gastwirt; wie ein Wirt heilig werden kann, das ist kaum zu erklären."
In sehr viel früheren Jahren scheint das allerdings nicht so gewesen zu sein, weshalb man die Rechte und Pflichten der Buschenschenker im 12., 13., 14. bis ins 15. Jahrhundert mit immer neuen Wiener Leitgebordnungen zu regeln trachtete. Und 1510 verfügte eine sogenannte „Ordnung des Ungeldes zu Wien": „So ein geschworener Leitgeb mit falschem Maß begriffen wurde, so mag ein Vitzdom demselben den Daumen an der rechten Hand abschlagen lassen oder ihn nach seinem Vermögen strafen."

Der Dichter und Burgtheater-Direktor Heinrich Laube.

Heute verbrennen sich Gastwirte den Daumen höchstens noch in der Suppe, die sie dem Gast an den Tisch tragen, brauchen ihn jedoch nicht für falsches Einschenken auf Spiel zu setzen. Beim Buschenschenker ist der Daumen längst in jeder Hinsicht außer Gefahr, und eine heiße Suppe gibt es beim Heurigen auch nicht.
Dabei darf man davon ausgehen, daß gerade Weinhauer besonders zäh und hart im Nehmen sind. Mirko Jelusich berichtet von einem solchen Hauer, der eines Tages beim Stutzen eines Pfirsichbaumes von der Leiter fiel und dabei so unglücklich auf einen Weinstock stürzte, daß sich dieser in seinen Schenkel bohrte. Was sollte er machen? Er brach den Weinstock ab und ging mit diesem im Bein nach Hause, stellte seine Leiter in den Stadl und schickte seine Frau zum Arzt.
Eine solche Konstitution ist sicher auf den Genuß des eigenen Weines zurückzuführen, der in schlechten wie auch in besonders guten Jahren die Gesundheit eines Hauers schon auf die Probe stellen kann. 1811, 1834 und 1868 waren im letzten Jahrhundert die besten Weinjahre, erzählt Berndl: „Der 34iger soll gebrannt haben, wenn man ihn anzündete. Der alte Heindl Andreas hat mir erzählt, er war 1816 geboren, war also damals 18 Jahre alt: 'Mei Voda hot am Tisch an Wein ausg'schütt und hot'n anzündt, und er hot brunna'."
Auch schon bei weniger kräftigen Qualitäten sind die

Tagesrationen eines Weinhauers und mancher Buschenschenker für normale Sterbliche ungewöhnlich: Drei, vier oder fünf Liter, in gelegentlichen Fällen auch neun oder zehn, sind keine Seltenheit. Trotzdem findet man nicht wenige Hauer, die 80 bis 90 Jahre alt werden.

Schon seit einigen Jahren die 70 überschritten hat jener Heurigen-Wirt, dessen Namen ich hier verschweige, wenn er auch inzwischen den Buschenschank an seinen Sohn weitergegeben hat, der eines Tages einen alten Stammgast auf der Gasse trifft und auf das übliche „Wie geht's?" erwidert, neuerdings zwicke es ihn gelegentlich an einer bestimmten Stelle. „No ja", sinniert der Stammgast, „es könnt auch die Leber sein. Wieviel trinken S' denn so?"

„Zwanzig bis fünfundzwanzig Vierteln am Tag", antwortet der alte Hauer, der seit seiner „Pensionierung" täglich gegen 11 Uhr zum „strasseln" aufbricht.

„Vielleicht haben S' a Schrumpfleber; lassen S' Ihna mal untersuchen."

Zwei Wochen später treffen sich die beiden zufällig wieder. „Herr Nachbar!" ruft der Hauer schon von weitem. „Jetzt war i beim Dokta, und er hat mir was 'geben, gegens Zwicken. Aber", und er fährt mit der Hand über die ganze Breite seiner unteren Bauchpartie, „i hab ka Schrumpfleber! Im Gegenteil. Alles da voll Leber, alles Leber."

In den Weingärten dieser Familie muß ein die Gesundheit besonders fördernder Wein gewachsen sein, denn schon seine Mutter, sie wurde mehr als 90 Jahre alt, trank täglich ihre vier Liter. Noch im hohen Alter mußten ihr die beiden Söhne, bevor sie morgens zur Arbeit in die Weinberge aufbrachen, einen Doppelliter ans Bett bringen, und mittags, wenn sie heimkehrten, die inzwischen leere Flasche gegen eine neue vertauschen. War einmal recht viel Arbeit zu erledigen, und sie kamen erst am Nachmittag oder gar gegen Abend heim, so lag die Mutter schon im Fenster, schaute nach ihnen aus und beklagte sich bei den zufällig vorbeikommenden Passanten: „Da hot man sich plagt a ganzes Leb'n für 'd Buam, und jetzt vergessen's auf ihre Muatter, kommen nimmer hoam und lassen's a olde Frau verdürst'n!"

Doch zurück zu den Wirten und Buschenschenkern, von denen hier die Rede sein soll. Neben der harten Arbeit im Weingarten müssen sie nachmittags und abends darauf sehen, daß ihre Gäste wohl versorgt und zufrieden sind – damit sie endlich auf ihre Rechnung kommen. In solcher Weise bemüht war auch der Heurigen-Wirt, bei dem vor etwa 120 Jahren der berühmte Schriftsteller und Burgtheaterdirektor Heinrich Laube mit einigen Freunden und Schauspielerkollegen einkehrte. Die fröhliche Partie saß im schattigen Garten, trank und aß, und zum Schluß lud Laube seine Freunde noch auf eine Flasche vom Allerbesten ein.

Doch als es ans Bezahlen ging, schien dem allgewaltigen Theaterdirektor der Preis für die Bouteille viel zu hoch, und er begann einen Streit mit dem Leitgeb. Als dieser jedoch nicht von dem verlangten Preis heruntergehen wollte, lenkte Laube ein: „Ich schlage Ihnen eine andere Möglichkeit vor. Wir singen Ihnen jetzt einige Lieder, und wenn Ihnen eines davon gefällt, so soll es der Preis für die Bouteille sein. Gefällt Ihnen keines davon, so zahl ich Ihren Preis."

Damit erklärte sich der biedere Hauer einverstanden, denn es mußte ihm ja schließlich keines gefallen, und so würde er endlich doch zu seinem Geld kommen. Darum sagte er denn auch nach jedem Lied, das das lustige Theatervolk unter Laubes Leitung anstimmte: „Na, das g'fallt mir net!"

Nach dem fünften Lied gab sich Laube geschlagen. Seufzend zückte er seinen Geldbeutel und zählte die verlangten Gulden und Kreuzer auf den Tisch, dabei sang die ganze Runde wehmütig: „Tu auf, tu auf dein Beutelein. Der Wirt, der will bezahlet sein . . ." Dieser aber schmunzelte erleichtert: „Das is recht, so gefallt's mir."

„Na, sehen Sie", sagte Laube, „da kommen wir zum guten Ende doch noch zusammen." Und er steckte die Geldstücke vergnügt wieder in den Beutel zurück.

Schon im Mittelalter betrieben viele Klöster und Stifte in großem Stil Weinbau oder waren Grundherren – auch in den Wiener Weinorten. Ihren gekelterten Rebensaft verkauften sie nicht nur flaschenweise in alle Welt oder in den verschiedenen Stiftskellern etwa in Wien, sondern auch dort, wo der Wein wuchs, in Buschenschenken. So wurde mancher Klosterbruder oder Pfarrherr im Nebenberuf zum Leitgeb. Der berühmteste von ihnen war der „Pfaff vom Kahlenberg", der sich im vierzehnten Jahrhundert durch seine Possen und Schwänke große Volkstümlichkeit und die Gunst Ottos des Fröhlichen erwarb. Sebastian Brant erwähnt ihn in seinem „Narrenschiff" (gedruckt 1494 in Basel): „Wer jetzt kann treiben solches Werk, wie einst der Pfaff vom Kahlenberg!"

Selbst in England – als Parson of Kalenborow – und in Frankreich hatte sich sein Ruhm verbreitet. In Paris wurde der Pfarrer von „Calembourg“ zum Synonym für Wortwitz und Wortspiele. Viel später kam der Begriff über Preußen, wo man in den gehobenen Kreisen viel Wert auf französische Bildung legte, wieder nach Deutschland zurück, wo man es mit dem brandenburgischen Städtchen Calau in Verbindung brachte und dann Kalauer nannte.

Ende des fünfzehnten Jahrhunderts schrieb Philipp Frankfurter eine Schwankdichtung „Der Pfaff vom Kahlenberg“, worin es heißt:

Darnach der Pfarrer anfing daran denken,
Wie er wollt seine Weine ausschenken,
Die alle waren kahmig (schimmelig) und zäh
(schwer verdaulich).
Daß ihm nicht leid darum wäre,
Ein Abenteuer er wußte bald zu bereiten
Vor der Bauern Augen.
Er sagte ihnen ohne Falsch,
Er wolle da über die Donau fliegen
Wohl herab von dem Turm zu Kahlenberg.
Da war doch nirgends groß und klein,
Sowohl Männer als auch Frauen,
Die nicht alle das Wunder hätten schauen wollen ...

Auf Frankfurters Dichtung beruhte vermutlich das später noch populärere Volksbuch, das wiederum zahlreiche andere Autoren anregte, die Geschichten dieses Wiener Eulenspiegels nachzuerzählen.

Das Vorbild für diesen Pfaffen vom Kahlenberg war (um 1327) der Pfarrer Wiegand im Kahlenbergerdorf, der aus „Dewin“ (Theben bei Hainburg) gestammt haben soll. Als armer Student fand er auf dem Markt eines Tages einen ungewöhnlich großen Fisch, den er dem Herzog Otto zum Geschenk machen wollte. Doch als er zur herzoglichen Burg kam, verweigerte ihm ein Türhüter den Zutritt zum Hof, es sei denn, er gäbe ihm die Hälfte der Belohnung dafür ab. Wiegand erklärte sich einverstanden und wurde vorgelassen. Der Herzog, erfreut über das Geschenk, fragte Wiegand, ob er sich etwas besonderes wünsche. Wiegands Wunsch, eine Tracht Prügel, setzte ihn natürlich in Erstaunen, und als er die Gründe dafür wissen wollte, berichtete dieser von dem Türhüter. Der Herzog soll sich darüber so amüsiert haben, daß Wiegand die Pfarre zu Kahlenberg bekam (und der Türhüter die Prügel).

Eine andere der zahlreichen Geschichten erzählt, wie die Hauerknechte versuchten, ihren neuen Pfarrherren anzuführen. Als sie im Weingarten des hochwürdigen Herrn arbeiteten, flog kurz nach Mittag ein Rabe darüber hinweg. „Das ist unser Zeitvogel", sagten sie zu Wiegand, „weil er stets zum Ende unserer Arbeitszeit kommt." – „Wenn das so ist –", meinte der Pfarrer und hieß sie nach Hause gehen. Am anderen Tag aber ließ er sie arbeiten, bis es dunkel wurde, und als die Knechte anfingen zu murren, meinte er, sie sollten nur warten, bis ihr Zeitvogel käme.

Seine Gemeinde lockte der geistliche Heurigenwirt mit seinen Späßen, wie jenem berühmten Flug über die Donau, bei dem er allerdings nicht mehr als das Dach des Pfarrhauses erklomm, zur Kirche und anschließend in seinen Heurigen. Mit dergleichen Sensationen und Unterhaltungen hatten die Wiener schon immer eine Hetz.

Von der Vorliebe der Wiener, einen Kirchgang oder auch eine Wallfahrt mit der Annehmlichkeit eines Heurigenausflugs zu verbinden, profitierten Pfarrer wie Buschenschenker. Noch zu Zeiten der Gegenreformation war der kleine Ort Hernals vor den Toren der Stadt eine Trutzburg der Lutherischen. Scharenweise machten sich die Wiener am Sonntag auf, um in Hernals den Prädikanten des Herrn von Jörger zu hören. Und die Hernalser Heurigen hatten an diesen Tagen Hochkonjunktur.

Als 1630 Hernals wieder rein katholisch war, wurde der Kalvarienberg zum Pilgerziel der Wiener, die in Büßerkutten vom Schottentor über die heutige Alser- und Jörgerstraße hinaus wallfahrten. Den Weg bis zur Kirche auf dem Kalvarienberg säumten kleine Kapellen, die, als Josef II. 1784 die Wallfahrtskirche abtragen ließ, auch bald verschwanden. Warum die Hernalser Ausflüge so beliebt waren, darüber entrüstete sich seinerzeit der Berliner Buchhändler und Schriftsteller Friedrich Nicolai: „Man darf nur hören, wie in Wien selbst von einer Wallfahrt nach Hernals gesprochen wird, so wird man gar nicht zweifeln, daß eine solche Wallfahrt oft mehr eine Lustpartie, ja was Schlimmeres ist, und ebensosehr eine Gelegenheit wird, bequem Sünden zu begehen, als sie zu büßen.

Auch das Schmausen wird in Hernals bei dieser Gelegenheit nicht vergessen. Die Büßenden kauen sogar auf den Straßen wechselweise an Gebeten und an Kipfeln und Krapfen." Und ein Anonymus über den Hernalser Kalvarienberg zur Fastenzeit stellte 1785 noch fest. „. . . denn wo Wiener sind, muß es was zu fressen geben!"

Gegen Ende des Biedermeier hatten dann die Wiener nicht weit davon ein neues kulinarisches Ausflugsziel auf dem Geiselberg. Dort, etwa in der Gegend, wo die Kreuzgasse die Martinstraße schneidet und wo damals zwischen wenigen Häusern noch viel Wein wuchs, kaufte 1843 der wohlhabende Bürger Edelmayer einen Grund, auf dem er eine Weinschenke errichtete und hinter seinem Haus eine Gänsezucht betrieb. Vor allem das einfache Volk schätzte Edelmayers Ganserln und Wein, zumal die Portion Gansl mit 12 Kreuzer recht preiswert war. Am Sonntag spielte eine Musik zum Fünfkreuzertanz auf, was sowohl Soldaten als auch Handwerkstöchter und Dienstmägde aus der Umgebung anlockte. Kein Wunder, daß der Volksmund bald den Geiselberg in Ganserlberg umtaufte. Die Gegend wurde dann verbaut, und die letzten Weingärten verschwanden. 1859 gab es am Südhang des Ganserlberges, der bis zur Jörgerstraße herunterreicht, die letzte Weinlese.

Hernals und das anschließende Dornbach waren bei den Wienern recht früh als Sommerfrische beliebt. Zwei Sommer lang wohnte Schubert vorzugsweise im Dornbacher Hotel „Zur Kaiserin von Österreich". Dessen Wirt Paul Konrath richtete bald zur Hebung des Fremdenverkehrs einen Stellwagenverkehr nach Wien ein, der regelmäßig, zweimal täglich, verkehrte. Doch die Konkurrenz schlief nicht. Ausgerechnet sein eigener Bruder, Wirt des „Braunen Hirschen" in Neuwaldegg, eröffnete wenig später eine zweite Linie. Wo sich die Kutscher begegneten, kam es immer wieder zu unliebsamen Streitigkeiten. Nicht selten mußten die Fahrgäste mitansehen, wie die Rosselenker einander verprügelten, die Pferde ausspannten oder das Zaumzeug der Konkurrenz zerschnitten.

In der Inneren Stadt waren zu jener Zeit die zahlreichen Keller sehr beliebt; sie waren noch nicht – wie heute – in Gasthäuser umgewandelt. Auch da ging es nicht selten hoch her. Schon seit 1752 durften in den Kellern keine Kellnerinnen beschäftigt werden, und 1774 dehnte eine landesfürstliche Verordnung dieses Verbot auf alle Wein- und Bierhäuser der Stadt und der Vorstädte aus. Schlögl berichtet: „Ähnliche Erlässe untersagten das Kegelschieben in den sonntäglichen Vormittagsstunden und andere Unfüge, die merkwürdiger Weise in den Stiftskellern (Heiligenkreuzerhof etc.) wiederholt passierten. Die frommen Herren schenkten aber vor Jahren immer den aller-

besten Wein – war's Wunder, wenn sie die fröhlichsten Gäste bei sich sahen?"
Wenn nicht Kellnerinnen, so durfte man andere „Damen" dort durchaus bewundern. Im Annakeller, der auch Jesuitenkeller hieß (zwischen Johannes- und Annagasse), richtete der Unternehmer Daum das „Elysium" ein, eines der schönsten und elegantesten Vergnügungsetablissements, in dem es auch eine „Collektion Wiener Schönheiten" gab, deren bekannteste die „Sultans-Favoritin" wurde, eine Hausmeistertochter aus dem Lazenhofe. Überdies gab es dort Gaukler, Minnesänger, Troubadours, Harfenisten, Seiltänzer, falsche Palmen und falsche Tiroler. Über das Ende des „Elysiums" erzählt Schlögl: „Als die Frömmigkeit wieder Mode wurde, fand man es plötzlich mit der Würde des Hauses, in welchem auch eine Kirche, unvereinbar, die Grandhetze und den Tanztrubel noch länger in diesen (geistlichen) Kellerräumen zu gestatten, und die Eigentümer kündigten die Pacht. Sämtliche Köchinnen Wiens weinten bei der Trauerkunde."
Was den Berufsstand der Wiener Köchinnen betraf, war natürlich der Knödelkellner in der Salvatorgasse ihnen weit wichtiger. Dieser Ort galt vielen als der Ursprung und Höhepunkt des Wiener Knödelkults, und die riesigen Knödelkellerknödel waren das Maß für alle Wiener Köchinnen.
Emanzipierte Damen – sofern man das damals schon so nennen konnte – bevorzugten den Fellnerkeller, berühmt für seinen „Frauendorfer Bundmost". Dieser zog zur Mostzeit die ganze Damenwelt Wiens in seinen Bann, insbesondere die der Vorstädte. Da waren die Cavaliere servente, die sogenannten „Weisl" in der Minderzahl. Manchmal führten sie gleich mehrere Damen dorthin, die sie dafür auf einen Most einluden. Der Keller wurde 1875 aufgelassen, und die Sprachbedeutung von Weisl verwandelte sich: Wer heute „ein Weisl kriagt", ist ausgewiesen, hat Lokalverbot.
Das Verbot von Kellnerinnen betraf natürlich nicht die Wirtinnen, von denen einige nicht allein aus kulinarischen Gründen einen gewissen lokalen Ruf genossen. Beispielsweise die Pächterin des Bischofskellers im Erzbischöflichen Palais am Heidenschuß, Juliane Stift, kurz die „Stiftin" genannt. Ihre Ganseln waren berühmt, und pro Jahr verkaufte sie fünf Zentner Ganslfett.
In die Literatur eingegangen ist die schöne Maria Anna Spöttel. Die Familie Spöttel betrieb schon vor 1800 ein Spezereiwarengeschäft am Kohlmarkt 8-10 „Zum grünen (zeitweise: goldenen) Fassel", dessen Wein und verschiedenen Schnaps-Sorten großen Anklang fanden. Manche Gäste kamen wohl auch wegen der hübschen Schwiegertochter, die von den Stammgästen scherzhaft „Sardellenkönigin" genannt wurde. Zu ihren Verehrern sollen die beiden Grafen Metternich, Vater und Sohn, gehört haben, und eine „hier stattgehabte erotische Kollision" der beiden verwendete der Dramatiker Kotzebue als Stoff zu seinem Lustspiel „Die beiden Klingsberg".

Das Mekka der Wiener Zecher und Hetzsucher in der Zeit des Biedermeier war jedoch der direkt vor der Linie gelegene Ort Neulerchenfeld, des von Gaheis so genannten „Heiligen Römischen Reiches größtes Wirtshaus". Die Handwerkersiedlung entstand erst um 1700 zwischen der Stadt und dem Weinhauerdorf Ottakring. Hundert Jahre später gab es in Neulerchenfeld 156 Häuser, von denen 103 die Schankgerechtigkeit besaßen. Man kann sich vorstellen, was da etwa an einem Sonntag los war, wo sich Wirtshaus an Wirtshaus, Weinschenke an Weinschenke reihte. An schönen Sommertagen zogen hier bis zu 16 000 Wiener hinaus und verteilten sich in den Schenken und Gastgärten der dreizehn Straßen des Ortes.
Die wenigsten davon waren allerdings Buschenschenken, denn nur fünf Hauer hatten Anfang des neunzehnten Jahrhunderts hier eigene Weingärten. Einige besaßen sie in Ottakring und Hernals, doch die meisten kauften dort nur bei den ansässigen Hauern den Bedarf ihres Wirtshauses ein.
Der Berliner Journalist Adolf Glaßbrenner schrieb 1836 über Neulerchenfeld: „Jubel der untersten Volksklassen, aber ohne Einmischung der Anständigkeit wie im Wurstelprater. Das Volksleben in seiner Wahrheit, ohne Veredlung. Hier schreien und singen die Harfenisten, reißen Zoten und lachen selbst darüber, dort wackelt der Polichinell, Bauern mit ihren Kindern, Gesellen mit ihren Liebsten, liederliche Dirnen, Taschenspieler, kurz: die zweite Auflage des Wurstelpraters, aber in Schweinsleder gebunden." Und in seinem Buch „Eine Woche in Wien. Zuverlässiger und zeitsparender Führer durch die Kaiserstadt und ihre nächste Umgebung" stellt Adolf Schmidl 1842 fest: „Auch der Wiener Pöbel hat seine Landsaison! Er feiert sie im Neu-Lerchenfelde, einem Dorf, dicht außer der gleichnamigen Linie, welches eigentlich bloß aus Wirtshäusern und Gärten besteht.

Hier ist das Reich, wo Bacchus mit seinem ganzen Gefolge schaltet und waltet. Die Luft erdröhnt vom Geschrei und Gejauchze, wenn der Kirchtag oder die Weinlese nach Ottakring oder ins Lerchenfeld zum Heurigen ruft."

Die schönsten und größten Gärten hatten jene Gasthäuser, die an der relativ spät verbauten Grundsteingasse (die damals noch Gärtnergasse hieß) lagen. Dort stand in Höhe der Brunnengasse die „Rote Bretze", eines der bekanntesten Neulerchenfelder Häuser, bis 1838 eine kleine Schenke auf der nördlichen Straßenseite, übersiedelte die „Rote Bretze" als vornehmes „Kaffee- und Gasthaus-Etablissement" auf die gegenüberliegende Straßenseite. Unter anderem bot man den Gästen nun einen Billardsaal, eine Kegelbahn und einen großen Garten mit Musikpavillon, in dem so berühmte Kapellen wie die von Lanner, Johann Strauß Vater und dem älteren Fahrbach aufspielten. Aber auch berühmte Volkssänger wie Amalie Zeidler, Guschelbauer und Luise Montag, Seidl und Wiesberg traten hier auf. Im Weltausstellungsjahr 1873 wurde hier im Fasching der erste Lumpenball veranstaltet. Er durfte allerdings nicht so genannt werden, weil das der Polizei verdächtig erschienen wäre. Bis in die neunziger Jahre gehörte der alljährliche Lumpenball in der „Roten Bretze" zu den attraktivsten Lustbarkeiten der Wiener.

Im zwanzigsten Jahrhundert wurde das Gasthaus in das Kino Alt-Wien umgewandelt und nach dem Zweiten Weltkrieg schließlich in einen Supermarkt. Ein zeitbedingtes Schicksal, das seltsamerweise nahezu alle berühmten Gasthäuser Neulerchenfelds ereilte. Auch die „Blaue Flasche" (Neulerchenfelderstraße 14) verwandelte sich über den Umweg eines Lichtspieltheaters in einen Supermarkt. Sie gehört wohl zu den meistgenannten Lokalen des „Trinker-Eden", wie ihr Stammgast Ferdinand Sauter seinen Lieblingsaufenthaltsort Neulerchenfeld genannt hat. Daß Mozart, wie behauptet wurde, hier schon Kegel geschoben hat, ist unwahrscheinlich, da die Geburtsstunde des „Blauen Flasche" vermutlich erst nach seinem Tode geschlagen hat. Sicher ist dagegen, daß hier der 23jährige Johann Strauß seine Polka „Ligorianer-Seufzer" uraufgeführt hat, eine Spottmelodie auf den Redemptoristenorden, der den Absolutismus stützte. Obwohl die Polka bereits nach wenigen Tagen verboten und die Noten konfisziert wurden, pfiff damals ganz Wien die Melodie.

Dem Gasthaus und seinem Wirt setzte Sauter in einem seiner bekanntesten Gedichte „Zur blauen Flasche" ein poetisches Denkmal:

Der Bursche wandelt froh hinaus zur Linie,
ins Trinkerland, ins lust'ge Lerchenfeld.
Da winkt ihm nicht die Zeder und die Pinie,
doch frischer Labetrunk für wenig Geld.
Und ist der Rubikon dann überschritten,
so zieht er rechts die wohlbewußte Bahn,
und in der langen Häuserreihe Mitten
die „Flasche" findet jeder ohne Plan.

Durchs schmale Tor, da führt der Weg nach Eden,
der Trinker Heimat seit uralter Zeit,
wo Durst sich und Philistertum befehden,
wo längst zur Fabel ward die Nüchternheit.
Vom Qualm der Raucher ist erfüllt die Schenke,
und golden blinkt des Gerstentrankes Naß,
und mitten durch den tollen Lärm der Bänke,
da wälzt sich wohlgemut des Wirts lebendig Faß.

Der Mann versteht's zu ködern durst'ge Gäste.
Sein Gruß und Abschied ist von nagelneu'ster Art.
Ein Chronometer baumelt auf der schlaffen Weste,
und seiner Mienen Wonne kränzt ein junger Bart.
Kein Wölkchen trübt beschattend seine Stirne,
im Antlitz glänzt er wie ein satter Gott;
nicht gerne steht Vergleich der Plutzerbirne,
doch tauscht mit kühner Laune er den Spott ...

Am 4. Mai 1904 wurde in der „Blauen Flasche" anläßlich einer Gedenkfeier zu Sauters hundertstem Geburtstag eine Ferdinand-Sauter-Gesellschaft gegründet. Bald darauf verschaffte der Erste Weltkrieg der „Flasche" wie den übrigen Glanzpunkten des Trinker-Eldorado Neulerchenfeld ein sang- und klangloses Ende.

Wer heute mit der Straßenbahn, dem Autobus oder dem eigenen Wagen auf ein paar Stunden zum Heurigen nach Nußdorf, Grinzing, nach Perchtoldsdorf oder Stammersdorf fährt, hat es bedeutend leichter als unsere Großväter und Urgroßväter, bei denen An- und Abreise mit dem Stellwagen oder der Pferdetramway natürlich viel länger dauerten. Da war, schon wegen der Anfahrt, ein Ausflug zum Kahlenberg eine ganztägige Unternehmung. Schneller konnte man in die dörflichen Vororte direkt vor der Linie gelangen, nach Neulerchenfeld oder Hernals oder Währing.

Herrschten in Neulerchenfeld die Gasthäuser vor, so waren es noch in der zweiten Hälfte des neunzehnten Jahrhunderts in Hernals und in Währing die Buschenschenken. Manche davon wurden durch den wachsenden Zuspruch der Wiener mit der Zeit immer größer und nobler und verwandelten sich eines Tages in Gasthäuser, wenn sie den Weinbedarf ihrer Gäste nicht mehr aus dem eigenen Keller befriedigen konnten. Gleichzeitig ging in diesen Orten auch die Weinanbaufläche durch die zunehmende Verbauung ständig zurück. Einen ähnlichen wirtschaftlichen und sozialen Wandel hatte bereits Gumpendorf durchgemacht, zu dem noch im Mittelalter das größte Weinried in der Umgebung Wiens gehört hatte.

Ein gern besuchter Buschenschank war der von Johann Weigl, den dieser 1871 in einem Teil des ehemals Palffyschen Gartens (Hernalser Hauptstraße 33) eröffnete, von seinen Gästen bald „Weigeleum“ genannt. Der geschäftstüchtige Weigl wurde 15 Jahre später Leiter des „Dreherparkes“, eines Vergnügungsetablissements in Meidling, gegenüber dem Schloß Schönbrunn (Schönbrunner Straße 303-307). 1894 eröffnete der Besitzer, der Brauer Anton Dreher, auf dem Gelände die 4000 Personen fassende Katharinenhalle. 1925 wurde das Unternehmen geschlossen.

Schon im siebzehnten Jahrhundert im Besitz der Familie Stalehner (eigentlich Steinlechner) war ein Buschenschank in der Jörgerstraße 22 in Hernals. In der zweiten Hälfte des neunzehnten Jahrhunderts nahm der Heurigenschank einen ungewöhnlichen Aufschwung, wurde ausgebaut und nannte sich schließlich „Grand Etablissement Stalehner“. Hinter dem einstöckigen Haus und dem Hof erstreckte sich eine offene Veranda weit in den Garten. Hier spielten die Brüder Schrammel erstmals mit dem jungen Toni Strohmayer, bevor sie später mit Dänzer als viertem im Bunde ihr berühmtes Quartett bildeten. Das vielbesuchte Lokal wurde in den zwanziger Jahren dieses Jahrhunderts geschlossen und das Gebäude abgerissen.

Das bekannteste Lokal in Hernals wurde allerdings der „Gschwandner“ in der Hernalser Hauptstraße 41, bei dem unter anderen auch Ferdinand Sauter Stammgast war. Johann Gschwandner war kein Hernalser, und es erregte naturgemäß Aufsehen, als er 1834 in Hernals einen Buschenschank eröffnete. Doch er war tüchtig und sein Wein offenbar gut, so daß er wenig später in das größere Haus in der Hauptstraße übersiedeln konnte, dem er 1839 einen Salon und sieben Jahre später einen weiteren Neubau anschloß. Von Anfang an war der Gschwandner das Lokal, in dem fast alle berühmten Volkssänger und -musiker auftraten, vom Klarinette spielenden Gruber-Franzl bis zu Georg Dänzer und den Schrammeln. 1877 wurde der alte Saal niedergerissen und ein neuer großer Prachtbau errichtet, in dem dann auch die berühmten Wäschermädelbälle stattfanden. Hier spielten alle damals bekannten Musikkapellen, und jeden Sonntag gab es ein Militärkonzert.

Ein wahres Heurigen-Paradies waren noch im vorigen Jahrhundert Währing, Weinhaus und Gersthof. In der Währingerstraße und besonders in der Gentzgasse (die damals noch Herrengasse hieß) standen die typischen niedrigen Hauerhäuschen und reihte sich ein Buschen an den anderen. Hinter den Heurigengärten in der Gentzgasse begannen die Weingärten, die sich bis zum Türkenschanzpark hinzogen. Am längsten überlebten die Heurigen in der Gersthoferstraße, die Bastien, Sturm, Hummel, Pichler, Köhler, Karwantz, Prager, Buchinger, Weiß, Plattner und Kainz. Bis etwa 1980 schwankte nur noch einmal im Jahr für kurze Zeit ein Buschen in der Gersthoferstraße 111 beim Grill, wo sich hinter einem Installateurgeschäft ein kleiner Heurigen-Hof versteckte.

Zu einem gewissen Ruhm, insbesondere bei der Männerwelt Wiens, brachte es Vater Knöpfler in der Gentzgasse zwischen Feldgasse und Weimarerstraße. Bevor er sich etwa um 1870 hier als Weinhauer und Buschenschenker niederließ, besaß er eine Wäscherei im Lichtental unweit des Franz-Josef-Bahnhofes. Im Volksmund hieß diese Bahn auch „Knöpferlbahn“, was gelegentlich auf den Vater Knöpfler zurückgeführt wird. Später nanntc man sie dann wegen einiger Unfälle „Jessas-Maria-und-Josefs-Bahn“, bis das als Verunglimpfung von den Behörden verboten wurde. Beim Knöpfler in Währing soll man einen vorzüglichen Wein getrunken haben, außerdem traten dort oft bekannte Fiaker und Natursänger, wie Bratfisch, Hungerl oder der Schuster-Franzl, gelegentlich sogar bedeutende Athleten auf. Der eigentliche Grund, weshalb ganz Wien in den siebziger und achtziger Jahren hierher pilgerte, waren jedoch die sieben blitzsauberen Knöpfler-Töchter, deren eine – Marie – später den Volkssänger Edl (Werlinger) heiratete. Die Knöpfler-Mädel waren nicht nur hübsch, sie konnten auch alle sieben ganz vorzüglich Jodeln und Paschen.

1903, den Buschenschank hatte bereits Knöpflers Sohn Julius übernommen, mußte das alte Haus einem mehrstöckigen Neubau Platz machen. Am letzten Abend, dem 15. März, war die Stube in der Gentzgasse gerammelt voll, man feierte den traurigen Anlaß mit gebührend lautstarker Lustigkeit, und die Gäste verliefen sich erst gegen Morgen des 16. März. Am Abend dieses Tages fand man dann Julius Knöpfler, er hatte sich an einem Dachbalken des Hauses erhängt.

Ein österreichisches Magazin behauptete vor einigen Jahren: „70 000 Weinfreunde sitzen allabendlich in Wiener Heurigenlokalen." Das ist – strenggenommen – sicher falsch. Rechnet man jedoch die zahlreichen konzessionierten Gaststätten, die sich in und um Wien als Heurige darstellen, ohne den Auflagen und Einschränkungen des Buschenschankgesetzes entsprechen zu müssen, dazu, mag man vielleicht auf eine Zahl in dieser oder ähnlicher Größenordnung kommen. Mit einem gewissen Recht machen viele Wiener selbst nicht den strengen Unterschied zwischen „Buschenschank" und „Heurigen". Es gab und gibt, besonders in den traditionellen Weinorten um Wien, aber auch in der Innenstadt, Lokale, die sich im Laufe der Jahre aus einem ehemaligen Buschenschank zu einem (mehr oder weniger) Nobelbetrieb entwickelt haben, deren Besitzer eines Tages den mühseligen Weinbau aufgaben und Großkunden bei den Weinhauern in Niederösterreich oder dem Burgenland wurden.

In Wien hat sich der Begriff „Nobelheuriger" eingebürgert und wird sowohl auf Weinschenken dieser Art als auch auf Weingüter, die daneben einen großen Buschenschank betreiben, angewandt. Das ist keineswegs unproblematisch, führt es doch zu einer unangemessenen Konkurrenzsituation. „So ein Gewerbebetrieb", meint Ingenieur Franz Mayer, der in Heiligenstadt einen der traditionsreichsten und nobelsten Nobelheurigen betreibt (Mayer am Pfarrplatz), „kann seinen Wein etwa im Burgenland viel billiger beziehen, als wir ihn hier in Wien produzieren können." Allein die Bodenpreise und Pachtzinsen in den traditionellen Weinorten zwischen Nußdorf und Neustift sind seit dem Zweiten Weltkrieg so stark gestiegen, daß sie bei gepachteten Weingärten jeden Liter derzeit mit sieben Schilling belasten. Dazu kommt der ganze Aufwand der Pflege, Lese und Kelterung mit in Wien

Ferdinand Sauter beim Gschwandner.

eher teuren Arbeitskräften, der Betrieb des Ausschanklokals, Steuern und Abgaben.
Allein im Ort Grinzing hat sich die Zahl der Weinhauer in den letzten 50 Jahren von 60 auf knapp 20 reduziert, die Zahl der Gewerbebetriebe von 2 auf 25 erhöht, so daß dort nur noch jeder zweite Heurige ein Buschenschank ist. In einigen anderen Orten bahnt sich eine ähnliche, wenn auch bisher nicht so gravierende Entwicklung an.
Da wird es immer schwerer, die „Spreu" vom Weizen zu trennen. Der verläßlichste Gradmesser sind die Einheimischen selbst, die jene Heurigen – ob groß, ob klein, ob nobel, ob primitiv – bevorzugen, die neben einem guten Heurigen oder Alten auch Atmosphäre und Stimmung zu bieten haben – und, nicht zu vergessen, möglichst auch ein gutes Buffet.
Hier den rechten Maßstab anzulegen, wird sich vor allem der unkundige fremde Gast schwer tun. Da helfen nur, wo er nicht einen lokalen Cicerone zur Verfügung hat, die selbst gesammelten Erfahrungen. Allein von der Größe eines sogenannten Nobelheurigen sollte sich niemand abschrecken lassen, denn unter Umständen kann er hier einen vorzüglichen gemischten Satz verkosten, wie er ihn keineswegs in allen der vielen kleinen Familienbetrieben hingestellt bekommt.
Auch die Preise für den Schankwein sind da kein verläßlicher Maßstab, denn aus den schon angedeuteten Gründen kostet nun einmal das Viertel in Grinzing fast doppelt so viel wie in Strebersdorf. Trotzdem gibt es ebenso eingeschworene Liebhaber des milderen, aber g'schmackigen „Grinzingers" wie des reschsäuerlichen „Bisambergers".
Man wird beim Heurigen alles finden, was den Wiener, seine Auffassung vom Leben und seine Mentalität ausmachen: fröhliche Unterhaltung, Musik, Hetz und Gaudi, aber auch tiefsinnige, melancholische Selbstbetrachtung und stilles Genießertum. Wer eher das letztere wünscht, wird gut daran tun, jene kleinen, ruhigen Heurigen zu suchen, die oft nur wenige Wochen im Jahr ausg'steckt haben. Noch gibt es sie in allen Heurigengegenden Wiens, wenn sie sich auch immer mehr hinter dem lauten Vergnügen, das nicht nur in unserer Zeit ebenso zum Heurigen-Ambiente gehört, verstecken. In allen Jahrhunderten war es so: Mit dem Wachsen der Großstadt wurden die kleinen und stilleren Buschenschenken immer wieder an deren Rand verdrängt, wo sie nichtsdestotrotz ihr beschauliches, manchmal fast zeitloses und dennoch nicht minder fröhliches Dasein hatten.

„Es wird a Wein sein, Und mir werd'n nimmer sein ...“ Lebenslust und Lebenslied bei einem Viertel Wein

Weil mir heut so lusti beinander g'rad san,
Liegt uns a am Geld a nix d'ran.
Weil mir vor der Fruah gar nia z'Haus kumma tan,
D'rum schmiern mir kan Hausmaster an.
Mir ham nur a Motto und dem bleib'n ma treu
Bis daß uns das Augenlicht bricht,
Es steht halt nix auf über d'Umdrahrerei,
Das is schon a uralte Gschicht.
Holodaro! Holodaro!
Es wird a Wein sein,
Und mir werd'n nimmer sein.
D'rum g'niaß ma's Leb'n so lang's uns g'freut.
's wird schöne Mad'ln geb'n,
Und mir werd'n nimmer leb'n,
D'rum greif ma zua, g'rad is's no Zeit.

Warum dieses Marschlied von Ludwig Gruber – den Text schrieb Josef Hornig –, bei dem jede Strophe nach dem Refrain gepfiffen oder mit einem Jodler endet, die Hymne aller Heurigen-Bummler wurde, hat kaum jemand so einleuchtend erklärt wie Peter Altenberg: „Es liegt nämlich darin die ganze süße, herzige, leichtsinnige Lebensfreude des Wieners und zugleich die tiefe Verzweiflung, dennoch einmal 'abkratzen' zu müssen.“

Daß der Wiener weniger Angst vorm Tod hätte als andere Menschen, ist ein Mißverständnis, denn „die Nacht“, sagt in Nestroys „Höllenangst“ der Schuster Pfrim, „ist keines Menschen Freund, da muß man sich wohin flüchten, wo's lang Tag bleibt“. Aber er hat keine Scheu, vom Sterben zu reden. Nirgendwo kann man so selbstverständlich vom Sterben und von den Umständen des Todes reden, wie in Wien mit einem Viertelglas Gerebelten vor sich auf dem blankgewetzten Holztisch.

In der Wiener Literatur von Raimund bis Weinheber, von Nestroy bis Doderer finden sich seitenweise Aphorismen über das Sterben, Anspielungen auf den Tod. Die Melancholie der Figuren Schnitzlers, die Tragik der Frauengestalten Horvaths leben von dem Bewußtsein um die Vergänglichkeit von Glück und Dasein.

Der Wiener liebt eine gewisse Theatralik, aber nicht aus Eitelkeit, aus dem Bedürfnis, sich zu produzieren, sondern weil sie seinem Wesen entspricht, seiner Auffassung vom Leben überhaupt als ein Spiel, das mal Tragödie, mal Komödie irgendwann zu Ende sein muß. Er verläßt eine Bühne, wenn er zum letzten Mal abtritt. Was er daran vielleicht bedauert, ist, daß er den Applaus nicht mehr selbst entgegennehmen kann. Ein würdevolles, feierliches Begräbnis nennt der Wiener „a schöne Leich", nicht weil er eine Freude daran empfände, sondern weil es ein Ausgleich ist für den Schmerz, dem er sich nur selten hingibt oder gar ausliefert.

Als Johann Nestroy an einem Maitag des Jahres 1862 auf dem Währinger Friedhof zu Grabe getragen worden war, erschien wenig später bei der Bieglerin, einem Heurigen in Dornbach, sein bester Freund, der Komiker Wenzel Scholz, um sich hier von den Tänzen und Märschen der beiden Musiker aufheitern zu lassen, es waren der 14jährige Strohmayer und sein Vater. Heiterkeit ist nur eine andere, angenehmere Form der Traurigkeit, in Wien sind beide Gefühle ein inniges Verhältnis miteinander eingegangen.

„Die Melodien der Schrammeln werden nur von Ausländern für lustig gehalten", sagt Otto F. Beer. Und an den Texten vieler Wiener Lieder läßt sich das leicht belegen: „Erst wenn's aus wird sein – mit der Musi und an Wein . . .", „Wenn der Herrgott nicht will, nutzt es gar nichts . . .", „Der Himmel soll was herrliches sein . . .", „Wann i anmal stirb, stirb, stirb . . ." oder eben „Es wird ein Wein sein, und mir werd'n nimmer sein . . ." Undenkbar, meint Beer, „daß etwa in den berühmten Weinliedern von Burgund oder den Beaujolais' solch düstere Töne angeschlagen würden. Nur in Wien werden die letzten Dinge jeweils beim vorletzten Viertel beschworen."

Hier zeigt sich eine Verwandtschaft zum Judentum, das ja nicht zufällig gerade in Wien so elementar Fuß faßte und hier Kultur, Wirtschaft, Soziologie und Sprache ungemein befruchtete. Der in Prag geborene Wiener Jude Friedrich Torberg und seine „Tante Jolesch" mögen dieses selbstverständliche Wissen um „die letzten Dinge" mit einer einzigen Anekdote belegen, die, weil es keiner besser kann, ich hier mit Torbergs Worten wiedergebe:

„Gleich allen wahren Köchinnen, die ihre Kunst im häuslichen Gehege ausübten ... , war auch die Tante Jolesch ausschließlich auf die Genußfreude und das Wohlbehagen derer bedacht, denen sie ihre makellos erlesenen Gerichte auftischte. Es sollte den anderen munden, nicht ihr. Sie begnügte sich damit, ihren Hunger zu stillen. Als man sie einmal nach ihrer Lieblingsspeise fragte, wußte sie keine Antwort. 'Aber du mußt doch schon draufgekommen sein, was dir am besten schmeckt', beharrte der Frager. Nein, um solche Sachen kümmere sie sich nicht, replizierte ebenso beharrlich die Tante Jolesch (wobei sie in Wahrheit nicht 'Sachen' sagte, sondern 'Narreteien' und genaugenommen 'Narrischkaten'). Der Wißbegierige ließ nicht locker und spitzte nach einigem Hin und Her seine Frage vermeintlich unentrinnbar zu: 'Also stell dir einmal vor, Tante – Gott behüte, daß es passiert – aber nehmen wir an: du sitzt im Gasthaus und weißt, daß du nur noch eine halbe Stunde zu leben hast. Was bestellst du dir?' – 'Etwas Fertiges', sagte die Tante Jolesch."

Soweit Friedrich Torberg, der aus eigener Erfahrung vom Heurigen nur wußte, daß man dort keinen Kaffee bekomme, weshalb er – sonst ein Kronzeuge Wiens – in diesem Buch nicht weiter zitiert wurde.

Das Reich des Todes lag in der Antike jenseits des Flusses Lethe, aus dem man Vergessen trank. „Wer die Welt nicht vergißt, für den kann es gar kein' Himmel geben", sagt Nestroy, doch er meint damit nicht das Scheiden von dieser Welt, sondern das Leben darin. Ein wenig von diesem Lethe-Wasser muß wohl in dem gemischten Satz des Wiener Heurigen sein. In dem wienerischen „Hamur", das keinesfalls mit dem nur von Touristen erkannten „goldenen Humor" der Wiener gleichzusetzen ist, klingt das „Harbe" an, das viel besser mit böse oder hart als mit herb zu übersetzen ist. Und so ist auch der Wein, den der Wiener, auf den rauhen und harten Bänken des Heurigen sitzend, „beißt", eben „harb" (nicht herb). Aus diesem harben Diesseits ist auch das Jenseits geschnitzt, und im Vergessen des Weines verspürt man davon einen Hauch.

Es sind überwiegend ältere Herrschaften, die sich zur nachmittäglichen Jausenzeit gern in den Haarhof in der Inneren Stadt begeben, um sich dort in den dumpfen unterirdischen Gefilden des Esterházykellers niederzulassen. (Inzwischen gewinnt der Keller auch bei jugendlichen Gästen immer mehr an Beliebtheit.) Wer am späteren Nachmittag eintrifft, wird keinen eigenen freien Tisch mehr finden. Er wird sich ein Plätzchen zwischen den Pensionisten, Weinbeißern und älteren Ehepaaren suchen und sich dort bald mit – keineswegs frivolem – Vergnügen in ein Gespräch über vergangene Zeiten, den Lauf der Welt, über das Heute, das nur ein Gestern und kein Morgen kennt, verwickelt sehen, auch über Freunde und Anverwandte, wie sie dahingegangen sind, auf welchem Friedhof sie liegen und was für ein schönes Leichenbegängnis sie hatten. Dabei wird

diese oder jene Gattin das mitgebrachte Körberl öffnen und auf die sorgfältig ausgebreitete Serviette ein Stück Geselchtes, einen Emmentaler und vielleicht zwei Eier oder Paradeiser legen, wozu sie das Salz keineswegs vergessen hat. Natürlich gibt es dergleichen auch vorn am Buffet, aber hier herrscht jene Generation vor, die schon vor Jahrzehnten ihre Jause zum Heurigen mitbrachte.
Bei soviel lebendiger Vergangenheit kommt keine Traurigkeit auf, herrscht keine falsche Fröhlichkeit, wie sonst bei manchen Heurigen. Hier ist gar mancher seit einer halben Ewigkeit zuhause und ganz gewiß unter sich, um die paar Jahre noch zu genießen, bis man ihn „aussi tragt“. Und der Wein, der für die schmale Rente nicht nur billig, sondern auch gut ist, hilft nicht nur vergessen, sondern auch erinnern. Vielleicht hat der Berndl Poldl recht: „Wenn man ein Siebziger ist, denkt man selbstverständlich ans Sterben, und zwar alle Tage, aber Angst wie in der Jugend hat man nicht. Denn erstens ist es etwas Selbstverständliches, zweitens ist es ja nicht mehr, wenn der Geist den Leib verläßt, wie wenn man einen alten Rock auszieht und ihn weglegt.“ So einfach ist das. Ist es so einfach?

„Leichtsinnige Lebensfreude“ und „tiefe Verzweiflung“ kennzeichneten für ihn das Wiener Lied: der Dichter Peter Altenberg (nach einer zeitgenössischen Karikatur).

Es ist keine Schande, im Alter arm zu sein, aber sicher doch wenigstens aus einem Grunde betrüblich, dann nämlich, wenn man seine wenigen Schillinge nicht auf eine „schöne Leich“ gespart hat. (Nicht zufällig ist der nach dem Französischen „Enterprise des pompes funèbres“ gebildete Ausdruck „Pompfinewerer“ in Österreich gelegentlich heute noch gebräuchlich.) Großen Zulauf hatten bis in dieses Jahrhundert die zahlreichen Wiener „Leichenvereine“, die auf barocke Bruderschaften zurückgingen. Die Mitglieder dieser Sterbekassen zahlten, um sich ein würdiges Begräbnis zu sichern, einen monatlichen Beitrag und (etwa 1930) bei jedem Sterbefall 50 Groschen, wofür nach ihrem Tod die Angehörigen 300 Schilling erhielten.
Nach dem österreichischen Motto, daß die Lage zwar hoffnungslos, aber nicht ernst sei, versucht man, sich auch die letzte und endgültige Katastrophe zu richten, so gut es eben geht. Man probt den Untergang, damit er nicht zum Ernstfall wird. In seiner „Nachgeholten Tagebücherei“ erinnert sich Ludwig Anzengruber an seine Jugendzeit:
„In diese ideale Zeit fällt auch mein erster Sterbeversuch, ich kann ihn nicht dem billigen Leser schenken,

er hat mir manche Stunde schon erheitert. Es war in einem Garten in Döbling, und ich naschte als echtes Wiener Kind von allem, was sich eßbar anließ, und so auch von den Schoten des sogenannten Goldregens, was aber ein greuliches Übelsein zur Folge hatte – da dachte ich, das sei der vom Hörensagen bekannte Tod – müde streckte ich mich auf dem Rasen aus – ich erwartete nicht das Sterben – ich begann es sogleich – ohne Philosophie, ohne Monologe, in stiller Resignation."

Nirgends habe ich diese Einstellung zum Sterben sinnfälliger erklärt bekommen. In der Aktivität, die der Wiener hier wie in allen Dingen entwickelt, liegt nichts von dem deutschen Wort „tatkräftig", dennoch ist es viel mehr als bloße Geschäftigkeit. Es ist der Versuch, durch Handeln die Resignation zu überwinden, denn daß der Wiener ein resignierender Mensch ist, gehört zu den unausrottbaren Mißverständnissen all jener, die ihn zu kennen glauben. An anderer Stelle sagt Anzengruber: „Der Sterbende ist ein großer Egoist aus Schwäche." Das und nicht die vermeintliche Resignation erklärt die – im Vergleich zu anderen Ländern – überdurchschnittlich hohe Selbstmordrate in Österreich. Denn – so Nestroy – „es gibt wohl viele, die ganz stolz den Selbstmord eine Feigheit nennen – sie sollen's erst probieren, nachher sollen s' reden!"

Im Jahre 1802 schreibt Josef Richter in seinen „Briefen eines Eipeldauers", einem Vorläufer des Winzers „Hans Jörgel von Gumpoldskirchen": „Der Appetit zum Selbstmord dauert noch immer fort. Es vergeht fast kein Wochen, wo nicht ein Paar durchn Strick oder durch ein Pistolln in d'andre Welt hinüber marschirn; aber weil das nur eine neue Modi ist, so wirds' so lang nicht daurn. Lassen wir ihnen also d'Freud . . ." Aber es war keine „neue Modi". Wer in dieser Stadt freiwillig aus dem Leben scheidet, hat immer auch den Mut aufgebracht, zu beweisen, daß er existiert hat. Und das lange bevor ein Sartre in Frankreich dazu die entsprechende Philosophie erfand.

Wenzel Scholz, Carl Treumann und Johann Nestroy.

Der Währinger Buschenschenker Julius Knöpfel, von dessen Ende im vorigen Kapitel („Beim Heurigen") die Rede war, hat sich gewiß nicht aus Angst vorm Weiterleben erhängt, als er seinen Heurigen zusperren mußte. Doch bevor er den Mut hatte, daraus die Konsequenz zu ziehen, daß sein Leben als Besitzer eines der beliebtesten Heurigen Wiens zu Ende war, holte er sich den Schlußapplaus, indem er mit seinen Gästen ein Abschiedsfest feierte, von dem man in Wien noch lange sprach.

Das ist die wahre Quelle der Lebenslust der Wiener, der Daseinsfreude beim Heurigen. „Wir möchten bitten“, schreibt Hans Weigel, der letzte Nachfahre Karl Kraus', „daß man uns nicht mit jenem Klischee verwechselt, das findige und überaus ruchlose Erzeuger von Filmen und neueren Operetten in die Welt setzen. Wien ist keine singende, klingende, vor allem keine gemütliche Stadt, das Wiener Herz ist nicht golden, die Musik Franz Schuberts ist tieftraurig, und auch mit Johann Strauß ist's nicht ganz so einfach. – Lebensfreude? Vielleicht, aber nicht als Diagnose, sondern als Theraphie. Nestroy ist österreichisch und wienerisch, der alles in Frage stellende Geist, der stets verneint, höchst gehemmt und scheu im privaten Umgang und sehr depressiv veranlagt; immer wieder sind österreichische Dichter freiwillig aus dem Leben geschieden: Raimund, Saar, Trakl, Stefan Zweig, Weinheber.“

Der Wiener, der nach Raimund ein „glücklicher Unglücklicher“ ist, versteht es, gute Miene zum bösen Spiel zu machen. Seine Lebenskunst besteht darin, die Unzulänglichkeiten des Lebens zu meistern, inklusive der größten Unzulänglichkeit, des Todes. Er versteht es, die Mittel, die der liebe Gott den Menschen dafür an die Hand gegeben hat, auch zu benutzen, insbesondere die Musik und den Wein, jene wesentlichen Attribute des Heurigen.

„Kennen Sie eine lustige Musik?“ fragte schon Franz Schubert. „Ich nicht!“ Zu allen deutschen Worten hat der Wiener seine Varianten gefunden, wienerische Abweichungen und ihm eigene Synonyme. Zu dem Wort „lustig“ ist ihm nichts eingefallen. Er verwendet es höchst selten, und wenn – etwa in einer Dulliäh-Stimmung beim Heurigen – dann noch am ehesten mit einem Anflug von Galgenhumor. Ein „lustiges“ (und in diesem Fall altes) Wiener Lied klingt dann so:

Allweil lustig, fesch und munter,
Denn der Weaner laßt nix spürn;
Geht die Welt glei' morgen unter,
Sowas kann uns net schenier'n,
Für was sein mir denn nachher Wiener
Und mit'n Hamur so fesch beinand,
Laß'n ma andre lieber flenna,
Denn wir sein das gar nit g'wohnt.
Allweil lustig, fesch und munter, (Jodler)
Denn der Weaner geht nit unter. (Jodler)

Wann uns manchmal grad was wurmt a,
Gibt's ein Bremsler und 's guat,
Mit ein Dudler wird's kuriert g'schwind,
So macht's ein echtes Weaner-Bluat.
Nur ka G'spreiztheit und ka Fadsein,
Nur kan' Nipf, das kenn' ma nit,
So was fallt uns nit im Schlaf ein,
Traurig sein, das gibt's halt nit.
Allweil lustig, fesch und munter, (Jodler)
Denn der Weaner geht nit unter. (Jodler)

Hinter dem Lachen der Wiener liegt das vollzogene Schicksal eines Weltreiches, der Untergang der Donau-Monarchie, deren Symbol der zweiköpfige Doppeladler war. Die Freude der Wiener ist zweischneidig, und weil auch ihre Traurigkeit zwei Seiten hat, werden sie von Ausländern manchmal für oberflächlich gehalten. Wenn es wahr ist, daß dem Wiener nichts unter die Haut geht, so nur deshalb, weil darunter bereits 800 Jahre Habsburg gegangen sind. Da kann es niemand mehr erschrecken, wenn es heißt: „Die Welt steht auf kein' Fall mehr lang!“ Hätte sonst Nestroy daraus ein „lustiges“ Couplet machen können?

Und wenn noch soviel Jenseits in unser Diesseits hineinspielt, ist doch das Lachen von dieser Welt, eine der sinnlichsten Freuden, die wir haben. Was konnten die Wiener lachen, wenn der „alte Kampf“ (siehe das Kapitel „Das hat kein Goethe g'schrieb'n . . .“) die Volkssänger-Bühne betrat und die Geschichte vom Sesselträger Sebastian erzählte, der von einer schönen Leich zurückkehrte. Dabei amüsierte er sich selbst so köstlich, daß sein herzhaftes Lachen während der Erzählung schließlich das Publikum zu Tränen hinriß. Lachtränen, versteht sich. Koller zitiert in seinem Buch aus dieser Glanznummer Kampfs:

„(lacht) Ha, ha hahah-ha. A so a Hetz war no nöt da. I kum jetzt grad von aner Leich, haha, hahaha, ii, hihi hi, über a schöne Leich gibts nix hihihihu, u, u. A Harmonikaspieler war a dabei hihi, hihi, hu, hu, u, u, und der hat die Trauerweisen g'spielt ha, ha, ha, hi, hi, der spielt grad den Trau-au-hau-hau-auermarsch von Beethoven, hi, hi, hi, ha, ha, haha hu, u, u, u, und rutscht aus und kummt in die Grasltanz eini hu, hi, hi, h-i, a so a Hetz war no nöt da, ha, haha, hihi, i, i, das kann i mei' ganzes Leben nöt vergessen, die Hetz ha, hu, huhu, hihi, es war zwar mei' bester Freund, den's einig'feuert hab'n in die Grub'n, aber ha, haha, hihi, i, i, aber so a Hetz war nöt da ..."

Da wird der Humor zur Schadenfreude an den Unvollkommenheiten der Welt. Der Witz braucht den Autor, den Menschen, der aus diesen Unzulänglichkeiten die Pointe formuliert. Tränen, Schmerz und Traurigkeit setzen da ein, wo die Sprache fehlt. Über Musik kann man weinen. Aus diesem Widerspruch sind die Heurigen-Lieder gemacht. Nirgends kann sich diese Mentalität besser entfalten als beim Heurigen, wo der Wein nicht nur zwischen den Menschen, sondern auch im Menschen alles Trennende verbindet. Nach dem ersten Viertel beginnt der Gleichklang der Seele mit sich selbst und mit den anderen. Selbst Menschen, die anderswo aneinandergeraten, hier kommen sie zusammen.

Warum dies gerade der Heurige ist? Das liegt gewiß am Wein, der ein Spiegel wienerischen Wesens ist, ein gemischter Satz, spritzig und „harb", rund und g'schmackig, fröhlich und von leichter Säure. Und ebenso liegt es am Wiener selbst, der in seiner Treue immer am liebsten dorthin zurückkehrt, wo er schon immer war. Beim Heurigen ist er daheim und doch nicht zu Hause. Schließlich liegt es daran, daß beide, der Wein und der Wiener, eben nirgends so gut zusammenklingen wie beim Heurigen. Und in den besten Wiener Liedern kann man diesen Zusammenklang dann förmlich hören.

Heurigen-ABC

Diese Tafel neben oder auf dem Tor eines Heurigen kennzeichnet neuerdings in Wien einen echten Buschenschank. Allerdings findet man auch weiterhin noch häufig die auf Seite 136 abgebildete offizielle Tafel.

Achtel, Achterl
im Gegensatz zu manchen Gasthäusern in Wien, in denen der offene Wein nur in Vierteln ausgeschenkt wird, bekommt man beim Heurigen auch Achtel (0,125 Liter), entweder im halbvollen Viertel-Glas oder im kleinen Stutzen. Ein „Steh-Achtel" trinkt man stehend an der Schank, wenn man gleich wieder gehen will. Das „Reise-Achtel" ist jene letzte Zugabe, die man sich am Ende eines Abends kurz vor dem Aufbruch bestellt, wenn Zeit oder Durst nicht mehr für ein ganzes Viertel reichen.

Alter
neben dem Heurigen wird in vielen Buschenschenken auch noch der Alte (der Heurige vom vergangenen Jahr) ausgeschenkt. Traditionellerweise kommt der Heurige an Martini (11. November) erstmals zum Ausschank, dann wird der Heurige der Ernte davor zum Alten.

andudeln
sich vollaufen lassen

anstrudeln lassen
sich von den Heurigen-Musikern gegen einen Schmattes (Trinkgeld) gewünschte Lieder und Musikstückerln vorspielen lassen.

Ausg'steckt
die Zeit, in der der Buschenschenker seinen Buschenschank geöffnet hat. Als sichtbares Zeichen hängt er an diesen Tagen den Buschen vor die Tür, er „steckt aus". Der in Wien gebräuchliche Ausdruck „Wo der Herrgott den Finger (die Hand) heraussteckt", bedeutet:einen Buschenschank, der geöffnet ist.

awibuxen
etwas rasch austrinken

Banntaiding
der Ausdruck stammt aus karolingischer Zeit, wobei Taiding mit Tag-Ding, Tag-Gericht zu übersetzen ist, ein für bestimmte Tage angesetztes Gericht, an denen alles verhandelt wurde, was für das wirtschaftliche und soziale Leben im Dorf von Bedeutung war. Die Ergebnisse wurden im Weistum (Satzung) schriftlich festgehalten, das später selbst Banntaiding genannt wurde.

biberln, pipperln
langsam und ausdauernd, aber genußvoll trinken (von lat. bibo)

Buffet
das vom Weinausschank getrennte Angebot von Eßwaren beim Heurigen. Während der Wein von der Kellnerin serviert und kassiert wird, holt man sich die Speisen (inklusive Teller und Besteck) selbst am Buffet. Bestimmte warme Speisen erhält man nur in Buschenschenken mit einer speziellen „Heurigen-Buffet-Konzession" (s. S. 129 ff.)

Buschen
die in Wien gebräuchlichste Form des Weinzeigers, des traditionellen und offiziellen Kennzeichens eines Buschenschanks: ein (häufig an einer Stange befestigtes) zusammengebundenes Büschel von Föhren- (oder auch Tannen-) Zweigen, das vor der Tür oder dem Tor eines Buschenschanks diesen als solchen kenntlich macht (s. S. 136 f.)

Buschenschank
offizielle und gesetzlich festgelegte Bezeichnung eines „Heurigen", der, von einem Weinhauer betrieben, ausschließlich Eigenbauweine ausschenken darf. Die Begriffe „Heuriger" und „Weinschenke" sind auch bei gastronomischen Betrieben erlaubt.

Buschenschankgesetze
Bundesländergesetze in Wien, Niederösterreich, dem Burgenland und der Steiermark, die den Ausschank von Eigenbauweinen im Buschenschankbetrieb regeln. Sie unterscheiden sich nur in geringfügigen Abweichungen (s. S. 137 ff.)

Buschenschank-Tafel, Ausg'steckt-Tafel
grünes Schild am Eingang eines Buschenschanks mit Vor- und Familiennamen des Weinhauers und dem Text: „Kaiser Josef II. gestattete anno 1784 jedem Weinhauer, von ihm selbst erzeugten Wein auszuschenken. Seither heißt es immer wieder AUS-G'STECKT. Dieses Zeichen und der Föhrenbuschen garantieren, daß in diesem Haus ausschließlich Eigenbauweine zum Ausschank gelangen." Darüber hinaus kennzeichnen die Tafeln jene Buschenschankbetriebe, die sich einer freiwilligen Kontrolle durch das österreichische Weininstitut unterworfen haben (s. S. 136)

Buschenschenker
Weinhauer, der einen Buschenschank betreibt, auch Leitgeb

Drahrer, Aufdrahrer
ein Nachtschwärmer, der die Nacht zum Tag macht (umdreht). Kommt jedoch ursprünglich vom Kurbeldrehen des Werkelmannes (s. S. 164 f.)

Dreimännerwein
Verballhornung von Traminer-Wein, also eines besonders schweren Weines, der einen Mann umhauen kann, daß ihn zwei andere halten müssen. Heute auch Ausdruck für einen Wein, der so schlecht ist, daß ein Mann ihn nur trinkt, wenn ein zweiter ihn festhält und ihm ein dritter den Wein einflößt.

Drüberstreuer
dieser nicht nur beim Wein übliche Wiener Ausdruck meint den abschließenden, zusätzlichen Genuß von etwas Süßem. Beim Heurigen wird der Drüberstreuer in der Regel noch eine besondere Flasche Wein, etwa eine Spät- oder Auslese sein, mit der man den Abend abschließt.

Dulliäh
feucht-fröhliche Stimmung beim Heurigen, bei der es nicht ohne lauten Gesang abgeht

Elfer-Messe
Heurige, die am Sonntag bereits am Vormittag geöffnet haben (während der heiligen Messe)

Fechsung
die bei der Lese geernteten Trauben

Gemischter Satz
üblicherweise ist der Heurige kein reinsortiger Wein. Schon im Weingarten werden verschiedene Rebsorten gemeinsam angebaut, geerntet und zusammen gepreßt und vergoren. In größeren Betrieben wird heute der Wein sortengetrennt angebaut und erst nach der Ernte gemischt, jedoch wird mit diesem „Kellerverschnitt" im Prinzip der gleiche Effekt erreicht: Das richtige Mischungsverhältnis der nach Geschmack, Säure- und Zuckergehalt verschiedenen Sorten macht erst den leichten, süffigen und spritzigen „Wiener Heurigen" aus.

gerebelt, Gerebelter
ein Wein, bei dem die Trauben vor dem Pressen von

den (besonders gerbsäurehaltigen) Stielen befreit, abgerebelt wurden. Heute ist dieser Vorgang allgemein üblich. Ein Gerebelter ist ganz allgemein ein guter Wein.

Ginglspritzer
Wiener Vorstadtmusikanten

Gleichgepreßter
Roséwein aus blauen Trauben, den man jedoch nicht wie Rotwein auf der Traubenmaische gären läßt, sondern wie Weißwein (höchstens kurz angegoren) gleich preßt. Die Produktion von Rosé ist in Österreich sehr gering, weshalb er auch nur selten beim Heurigen ausgeschenkt werden kann. Dann jedoch handelt es sich um einen reinsortigen Wein und keinen gemischten Satz.

g'spritzt, G'spritzter
ein Achtel Wein, das mit der gleichen Menge Mineral- oder Sodawasser zum Viertel „aufg'spritzt" wird. Von Goethe stammt angeblich der Spruch:
Wasser allein macht stumm,
Das beweisen im Teiche die Fische.
Wein allein macht dumm,
Das beweisen die Herren am Tische.
Und um nicht stumm und dumm zu sein,
Trink ich mit Wasser verdünnt den Wein.

Hengl
ein etwa ein Meter hohes Gestell, das mit Trauben behängt beim Weinlesefest von zwei Leuten an einer Stange wie eine Riesentraube während des Umzugs getragen wird.

Johanneswein, Johannzinger
bei der Wein-Weihe am Johannes-Tag (27. Dezember) wird der neue Wein in vielen Orten vom Pfarrer gesegnet. Vor allen in früheren Zeiten geschah das nicht nur in der Kirche, sondern der Pfarrer ging durchs Dorf, um bei den Hauern ein Faß des jungen Weines zu weihen. Die Hauer baten:
Heiliger Johanni, behüt' mein Wein,
daß er bleibe stark und rein.
Dieser Johanneswein wurde nur zu besonderen Anlässen oder an Festtagen getrunken. Von dem in der Kirche geweihten Wein wurden anschließend ein paar Tropfen in jedes Faß gegossen und am Karfreitag die Weingärten damit besprengt. Besondere Heurigen-Gäste erhielten am letzten Tag, an dem der Hauer ausg'steckt hatte, ein Viertel „Johannzinger".

Jungfernwein
der Wein des ersten Ertrages eines neuen Weinbergs, nicht vor dem dritten Jahr nach dem Aussetzen

Kellergasse
mehrere nebeneinanderliegende Keller der Weinhauer außerhalb oder am Rande des Ortes. Sie sind häufig in den Hang hineingebaut, an dem auch der Wein wächst. In manchen Orten Niederösterreichs und des Burgenlandes stecken die Hauer auch in ihren Kellern aus. In Wien ist die Stammersdorfer Kellergasse (Hagenbrunner Straße) mit ihren zahlreichen Buschenschenken berühmt. Noch typischer ist die Kellergasse von Strebersdorf, in der jedoch nicht ausg'steckt wird.

Kellerkatze
aus Holz geschnitzte Figur, die im Keller auf das Faß gesetzt wird, das den jeweils besten Wein enthält

Leitgeb, Leutgeb
Buschenschenker oder Heurigen-Wirt. Der Ausdruck ist bereits im Mittelhochdeutschen als lîtgebe belegt, wobei lît Obstwein, starkes Getränk bedeutet. Das Recht des Verleitgebens (Schankrecht) hatten damals nur die hausgesessenen Grundholden (ansässige Hauer mit eigenem Haus und Weingarten) und die Grundherren.

Leskern
die Fechsung der Nachlese, jene Trauben also, die bei der eigentlichen Weinlese übersehen worden sind

Martini (11. November)
an diesem Tag findet das Verkosten des jungen Weines (Martiniloben) statt, darf zum ersten Mal mit dem Heurigen angestoßen (angetuscht) und sich zugeprostet werden. Die in manchen Orten seit einigen Jahren übliche Martinitaufe nimmt ein junges Mädchen, gegebenenfalls die Winzerkönigin, vor und hat nichts mit dem Taufen (mit Wasser) zu tun. In früheren Zeiten war dies auch ein wichtiger Tag für den Halter (Gemeindehirten), der neben seinem Geldlohn an verschiedenen Feiertagen von Haus zu Haus ging und von den Viehbesitzern in Naturalien entlohnt wurde. Zu Fasching erhielt er Krapfen, zu Ostern ein rohes Ei, zu Pfingsten oder Kirchweih einen Gugelhupf. An Martini brachte er geweihte Birkenruten und sprach:
Gott schütz' halt Mann und Weib und Knecht und Kind
Und enkre Ochsen, Kalben, Küah und Rind.

Mit der Rute trieb der Bauer im nächsten Sommer seine Rinder aus dem Stall. Dafür erhielt der Halter jedesmal etwas Geld und viel Wein, was ihm einen mehrere Tage anhaltenden Rausch einbrachte, entsprechend dem Spruch: *Nach'm Martiniloben weiß keiner mehr, wo unten und oben!*

Most
gepreßter, aber noch nicht vergorener Trauben- oder Obstsaft, der erst nach Abschluß der Gärung zum Wein geworden ist.

ongschütt
leicht betrunken

ongstrat
einen leichten, aber deutlichen Rausch haben (s. S. 119)

Önologie
die Wissenschaft vom Wein, deren Fachleute man Önologen nennt. Davon ableitend, nennt man den Säuferwahnsinn – Delirium tremens – auch Önomanie.

Pawlatschen
die Wirtshaus- oder Heurigen-Bühne der Volkssänger. In ihrer ursprünglichen Form dürfte sie durchaus etwas mit dem Buschenschank zu tun haben, denn sie bestand zuerst aus einer über vier Fässern gelegten Kellertür.

Reifenbeißer
ein Wein, der so sauer ist, daß er (angeblich) die eisernen Faßstreifen angreift, durchbeißt.

Ried
Lage

Schenkhaus
vor allem im Burgenland übliche Bezeichnung für die Schankstube des Weinhauers oder den Buschenschank überhaupt.

Schwül, Spitz
leichter Rausch

Stanglbrunner
ein Wein, der aus den „Brunnenstangen" fließt, also Wasser.

Staubiger
der noch ganz junge (ungefilterte) Wein, fast noch so trüb wie der Sturm, jedoch nicht so gefährlich wie dieser.

strasseln
von einem Heurigen zum anderen gehen

Sturm
der junge, noch gärende Wein wird nicht in allen Heurigen ausgeschenkt und ist etwa um den November eine Spezialität für Liebhaber, die es naturgemäß nur kurze Zeit gibt. Für ungeübte Trinker ist der Sturm (in Deutschland auch Federweißer oder Sauser) nicht ungefährlich, weil er vor allem die Verdauung kräftig fördert (s. S. 103).

taufen
das Verfälschen des Weines mit Wasser, auch panschen

Trester, Treber
der feste Bestandteil der Trauben, der nach dem Pressen zurückbleibt. Aus Trester wird sowohl Schnaps gebrannt als auch gelegentlich noch der Tresterwein hergestellt, indem man den wässrigen Auszug mit Zucker versetzt und zu (einem minderen) Wein vergärt. Häufig findet Trester als Viehfutter Verwendung.

tschechern
anhaltendes Trinken (bechern), sozusagen die Vorstufe zum Saufen

Verkosten
das Probieren eines neuen Weines, im weiteren Sinne auch das genießerische Trinken

Viertel
beim Heurigen wird der Wein grundsätzlich in Viertel-Gläsern ausgeschenkt. Weit verbreitet sind die dickwandigen oder leicht bauchigen Henkel-Gläser. Gelegentlich findet man auch Stutzen.

Weinheber
ein meist aus Glas bestehender Kolben mit langem Rohr, mit Hilfe dessen man aus der Mitte des Fasses eine Probe entnehmen kann, um den Wein zu prüfen (chemisch zu analysieren) oder zu verkosten.

Ortsregister

Literaturverzeichnis

Berndl, Leopold: *... es wird ein Wein sein. Die Aufzeichnungen des Weinhauers Berndl Leopold.* Hrsg. v. Karl Hans Strobl. Wien, Leipzig 1939

Christoffel, Karl: *Wein-Lese-Buch.* München 1964

Czeike, Felix: *Das große Groner-Wien-Lexikon.* Wien, München, Zürich 1974

Döbling. Eine Heimatkunde des XIX. Wiener Gemeindebezirks. Hrsg. v. Döblinger Lehrern. Wien 1922

Faltis, Viktor: *Grinzing 1900.* Wien, München, Zürich 1973

Festschrift zum 200jährigen Bestehen der Pötzleinsdorfer Kirche. Wien-Pötzleinsdorf 1946

Groner, Richard: *Wien wie es war.* Wien, Leipzig 1922

Jelusich, Mirko und Adolf Gerstenbrand: *Weinschenker und Weinbeschenkte.* Wien 1964

Jursa, Oskar: *Wiener Weinbuch.* Salzburg 1964

Koller, Josef: *Das Wiener Volkssängertum in alter und neuer Zeit.* Wien 1931

Ladenbauer-Orel, Hertha: *Der Berghof.* Wien, Hamburg 1974

Leitich, Ann Tizia: *Damals in Wien.* Wien, Frankfurt o. J.

diess.: *Verklungenes Wien.* Wien 1942

diess.: *Wiener Biedermeier.* Bielefeld, Leipzig 1941

Mailler, Hermann: *Schrammel-Quartett. Ein Buch von vier Wiener Musikanten.* Wien 1943

Niel, Alfred: *Unvergessene alte Kahlenbergbahn.* Klagenfurt 1974

Österreichische Weinbuch, Das. Red. Hans Traxler. Wien 1963

Perchtoldsdorfer Heimatbuch. Hrsg. v. Marktgemeinde Pechtoldsdorf. Wien, Melk 1958

Petermann, Richard E.: *Wien von Jahrhundert zu Jahrhundert.* Wien, Leipzig, New York 1927

Plakolb, Ludwig: *Die weltberühmte Wiener Küche.* (Stuttgart 1956), München 1971 (veränderte Taschenbuchausgabe)

Polly, Franz: *Stammersdorf. Eine Heimatkunde.* Wien 1979

Röhrig, Floridus: *Klosterneuburg.* Wien, Hamburg 1972

Rommé, Helmut: *Die großen österreichischen Weine.* Stuttgart-Degerloch 1979

Rund um den Bisamberg. Ein Heimatbuch. Hrsg. v. Museumsverein Lang-Enzersdorf. Wien 1957 (Band 1), 1961 (2), 1966 (3)

Schlögl, Friedrich: *Alte und neue Historien von Wiener Weinkellern.* Wien 1875

ders.: *Über Ferdinand Sauter.* Wien 1884

ders.: *Gesammelte Schriften (3 Bde).* Wien, Pest, Leipzig o. J.

Schmidt, Erwin: *Wiener Stadtgeschichte.* Wien, München 1968

Sebestyén, György: *Das große österreichische Weinlexikon.* Wien, München, Zürich 1978

Steurer, Rudolf: *Österreichische Weine.* Frankfurt, Berlin, Wien 1979

Währing. Ein Heimatbuch des 18. Wiener Gemeindebezirks. Hrsg. v. Arbeitsgemeinschaft Währinger Heimatkunde. Wien 1924/25

Weigl, Hans: *O du mein Österreich.* Zürich 1967

Wiener Lieder und Tänze. Hrsg. v. Eduard Kremser. Wien, Leipzig 1912

Winkler, C. F.: *Sievering. Eine Ortsgeschichte.* Wien 1980

Woschek, Heinz-Gert: *Der österreichische Weinführer.* München 1974

Ziak, Karl: *Des Heiligen Römischen Reiches größtes Wirtshaus. Der Wiener Vorort Neulerchenfeld.* Wien, München 1979

Mein Dank gilt allen, die am Zustandekommen dieses Bandes beteiligt waren, an erster Stelle Peter Kumpa, ohne dessen Farbfotos dieses Buch nicht denkbar wäre. Ebenso danke ich meinem Freund und Lektor Leo Mazakarini für seinen unbegrenzt freundschaftlichen Einsatz von der Idee bis zum Druck des Werkes.
Bereitwillige Unterstützung erhielt ich u. a. durch das Döblinger Heimatmuseum und seinen Leiter Direktor Max Patat sowie Ing. Otto Killinger von der Wiener Landwirtschaftskammer durch die Bereitstellung von Unterlagen und die Vermittlung weiterer Kontakte. Tatkräftige Hilfe bei der Beschaffung und Auswahl des Bildmaterials bot in entgegenkommender Weise Dr. Robert Kittler, von der Bildstelle der Österreichischen Nationalbibliothek.
Nicht vergessen sein sollen hier meine alten und neuen Freunde in Wien, die mit Ratschlägen und Hinweisen geholfen und am Fortgang des Manuskripts Anteil genommen haben. Mancher Wiener Buschenschenker und unbekannte Heurigen-Besucher half bewußt oder unbewußt durch aufschlußreiche Gespräche. Nicht nur für konkrete Unterstützung beim Recherchieren, sondern auch für die liebevolle Rücksichtnahme während der Arbeit an diesem Buch, danke ich meiner Familie, die in dieser Zeit um mein psychisches und physisches Wohl besorgt war.

B. F. S.

IGLSEEGASS
Franz Sommerbau
OCHSTRASSE 7
Hans Wölflinger
FRANZ LENZ
Kirchengasse 7
VEIXELBA
resi sommerbauer
FRANZ RUP
Leop. Spiegelho
Kunigundberg 626
Andreas Hofer
S. u. F. WOLF
Josef Schmaderer
Krautgasse 10
KARL
SOMMERBAUER
HOCHSTRASSE 78
JOSEF HU
Helmreich Ros
Friedrich Hude
NEUSTIFTGASSE 27
ER SCHMADERER
gut E. Fischer
RL NIGL
RCHTOLDSDORF
Elisabethstr. 10
J. u. M. Fürndraht
Josef Spiegelhofer
Hochstraße 77
Höller AM BER
HYRTLALLEE 3
Karl Sommerbauer
RL WURTH
Barbach
A. u. J. Schneide
ARENSTETTENGASSE 13
OCHSTR. 121
REITENECKER
SEF RUPP
l Jüttner
ftg. 5, Franz-Josefstr. 6
PERCHTOLDS
Hochstrass